KB202723

현실문제를 하나님께 해결받으려면

강요셉 지음

성도의 모든 현실 문제는 하나님 안에서 해결된다.
하나님은 현실문제의 해결을 통해 영적으로 바꾸신다.

하나님은 동행하며 현실 문제를 해결하여 주신다.
성도들의 인생행로의 문제는 하나님의 문제이다.

하나님은 찾고 질문해야 해결하는 방법을 알려주신다.

성령출판사

현실 문제를
하나님께
해결 받으려면

성령

들어가는 말

하나님께서는 현실 문제를 통하여 성도들을 하나님의 음성을 듣고 순종하는 영적인 크리스천으로 바뀌게 하십니다. 성경에 나오는 선진들도 모두 현실 문제를 하나님께 기도하여 하나님께서 알려주시는 방법으로 해결하면서 하나님의 음성을 듣고 순종하는 사람으로 발전되어 갔습니다. 하나님은 현실 문제를 통하여 유대인이나 다를 바가 없는 크리스천들을 하나님의 음성을 듣고 순종하는 이스라엘이 되게 하십니다. 그래서 성경에는 "고난당한 것이 내게 유익이라 이로 말미암아 내가 주의 율례들을 배우게 되었나이다(시119:71)"라고 말씀하시는 것입니다.

예수를 믿고 교회에 나와 믿음 생활하는 크리스천은 하나님의 자녀입니다. 하나님의 자녀는 하늘에 시민권이 있습니다. 이제 하나님께서 주시는 것으로 살아야 합니다. 영육의 문제도 하나님이 알려주시는 방법으로 해결해야 합니다. 하나님께서는 자녀들의 문제를 하나님의 사람을 통하여 해결하십니다. 세상에서 해결하지 못하는 문제도 하나님께 기도하면 하나님께서 하나님의 사람을 만나게 하여 해결하십니다. 하나님의 사람을 만나서 하라는 대로 순종하면 문제가 해결이 됩니다. 하나님은 해결하시지 못하는 것이 없습니다. 하나님께 질문하세요. 어떻게 해야 합니까? 하나님은 문제를 통하여 하나님께 기도하게 하십니다. 대화하기를 원하신다는 것입니다. 하나님께 직접적으로 음성을 듣기를 원하신다는 것입니다. 물어보세요. 자신의 현실 문제를 어떻게 해야 할지를 지속적으로 물어보시기를 바랍니다.

하나님은 현실 문제를 통하여 육신에 속한(아브람) 크리스천을 영에 속한 크리스천(아브라함)으로 바꾸신다는 것을 알아야 하고 믿어야 하고 행해야 합니다. 직접 말씀하시는 하나님의 뜻을 알아야 현실 문제를 하나님의 방법으로 해결 받을 수 있기 때문입니다. 이 책은 현실 문제로 고난당하는 크리스천들에게 하나님의 방법으로 문제를 해결하면서 하나님이 원하시는 영에 속한 크리스천으로 변화되게 인도할 것입니다. 현재의 믿음의 수준보다 한 차원 발전한 하나님과 대화하며 성령의 인도를 받는 크리스천이 되도록 할 것입니다.

주후 2015년 9월 20일
충만한 교회 성전에서
저자 강요셉목사.

세부적인목차

1부 현실 문제의 해결 자이신 하나님

1장 현실 문제를 통해 영으로 바꾸시는 하나님

(행 10:38)"하나님이 나사렛 예수에게 성령과 능력을 기름 붓듯 하셨으매 그가 두루 다니시며 선한 일을 행하시고 마귀에게 눌린 모든 사람을 고치셨으니 이는 하나님이 함께 하셨음이라"

하나님은 크리스천들의 현실 문제를 해결하시면서 영적으로 바꾸시어 믿음이 자라게 하십니다. 자신의 현실문제의 해결을 통하여 하나님의 나라 군사훈련을 시키십니다. 머리로 아는 것으로 믿음 생활을 하고, 행위로 습관적으로 예배드리고 인간의 열심으로 봉사하는 성도들을 성령의 인도를 받으며 하나님의 음성을 듣고 전인격이 순종하는 영의 사람으로 바꾸는 것입니다. 한마디로 꾀돌이 야곱을 하나님의 말씀을 듣고 순종하는 이스라엘로 바꾸시기 위해서 현실 문제를 이용하시는 것입니다. 크리스천이 당하는 현실문제는 하나님의 방법으로만 해결이 가능합니다. 현실문제에 영적인 문제가 결부되어 있기 때문입니다. 하나님은 현실문제의 해결 자가 되십니다.

하나님은 모든 크리스천들이 현실 문제를 하나님의 방법으로 해결하기를 소원하십니다. 현실 문제를 하나님의 방법으로 해결하면서 믿음이 커지도록 인도하십니다. 크리스천들이 현실 문제를 가지고 하나님께 기도하면 해결할 수 있는 지혜를 주십니다. 알려주신 지혜대로 순종하면 성령께서 문제를 기적적으로 해결하십니다. 크리스천은 현실 문제를 자기의 힘으로 해결하려하다가 낙심하지 말고, 하나님께 가지고 나와서 기도해야합니다. 이렇게 성령으로 기도하면서 자연스럽게 성령으로 충만하여 하나님의 나라를 건설하는 군사가 되는 것입니다. 하나님은 크리스천들을 문제를 통하여 군사로 만드십니다.

바울도 현실 문제를 해결받기 위하여 하나님께 3번이나 기도했습니다. "내 육체에 가시 곧 사탄의 사자를 주셨으니…" "이것이 내게서 떠나가게 하기 위하여 내가 세 번 주께 간구하였더니, 나에게 이르시기를 내 은혜가 네게 족하도다.(고후12:7-9)" 바울의 특별한 경우는 책을 읽으면 알 수 있습니다.

성령님이 임재 하여 계시는 곳에는 자유 함이 있습니다. 성령님은 지금 크리스천의 마음에 있는 심령교회에 임재 하여 계십니다. 성령의 임재 하에 있는 크리스천은 "예수님 안에서 좋은 일이 일어납니다." 세상 사람들은 문제가 생기면 이 문제를 어떻게 해결할까 고민하고, 스트레스를 받고, 그 문제를 해결하기 위해서 이리 뛰고, 저리 뛰고, 무당에게 가서 빌기도 하면서 인간적인 별별 노력을 다 해보지만 오히려 문제가 더 얽히고설키고 잘 안 되는 경우를 발견하게 됩니다.

예수 그리스도를 믿는 자녀들에게는 바로 하나님이 해결자이십니다. 현실문제가 있을 때 하나님의 해결방법을 알아내라고 주신 것이 바로 기도입니다. 하나님께서는 예수 그리스도를 믿는 자녀들에게 주신 것이 바로 기도입니다. 기도는 하나님의 뜻을 알아내는 중요한 수단입니다. 크리스천이 현실문제에 봉착했을 때 하나님의 해결방법으로 문제를 해결해야 합니다. 기도는 하나님의 해결방법을 알아내는 중요한 수단입니다. 기도는 하나님의 지혜와 권능을 받는 적극적인 수단입니다. 예수를 믿는 크리스천은 모든 문제를 하나님의 방법으로 해결해야 합니다. 하나님께 기도하여 알려주시는 방법으로 순종하면 문제가 기적같이 해결이 됩니다. 문제가 있을 때 성령으로 기도하십시오. 어려움 당할 때 성령으로 기도하십시오. 몸이 아플 때 성령으로 기도하십시오. 기도는 하나님의 문제해결방법을 알아내는 것입니다. 하나님께서 알려주신 방법대로 순종하면 기적적으로 문제가 해결이 됩니다. 하나님의 방법이 문제해결의 기적을 가져오는 것입니다. 우리가 기도하면 하나님이 일하십니다. 우리가 기도하지 않고, 우리가 뛰면 하나님은 이렇게 보고만 계십니다. "열심히잘 해봐라, 더 열심히 잘 해봐." 그러므로 우리가 모든 일을 하기 전에 엎드려 기도해야 합니다. 하나님의 지혜를 받기 위하여 기도해야 합니다. 무조건 기도하면 해결이 되는 것이 아니고, 하나님께 해결방법을 물어보고, 알려주시는 방법대로 순종해야 해결이 됩니다. 하나님은 현실 문제를 하나님께 기도하여 해결하게 하시면서 크리스천들의 믿음을 키우십니다. 하나님이 함께 하심을 알게 하고 모든 문제는 하나님께서 해결하신다는 믿음이 생겨서 현실문제 앞에 담대함을 기르십니다.

크리스천들이 바르게 알아야 할 것은 하나님은 성도들의 현실의 문제를 성령으로 인도하시면서 해결하게 하십니다. 신구약 성경을 자세히 보면 믿음의 사람들은 모두 현실의 문제를 하나님께 문의하여 해결하며 믿음의 사람이 되었습니다. "자기를 부인하고 자기 십자가를 지고 나를 따를 것이니라(막8:34)" 하신 말씀은 자신에게 부과되는 현실의 문제를 자신이 해결하려고 하지 말고, 예수님께 가지고 나와 주님께 문의하여 주님의 방법으로 해결하라는 말씀입니다. 성도들이 현실의 문제를 하나님의 방법으로 해결하면서 군사가 되도록 인도하십니다. 하나님과 대화하며 살아가는 성도가 되도록 하십니다. 하나님은 기록된 말씀을 따라 살아가는 유대인과 같은 성도를 원하시지 않고, 성령으로 하나님의 말씀을 깨달아 영으로 듣고 전인격이 순종하는 성도를 원하십니다. 기록된 말씀을 머리로 알고 행위로 만족을 누리면서 살아가는 성도가 아니고, 성령으로 기도하여 하나님의 레마를 듣고 전인격을 순종하는 영적인 성도가 되게 하기 위하여 현실 문제를 사용하십니다. 하나님은 성도들이 현실의 문제를 하나님의 방법으로 해결하면서 믿음과 담대함이 자라게 하십니다. 하나님과 교통하며 함께 하심을 체험하게 하십니다. 성도는 현실의 문제를 하나님의 방법으로 해결하면서 영적으로 성장하는 것입니다. 하나님의 복만 받으려고 하지 말고, 만사형통의 성도가 되려고만 하지 말고, 현실의 문제를 하나님께 문의 하여 해결하다가 보면 자동으로 되는 것입니다.

이렇게 하나님은 현실 문제를 해결하면서 영적으로 바꾸면서 믿음이 자라게 하십니다. 그런데 일부 목회자와 성도들이 현실문제의 해결에는 관심이 없고 축복만 받으려고 합니다. 어느 60대 목사님이 필자에게 이렇게 말했습니다. 목사님! 저는 유명한 예언가 4명으로부터 예언을 받았는데 모두 당대에 거부가 된다고 했는데 왜 지금까지 거부가 되지 않습니까? 질문하는 것입니다. 그래서 성령으로 심령을 진단하니 혈통에 역사하는 무속의 영의 영향으로 불면증에다가 분노와 혈기가 심했습니다. 그래서 목사님! 혹시 어머니가 어떻게 지냈습니까? 목사님이 하시는 말씀이 어머니가 무속에 깊이 관여를 하다가 얼마 전에 세상을 떠났다는 것입니다. 필자가 목사님에게 현실의 문제를 해결해야 당대에 거부가 될 수 있습니다. 먼저 어머니로부터 전이되는 무속의 영을 축귀하세요. 그리고 상처를 치유하여 하나님과 관계를 열어야 당대에 거부가 될 수가 있습니다.

그러니까, 이분이 앞으로 현실 문제를 치유를 받겠다고 했습니다. 집회 기도시간에 앞으로 나오라고 하고 안수를 했더니 말로 표현하기 어려운 악한 영의 역사가 일어났습니다. 무속의 영이 정체를 폭로하여 뛰는데 정신이 없을 정도로 팔을 흔들면서 뛰어다녔습니다. 꼭 TV에 무당 굿거리 할 때와 똑같은 발작을 하면서 뛰어다녔습니다. 어느 정도 무당의 영을 축귀하니 안정을 취했습니다. 필자가 목사님에게 지금 이렇게 인사불성이 되도록 한 영이 목사님을 당대에 거부가 되지 못하도록 방해한 것입니다. 지속적으로 상처를 치유하며 무당의 영을 축귀하며 현실 문제를 해결하면 당대에 거부가 되는 축복을 받으실 것입니다.

40대 개척교회 목사님이 저에게 상담을 요청했습니다. 목사님이 하시는 말씀이 교회를 개척한지 2년이 넘었는데 교회가 성장하지를 않고, 물질이 어려워 교회 문을 닫아야할 정도입니다. 그래서 성령으로 목사님을 진단하니 마음의 상처로 인하여 두려움과 분노가 있고, 자연스럽게 사모님하고 불화가 심했습니다. 목사님은 예수님의 일꾼이 아니라 지식적인 말씀으로 유대인의 선생인 랍비와 같이 목회를 했습니다. 사모님의 친정에서 우상을 심하게 섬겼는데 말씀과 성령으로 해결하지 않아서 세상 신의 방해로 인하여 목회가 되지를 않는 것입니다. 그래서 이렇게 조언을 했습니다. 목사님! 사모님과 함께 성령으로 세례를 받고, 상처와 혈통의 문제를 해결하시기를 바랍니다. 그래야 목회가 됩니다. 목회는 성령께서 하시는 것인데 성령의 역사가 일어나지 않으니 개척교회가 되지를 않는 것입니다.

목사님과 사모님의 현실 문제를 하나님께 기도하여 레마를 듣고 하나님의 방법으로 해결하다가 보면 권능도 나타나고 성령의 인도도 받을 수가 있어서 교회도 성장하고 물질도 풀릴 것입니다. 개척교회는 현실문제가 있어서 사면초과에 걸린 성도들만 오는데 그분들을 치유할 수 있는 권능이 있어야 합니다. 현실 문제를 해결하시다가 보면 자연스럽게 성령의 은사와 권능이 나타날 것입니다.

성도들도 마찬가지입니다. 어떤 성도가 온몸의 근육이 아프고, 머리가 아파서 수년 동안 고생한 성도가 해결을 받으려고 필자를 찾아 왔습니다. 집중 기도를 신청했기에 현재의 증상을 적어서 가지고 나오라고 했습니다. 그랬더니 ① 영적인 눈이 열리기를 원합니다. ② 가정의 재정이 회복되기를 원합니다. ③ 남편이 하는 사업이 잘되기를 원합니다. 이렇게 적어가지고 왔습니다. 그래서 필자가 이것 말고 지금 현재 몸이나 정신적이나 영적인 문제가 없느냐고 했습니다. 그랬더니 온몸의 근육이 아프고, 머리가 아파서 수년 동안 고생을 하면서 살아왔다는 것입니다. 이 성도는 온몸의 근육이 아프고, 머리가 아픈 것이 해결이 되어야 나머지 원하는 것들이 이루어지는 것입니다. 하나님은 현실의 문제를 하나님의 방법으로 해결하시면서 성령으로 전인격을 장악하시고 영적인 성도로 바꾸시기 때문입니다. 우리 크리스천들은 하나님의 말씀과 뜻을 바르게 알고 믿음 생활을 해야 합니다. 하나님은 분명하게 현실 문제를 통하여 기도하게 하시고, 하나님의 방법으로 해결하게 하시면서 영적으로 바꾸어 믿음이 자라게 하십니다.

필자가 지난 16년간 성령치유 사역을 하면서 체험한 결론은 하나님은 현실 문제를 통하여 하나님이 원하시는 영적인 수준에

도달하게 하시고 축복하십니다. 필자의 교회에서 현실 문제를 하나님의 방법으로 치유 받고 능력 받아 교회를 성장시키는 목회자가 많습니다. 이로보아 하나님은 분명하게 현실 문제를 해결하시면서 영적으로 바꾸고 믿음이 자라게 하십니다. 허리에서부터 얼굴까지 반신불수가 되어 12월 20일부터 다음해 4월 25일 충만한 교회에 오기 전까지 반신불수가 되어 거동을 못하며 집안에서 지내던 목사님의 이야기 입니다. 교회는 문을 닫았고 영적으로 육적으로 고통을 당했습니다. 친한 친구 목사님들이 충만한 교회에 가면 치유가 된다는 말을 듣고 차에 실려 우리 교회 성령치유 집회에 참석하여 은혜를 받았던 이야기 입니다. 그런데 참석한 첫날부터 강한 성령의 불을 받고 온몸이 불덩어리가 되더니 몸이 뒤틀리기 시작 했습니다. 악한 귀신들이 발작을 한 것입니다. 제가"예수 이름으로 명하노니 허리를 잡고 있는 더러운 귀신은 떠나가라"하고 안수 기도를 할 때마다 수많은 귀신들이 발작을 하면서 떠나고 소리를 지르면서 떠나갔습니다.

목사님의 이야기입니다."저는 이때까지 내가 허리디스크와 좌골 신경통으로 이렇게 거동을 못하게 되었지, 악한 영의 역사로 이렇게 되었다고는 꿈에도 생각을 하지 않고 병원치료만 하였습니다. 한마디로 영적인 무지한이었습니다. 성령님의 인도로 충만한 교회에 와서 성령의 불을 받고 아~ 이것이 영적으로 문제가 되어 발생한 것이구나! 체험적으로 인정을 했습니다.

저는 충만한 교회에 오기 전에 영적인 집회에 참석을 많이 했습니다. 심지어는 미국에 가서 빈야드 집회도 참석을 했습니다. 그때도 몸이 뒤틀리고 발작을 했습니다. 거기 있는 사역자들이 성령의 불을 받은 것이라고 했습니다. 저는 성령의 불을 받았기 때문에 저에게 악한 영이 역사한다는 것은 꿈에도 생각을 못했습니다. 저의 허리를 아프게 하는 것은 악한 영의 역사라고 인정을 하니 귀신이 떠나가고 치유되기 시작하다가 며칠 지나니 저 혼자도 걸을 수가 있었습니다.

강 목사님이 안수 기도를 하면 할수록 몸이 편안해졌습니다. 허리 아픈 것이 점점 없어졌습니다. 몸이 뒤틀리고 발작하는 것도 없어졌습니다. 정말 신기할 정도로 안정을 찾았습니다. 치유 되고 능력을 받으니 심령이 읽어지는 지식의 말씀의 은사가 나타나고 안수 기도하면 강요셉 목사님 같이 성령의 역사가 강하게 나타났습니다. 그래서 다시 목회를 시작하니 교회가 점점 부흥이 되었습니다. 몇 개월 다니면서 치유를 받으니 이제 몸도 완치가 되었습니다. 저를 치유하신 하나님에게 영광을 돌립니다. 현실 문제를 치유하시면서 군사가 되게 하신 것입니다."

성도들도 마찬가지입니다. 하나님은 성도가 현실문제가 있어서 어찌할 바를 모르고 두려워하며 사면초과에 걸려있을 때 하나님은 음성으로 인도하여 주십니다. 하나님은 우리가 아무리 어려운 일을 당해도 떠나지 않으시고 우리를 인도하여 주십니다. 필자에게 많은 분들이 하나님의 음성을 듣는 비결을 알려 달라고 합니다. 하나님의 음성을 듣는 비결은 간단합니다. 내 생각과 내 뜻을 접고 하나님에게 질문하는 것입니다. 자꾸 하나님에게 물어보는 것입니다. 자꾸 질문하여 하나님의 해결방법을 알아내는 것입니다.

필자역시 현실 문제를 하나님께 기도하여 하나님의 방법으로 해결하면서 영적으로 바뀌고 하나님과 같은 영의 사람이 되니 전인적인 축복이 임했습니다. 필자가 공직에서 나와서 신학대학원을 다니기 위하여 안산으로 올라왔습니다. 올라와서 보니까, 신도시가 조성이 되고 있었습니다. 아파트 분양이 한창 되고 있었습니다. 우리가 안산에 10월초에 올라오게 되었는데 익년 2월 26일에 입주하는 아파트가 있었습니다. 분양 사무실에 가보니 좋은 층은 다 분양이 되고 1층과 5층만 남아있었습니다. 5층을 분양을 받았습니다. 일단 안산에서 전세를 얻어서 살았습니다. 살림이 많아서 주인 세대를 전세금 사천만원을 주고 살았습니다. 그런데 문제가 발생을 했습니다.

안산에 세를 들어 사는 사람들이 시화에 아파트 분양을 받아서 이사를 가니 안산에 있는 집이 나가지를 않는 것입니다. 잘 아시다시피 아파트는 입주 날자가 되면 입주를 하든지 안하든지 분양대금은 모두 지불을 해야 합니다. 만약에 지불하지 못하면 이자를 내야 합니다. 안산에 있는 집이 나가야 분양대금을 지불하고 들어가는데 부동산이란 부동산 모두에 집을 내놓고 기다려도 전화가 한 통화도 오지를 않는 것입니다.

이제 입주 날자가 20일 밖에 남지 않았습니다. 얼마나 다급

한지 제가 다니던 교회 목사님을 청해 다가 심방을 하면서 기도를 부탁을 했습니다. 그런데 오셔서 하는 말이 도저히 집이 나갈 수 있는 확률이 없다는 것입니다. 나가도 육 개월 이상이 걸린다는 것입니다. 아니 빨리 나가도록 기도를 해달라고 심방을 청했는데 마음에 상처만 받는 말을 하는 것입니다. 내가 지금 목사가 되고 영적인 것을 깨닫고 보니, 그 목사님이 육신에 속한 목사님 이었다는 것입니다. 한마디로 하나님의 살아 역사하심을 체험하지 못했기 때문에 세상 돌아가는 것을 보고 세상 사람이 하는 말하고 똑 같은 말을 했다는 것입니다. 혹을 떼려고 했다가 혹을 붙인 격이 되었습니다. 만약에 내가 심방을 했다면 이렇게 말했을 것입니다. "집사님! 걱정하지 마세요. 하나님은 살아계십니다. 기도하면 하나님의 기적 같은 역사를 체험할 것입니다. 우리 기도합시다." 이렇게 조언을 했을 것입니다.

필자가 그 목사님에게 인간적인 조언을 듣고 마음에 충격을 받았습니다. 이제 절대로 사람에게 내 앞 일을 물어보지 않겠다고 결심을 했습니다. 그래서 어떻게 합니까? 내가 직접 하나님에게 기도하는 수밖에 없는 상황에 처했습니다. 돈을 벌지 않으면서 이자를 내다가 보면 퇴직금 받은 것 다 날아가게 생겼습니다. 새벽마다 가서 하나님에게 기도를 했습니다. "하나님 어떻게 해야 합니까? 집이 나가야 이사를 가고, 물질에 손해가 없습니다. 제가 다른 일 하겠다고 여기에 왔습니까? 하나님의 일을 하겠다고 여기에 와서 아파트를 분양받았는데 이집이 안 나가면 물질의 손해가 너무 막심합니다. 하나님! 어떻게 해야 합니까?" 하면서 계속해서 4일을 기도를 했습니다. 응답이 없습니다.

이제 16일 밖에 남지 않았습니다. 5일째 되는 날 기도하니 이렇게 감동을 하시는 것입니다. "A4지에 상황을 적어서 20장을 만들어서 전봇대와 나무에 붙여라." 그래서 집에 오자마자 20장을 만들어서 전봇대와 나무에 붙였습니다. 그리고 오전이 지나고 오후 2시가 되었습니다. 전화가 왔습니다. 집을 보러 오겠다는 것입니다. 어디에 사느냐고 했더니 우리 집에서 150미터 떨어진 곳에 살고 있었습니다. 항상 문제가 있는 가까운 곳에 해답이 있는 법입니다. 당장 와서 보라고 했습니다. 집을 보러 와서 하는 말이 2월 26일 날 집을 비워줄 수가 있느냐는 것입니다. 2월 26일은 아파트 입주하는 날입니다. 자기가 와서 집을 보니 집도 깨끗하고 자기가 찾던 집이라는 것입니다.

그래서 계약하고 2월 26일 날 전세금을 받아서 이사를 했습니다. 집이 나갈 수 있다고 말한 사람은 아무도 없었습니다. 심지어 집주인이 계약서를 작성하러 와서 저에게 하는 말이 기적 같은 일이 일어났다는 것입니다. 자기는 한 일 년이 지나야 나갈 줄로 생각하고 있었다는 것입니다. 제가 이렇게 말했습니다. "하나님이 알려주신 대로 했더니 집이 나갔습니다. 하나님은 살아계십니다. 주인아저씨도 예수를 믿으세요." 담대하게 하나님이 하셨다고 불신자에게 말하도록 해주셨습니다. 할렐루야! 하나님이 하셨습니다. 하나님은 무에서 유를 창조하는 하나님이십니다. 기적의 하나님 이십니다. 현실적인 상황을 보고 사람들이 모두 안 된다고 해도 포기하지 않고 하나님께 기도했더니 방법을 알려주셨습니다. 그대로 순종하니 문제가 기적같이 해결이 되었습니다. 필자가 이 일로 하나님을 향한 믿음이 견고해졌습니다. 이후로 하나님의 음성을 듣고 행하는 습관이 생겼습니다. 하나님께 현실문제를 놓고 기도하면 해결 책을 주신다고 믿고 행하기 시작했습니다. 이렇게 하나님과 관계가 열리니까, 하나님께서 목회를 어떻게 하라고 알려주시기도 했습니다.

사람이 모두 안 된다고 해도 포기하지 말고 직접 하나님에게 물어보면서 기도하세요. 그러면 믿음을 보고 하나님이 응답하여 주십니다. 절대 하나님의 음성을 듣고 따라가는데 사람의 말을 듣고 낙심하면 안 됩니다. 살아계신 하나님께서 현실 문제를 해결할 수 있는 지혜를 주시어 순종하면 해결하여 주십니다. 현실 문제의 해결을 통하여 영적으로 바뀌고 믿음이 자라게 하십니다. 그리고 전인적인 축복을 허락하시는 것입니다.

한번은 이런 일이 있었습니다. 성령 체험을 함과 동시에 성령 치유 사역을 한창 하던 때에 낮에 사모와 함께 기도하고 있는데 갑자기 성령께서 "혈통으로 대물림 되어서 너의 목회를 방해하고 가난하게 하는 귀신을 몰아내라!" 라고 하시는 것입니다. 그래서 저는 "예수 이름으로 명하노니 나의 목회를 방해하고 가난하게 하는 더러운 귀신은 예수 이름으로 명하노니 물러갈지어다" 하고 세 번을 명령 하였습니다. 그랬더니 막 하품이 나오기를 한 20여 차례 나오면서 더러운 귀신들이 떠나가는 것이었습니다. 그러기를 한참 하더니 곧이어 아랫배가 뒤틀리고 아프면서 귀신들이 떠나갔습니다. 그 전까지만 해도 필자의 교회에서 강력한 성령의 불의 역사가 일어나는 가운데 성도들을 붙잡고 기도하며 내적치유를 하고 귀신들을 축사하고 병을 고쳐도 저를 괴롭히고 목회를 방해하며 가난하게 하던 귀신들은 떠나가지 않았던 것입니다. 이일이 있은 후부터 교회재정이 풀리고 사택도 교회 밖으로 나가는 역사가 일어났습니다. 하나님은 현실문제를 하나님의 방법으로 해결하게 하시면서 영적으로 바꾸시고 믿음을 키우십니다. 그리고 근본문제가 풀리면서 전인적인 복을 받는 것이 눈으로 보이는 체험을 할 수가 있습니다.

하나님께서 필자의 현실 문제를 해결하시면서 영적이면서 권능 있고 담대한 믿음이 있는 군사로 만들어가셨습니다. 필자가 병원전도를 열심히 하고 다니던 어느 날 신경성 위장병으로 고생하던 남 집사를 위해 기도하게 되었습니다. 그런데 성령의 역사가 강하게 나타나서 악한 영이 발작을 일으켜 악을 쓰고 토하게 하였습니다. 악을 쓰는 소리에 놀라 간호사가 달려왔습니다. 병실 문을 잠가 버렸습니다. 다 마무리를 하고 병실을 나와 다른 병실로 가는데 이상하게 제 속이 쓰리고 아팠습니다. 아침 먹은 것이 잘못된 것 같다고 생각하고 전도를 마친 후 교회에 들어갔더니, 아내가 밥풀만한 눈곱이 눈에 달렸다고 떼어 내라고 했습니다. 그때 내 영육의 질병이 그 환자로부터 왔음을 직감하고 슬슬 걱정이 되기 시작하였습니다. 계속적으로 속이 아프고 소화도 잘 안 되어 고생을 하였습니다.

그러던 즈음에 어떤 자매가 영적인 질병으로 고통당하고 있었습니다. 축사를 하고 나면 정상으로 돌아왔다가도 이상하게도 2-3일이 지나면 다시 원위치로 돌아가 고통을 당하기 시작하였습니다. 그래서 어느 목사님에게 전화로 물어봤더니 내적 치유를 먼저 하라는 것이었습니다. 이 자매의 일과 저의 질병 상태를 놓고 기도하면서 생각해 보니 그냥 축사하고 안수 기도만할 것이 아니었습니다. 그래서 서점에 가서 내적 치유에 대한 책을 사서 보니 무엇보다도 먼저 자신의 내면 치유가 이루어져야 한다는 것이었습니다.

또 그 책을 아내가 읽더니 감동을 받아 내적 치유를 받아야 한다는 마음으로 동요되기 시작했습니다. 그래서 서울에서 하는 치유기관에 일 여년 동안 아내와 같이 다니면서 내적 치유를 받았습니다. 많은 영적 체험과 치유를 경험했습니다.

그런데 그렇게 내적 치유를 일 년을 받아도 해결되지 않는 부분이 있었습니다. 아주 이것 때문에 굉장한 고생을 하였습니다. 위의 통증입니다. 전도하러 다녀도 쿡쿡 찌르고 설교준비를 하다가도 아팠습니다. 이것을 고치려고 6개월을 잠을 자지 않으면서 기도하였습니다. "하나님! 왜 이렇게 위의 질병이 치유되지 않습니까? 하나님 알려주세요. 하나님 알려주세요. 하나님, 도와주세요." "매일 밤 강대상 뒤에서 자면서 축귀하는 명령을 녹음하여 오토매틱으로 카세트를 틀어놓고 기도하며 지냈습니다. 얼마나 괴로웠으면 그렇게 했겠습니까?

어느 날 하나님이 해결방법을 알려주시어 순종했더니 완벽하게 치유되었습니다. 그런데 그냥 치유하여 주신 것이 아닙니다. 저의 지나온 과거 속에서 상처받은 곳을 하나하나 구체적으로 보여주셨습니다. 상처받은 곳을 조목조목 보여 주시고 설명해 주시기를 무려 일곱 번을 하시더니 상처의 근원지를 보여주십니다. 근원지를 보니까 전부 저에게 문제가 있었다는 것을 깨달았습니다.

성장 과정의 문제로 제가 상처를 받고 응어리를 품고 살았던 것입니다. 모두 저에게 문제가 있었습니다. 하나님께 그대로 고백하고 인정하니까 하품이 막 나오더니 배가 시원해지면서 위장병을 깨끗하게 치유하여 주셨습니다. 내적인 치유는 자신과의 영적 싸움입니다. 의지를 가지고 치유하여 뿌리를 뽑아야 합니다. 마지막 뿌리에 대한 내적 치유는 자신이 직접 하나님께 물어 가며 치유해야 합니다.

이렇게 하나님께 기도하여 치유를 받은 후부터 강력한 성령의 역사가 일어나고, 교회의 재정이 풀리고 목회가 활성화되어 서울로 이전하게 된 것입니다. 그러므로 꿈을 이루려면 현실 문제를 하나님께 기도하여 해결하면서 하나님께서 원하시는 영적인 수준으로 자라는 것입니다. 자라는 만큼씩 전인적인 축복이 임하는 것입니다.

2장 하나님께 현실 문제를 해결 받으려면

(출15:26)"이르시되 너희가 너희 하나님 나 여호와의 말을 들어 순종하고 내가 보기에 의를 행하며 내 계명에 귀를 기울이며 내 모든 규례를 지키면 내가 애굽 사람에게 내린 모든 질병 중 하나도 너희에게 내리지 아니하리니 나는 너희를 치료하는 여호와임이라"

하나님은 현실의 문제를 통하여 하나님과 교통하는 영적인 성도로 바꾸십니다. 우리 성도들은 삶에서 무슨 고난이나 현실문제에 봉착했을 때 하나님께 기도하면 하나님께서 해결방법을 주신다는 믿음이 있어야 합니다. 또한 자신에게 부과되고 있는 현실 문제와 고난은 하나님이 해결하신다는 믿음이 있어야 합니다. 하나님은 영이신 하나님과 대화할 수 있는 성도를 축복하십니다. 하나님은 현실의 문제와 고난을 통하여 하나님께서 원하시는 직접적인 레마를 듣고 행하는 성도가 되도록 하십니다. 우리는 육신에 속한자와 직접적인 레마를 듣고 행하는 영에 속한자를 바르게 알아야 합니다. 처음 하나님의 음성을 듣고 고향을 떠나온 아브람은 육신에 속한자 입니다. 여러 현실적인 문제를 하나님의 방법으로 해결하는 과정을 통과하니 영에 속한 아브라함이 됩니다. 하나님과 대면하는 영에 속한 아브라함이 됩니다. 그래서 하나님의 은혜로 현실의 문제와 고난을 해결 받으려면 꾀돌이 야곱이 이스라엘로 바뀌어야 합니다. 하나님은 "그러므로 성령이 이르신 바와 같이 오늘 너희가 그의 음성을 듣거든, 광야에서 시험하던 날에 거역하던 것 같이 너희 마음을 완고하게 하지 말라(히 3:7-8)" 현실문제의 해결을 통하여 영적으로 바뀌는 것입니다.

우리는 현실의 문제와 고난에 대해 긍정적인 태도를 가져야 합니다. 주님이 함께하시면 고난이 오히려 유익이 되기 때문인 것입니다. 고난이 있다고 낙심하지 말고 하나님께 기도하는 것입니다. 기도하면 하나님께서 해결방법을 주십니다. 방법대로 순종하면 기적같이 해결이 되는 것입니다. 구약에 기록된 모세가 그와 같은 삶을 살았습니다. 하나님과 동행하는 삶을 살았습니다. 하나님을 주인으로 모시고 하나님과 동행하면 우리 의 삶 가운데 날마다 기적이 넘쳐납니다. 하나님과 동행하는 삶을 살기 위해서 어떠한 삶을 살아야 합니까?

첫째, 하나님을 마음속에 주인으로 모시고 있어야 되는 것입니다. 하나님은 환경보다 강한 분입니다. 마음속에 보배로운 주님을 주인으로 모시고 있어야, "사방으로 욱여쌈을 당하여도 싸이지 아니하고, 답답한 일을 당해도 낙심하지 아니하고, 핍박을 받아도 버린바 되지 아니하고, 거꾸러뜨림을 당해도 망하지 않고," 예수 그리스도의 생명에 의지해서 승리할 수가 있는 것입니다. 하나님은 천지를 지으시고 만주를 다스리시는 초자연적인 능력으로 우리와 항상 계시지만, 이 하나님과 우리의 관계를 돈독하게 하는 것은 우리 편에서 적극적으로 해야 되는 것입니다. 하나님은 이미 우리를 사랑하사 독생자를 주셨고 성령으로 우리에게 와 계십니다.

그러나 하나님을 우리가 주인으로 모시기 위해서는 하나님이 임재 하여 주인으로 계실 수 있도록 가장 중요한 곳에 자리를 예비해 놓아야 되는 것입니다. 그곳이 우리의 마음입니다. 하나님을 주인으로 모셔야 하나님께서 현실문제의 해결방법을 알려주시는 것입니다. 마음을 성령으로 충만하여 정화된 성전이 되도록 성령님에게 내어드려야 합니다. 마음에 성령님이 주인이 되는 것을 방해하는 죄악이나 우상을 제거해야 합니다. 하나님께서 우리에게 오는 것을 막는 것은 바로 죄와 우상입니다. 우리가 죄를 짓고 불의하고 추악한 생활 속에 들어앉아 있으면서 하나님을 모시려고 하면 하나님은 그 자리에 같이 들어오실 수가 없습니다. 야고보서 4장 8절에 "하나님을 가까이하라 그리하면 너희를 가까이하시리라 죄인들아 손을 깨끗이 하라 두 마음을 품은 자들아 마음을 성결하게 하라"고 말하고 있는 것입니다.

죄를 회개하고 보혈로 씻어야 하나님께서 정결한 곳에 와 계실 수가 있는 것입니다. 요한일서 1장 9절에 있는 말씀대로 "만일 우리가 우리 죄를 자백하면 그는 미쁘시고 의로 우사 우리 죄를 사하시며, 우리를 모든 불의에서 깨끗하게 하실 것이요"라고 하셨는데 죄를 짓지 않은 의인은 없습니다. 매일같이 우리는 먼지와 티끌을 덮어쓰는 것처럼, 죄 가운데 들어가서 살기 때문에 죄가 묻어오는 것입니다. 문제는 우리가 늘 말씀과 성령으로 기도함으로 우리 자신을 회개하고 씻어야 되는 것입니다. 하루에 열두 번도 더 이상 씻어야 되는 것입니다. 죄를 짓고는 곧장 하나님의 도우심을 받아서 성령으로 씻어야 되는 것입니다. 마귀는 와서 말할 것입니다. 체면이 있지 잠시 전에 씻고 난 다음 또 씻느냐? 그러나 아침에 화장실에 갔다가 손 씻었다고, 그 다음에는 손 안 씻으면 그 손이 깨끗이 있을 수가 없습니다. 화장실에 갔다 올 때 마다 자꾸 씻어야 됩니다.

그처럼 우리는 이 세상에서 정결하게 될 수 있는 성령과 보혈의 능력을 하나님이 주셨으므로 씻느냐 안 씻느냐는 우리에게 달려 있는 것입니다. 보혈과 성령으로 못 씻을 죄는 없습니다. 어떠한 죄도 보혈로 씻을 수 있고 어떻게 기록된 죄도 성령의 지우개로 지우면 다 지워져 버리고 마는 것입니다. 우리가 우리의 죄를 자백해야 되는 것입니다. 자백하지 아니하면 지울 수가 없는 것입니다. 그러므로 죄를 성령으로 회개하고 보혈로 씻어서 하나님이 와 계실 수 있는 마음의 자세가 있어야 되는 것입니다. 그래야 현실문제가 있을 때 기도하면 해결방법을 알려주시는 것입니다.

그리고 평소에 말씀과 가까이 하며 기도와 하나님을 주인으로 모시는 일에 충실해야 되는 것입니다. 하나님은 말씀 속에 계십니다. "태초에 말씀이 계시니라. 그렇게 말씀했는데 그 말씀은 곧 하나님이시라. 말씀이 육신이 되어 우리 가운데 거하시니 우리가 그 영광을 보니 하나님의 은혜와 영광이 충만하더라"고, 예수님은 하나님의 말씀이 육신을 입고 오신 분인 것입니다. 그러므로 하나님을 만나러 갈 때 성령의 인도로 말씀을 찾아가야 되는 것입니다. 말씀 속에 주님이 계시기 때문에 우리가 말씀을 멀리하고 가까이 할 수는 없습니다.

매일같이 말씀을 읽고 묵상해야 합니다. 정해놓고 아침에 말씀을 읽고 잠자리에 들어가기 전에 말씀을 묵상하고 기도하면 그렇게 하면 말씀을 통해서 하나님과 가까이 지낼 수가 있는 것입니다. 우리가 사람이 친구 간에도 가까워지려면 대화를 계속해야 되는 것입니다. 대화를 안 하고는 가까워질 수 없습니다. 부부간에도 대화를 못하고, 부모와 자식 간에도 대화 못할 때가 많습니다. 하숙생처럼 살게 되므로 서로 마음의 교통이 끊어지고 쓸쓸해질 때가 많이 있는 것입니다. 더구나 하나님과는 대화할 수 있는 곳이 말씀이고 기도인데 말씀을 읽고 듣고 묵상하고, 그 가운데서 하나님을 감사하고 기도하고 찬미하면 하나님과 가까워질 수 있는 것입니다. 하나님을 주인으로 모시고 항상 가까이 지내야 영이신 하나님으로부터 현실문제의 해결 방법을 알아낼 수 있습니다.

시편 63편 4절로 8절에 "이러므로 나의 평생에 주를 송축하며 주의 이름으로 말미암아 나의 손을 들리이다. 골수와 기름진 것을 먹음과 같이 나의 영혼이 만족할 것이라, 나의 입이 기쁜 입술로 주를 찬송하되 내가 나의 침상에서 주를 기억하며 새벽에 주의 말씀을 작은 소리로 읊조릴 때에 하오리니, 주는 나의 도움이 되셨음이라. 내가 주의 날개 그늘에서 즐겁게 부르리이다. 나의 영혼이 주를 가까이 따르니 주의 오른손이 나를 붙드시거니와" 말씀을 통해서 찬송을 하게 되고 말씀을 통해서 주님의 영광을 묵상하고 기억하게 되는 것입니다. 하나님께서 우리가 말씀을 통해서 하나님의 영광을 생각하고 기도하면 그 기도는 하나님이 기쁘게 열납 하시는 것입니다. 항상 그냥 기도하지 말고 하나님 말씀을 읽고 말씀에 따라서 기도하시기 바랍니다.

둘째, 말씀을 많이 묵상하고 간직하는 것입니다. 말씀을 마음에 간직하고 묵상하고 있으면 그 만큼 영적인 상태가 될 수 있습니다. 모든 문제의 해답은 말씀에 있으므로 언제나 필요할 때 우리가 꺼내어 현실 문제를 해결할 수가 있는 것입니다. 돈이 아무리 많아도 들어온 대로 다 써버리면 나중에 위험을 당할 때 돈을 마련할 수가 없습니다. 평소에 적은 돈이라도 계속 저금을 해놓으면 그게 큰돈이 되고 위기를 당하게 되면 그것이 큰 도움이 되는 것입니다. 하나님 말씀도 평소에 자꾸 외워 놓으면 말씀을 성경을 안가지고 안 열어도 어려움을 당하면 성령께서 적당한 말씀을 탁 지적해 줍니다. 그러면 그 말씀을 입술로 고백하면 창조적인 능력이 나타나서 그 말씀대로 역사가 일어나는 것입니다. 우리 예수 믿는 성도들이 너무나 말씀의 능력을 등한히 하는 것입니다. 말씀은 천지를 통치하는 창조적인 능력이 있는 것입니다. "만물이 그로 말미암아 지은바 되었으니 지은 것이 하나도 그가 없이는 된 것이 없느니라." 그가 무엇입니까? 바로 예수님을 말하는 것입니다. 예수님이 누구십니까? 하나님 말씀이신 것입니다.

그러므로 이 말씀을 주님이 우리에게 주셨습니다. 말씀을 우리에게 주셨으므로 우리가 말씀을 마음속에 많이 간직할수록 하나님을 많이 모시게 되는 것입니다. 말씀은 내 발의 등이 되고 내 길에 빛이 된다고 말한 것입니다. 말씀이 있으면 어두운데 가지 않고 위기에 대처할 수 있는 지혜와 지식이 그를 통해서 주어지는 것입니다. 말씀은 빛이 되시는 것입니다. 생활에 어두움에 있으면 무엇에 걸려서 넘어지는지 알 수가 없습니다. 그러나 빛이 환하면 걸림돌을 피해서 갈 수가 있는 것입니다. 말씀은 하나님의 지혜요, 지식이요, 총명인 것입니다. 이 말씀이 우리 마음속에 빛을 비출 때 우리는 현실문제의 어두움에서 이겨나갈 수가 있는 것입니다. 깨닫고 보면 정말로 감사한 일인 것입니다.

시편 107편 20절에 "그가 그의 말씀을 보내어 그들을 고치시고 위험한 지경에서 건지시는 도다" 말씀은 우리를 고치는 힘이 있고 위험한 지경에서 건지는 힘이 있습니다. 이 말씀을 받아서 내 입술로 화답하고 고백하면 치료하고 고치고 이끌어 주는 능력이 나타나는 것입니다. 시편 119편 50절과 130절에 보면 "이 말씀은 나의 고난 중의 위로라 주의 말씀이 나를 살리셨기 때문이니이다" "주의 말씀을 열면 빛이 비치어 우둔한 사람들을 깨닫게 하나이다" 말씀이 우리 마음속에 위로가 되고 말씀이 내 죽은 영혼을 살리고 말씀이 빛이 되어 우둔한 나를 깨우치고, 그러므로 말씀은 그냥 읽는 교리가 아닌 것입니다. 우리 실생활에 필요한, 절실히 필요한 하나님의 도우심 손길인 것입니다.

우리가 밥을 먹듯이 물을 마시듯이 그리고 영양제를 복용하듯이 하나님 말씀을 항상 먹고 마시기 위해서 말씀을 마음 안에 간직하고 다니는 것이 참 좋습니다. 말씀을 마음속에 간직하고 있으면 마음을 강하게 지키는 성벽이 되는 것입니다. 하나님의 말씀이 우리를 지키는 능력이 된다는 것은 사무엘하 22장 1절로 3절에 "여호와께서 다윗을 모든 원수의 손과 사울의 손에서 구원하신 그 날에 다윗이 이 노래의 말씀으로 여호와께 아뢰어 이르되 여호와는 나의 반석이시요, 나의 요새시요, 나를 위하여 나를 건지시는 자시요, 내가 피할 나의 반석의 하나님이시요, 나의 방패시요 나의 구원의 뿔이시오, 나의 높은 망대시오, 그에게 피할 나의 피난처시요 나의 구원자시라 나를 폭력에서 구원하셨도다" 그러니 하나님께 질문하면 모든 것이 다 해결되는 것입니다.

다윗은 하나님의 말씀을 마음속에 많이 간직해서 이스라엘에서 가장 하나님의 말씀을 통해서 찬송 시를 많이 적은 분인데, 이 말씀이 다윗을 현실문제에서 건져주시고 지켜 주신 것입니다. 이사야 41장 10절에 "두려워하지 말라 내가 너와 함께 함이라 놀라지 말라 나는 네 하나님이 됨이라 내가 너를 굳세게 하리라 참으로 너를 도와주리라. 참으로 나의 의로운 오른손으로 너를 붙들리라" 이런 하나님이 어디 계십니까? 바로 하나님의 말씀이 자신 안에 있는 것입니다. 이 말씀이 성령의 감동으로 마음속에 들어오면 현실 문제를 해결하는 방법으로 역사하는 것입니다.

셋째, 보혜사 성령님을 의지하는 것입니다. 나를 돕기 위해서와 계시는 성령님 항상 의식해야 되는 것입니다. 예수님께서 "너를 고아와 같이 버려 놓지 않고 내가 아버지께 구하겠으니 그가 또 다른 보혜사를 너희에게 주사 영원토록 너희와 함께 있게 하겠다"는 것입니다. 또 다른 보혜사인 것입니다. 예수님은 첫째 보혜사고 성령은 다른 보혜사인 것입니다. 그러므로 예수님이 처음 와서 우리의 보혜사가 되셔서 우리를 도와주셨습니다. 보혜사라는 것은 하나님께로부터 보내심을 받아 우리에게 와서 우리를 돕는 자인데 예수님이 우리를 도와 주셨는데 예수님이 가시고 난 다음 다른 보혜사가 오겠다. 다른 도와주는 사람이 오겠다. 그래서 예수님이 가시고 난 다음에 성령이 오셔서 오늘날 우리와 같이 계신 것입니다.

요한복음 14장 16절로 18절을 보면 "내가 아버지께 구하겠으니 그가 또 다른 보혜사를 너희에게 주사 영원토록 너희와 함께 있게 하리니 그는 진리의 영이라, 세상은 능히 그를 받지 못하나니 이는 그를 보지도 못하고 알지도 못함이라. 그러나 너희는 그를 아나니, 그는 너희와 함께 거하심이요, 또 너희 속에 계시겠음이라. 내가 너희를 고아와 같이 버려두지 아니하고 너희에게로 오리라" 지금 고아입니까? 도울 사람이 없습니까? 성령께서 같이 계신 것을 믿어야 합니다. 세상은 저를 보지도 못하고 알지도 못하나 우리는 진리를 알고 깨닫고 성령님을 모셔 들이고 있는 것입니다. 성령께서는 영원토록 우리와 함께 있게 하겠다. 예수 믿을 때 우리에게 온 성령님은 아침에 왔다가 저녁에 떠나시는 분이 아니시라, 영원토록 우리와 같이 계신 분인 것입니다.

성령께서는 예수님께서 하시는 일을 계속해서 바통을 이어받아서 역사하시는 것이기 때문에 성령님이 우리와 같이 계시면 우리는 모든 환난에서 건짐을 받을 수가 있는 것입니다. 그러므로 성령님을 항상 인정하고 환영하고 모셔 들이고 의지한다고 입술로 고백을 해야 되는 것입니다. 성령이 와 있어도 인정도 아니 하고, 환영도 아니 하고, 도움을 달라고 요청도 안하면, 성령님이 일할 수가 없는 것입니다. 고린도후서 1장 21절로 22절에 "우리를 너희와 함께 그리스도 안에서 굳건하게 하시고 우리에게 기름을 부으신 이는 하나님이시니 그가 또한 우리에게 인치시고 보증으로 우리 마음에 성령을 주셨느니라" 성령은 하나님의 자녀가 된 보증인 것입니다. 성령은 주님 사랑을 받게 될 자격이 있다는 것을 보증하는 것입니다. 성령께서 보증으로 우리와 같이 계시므로 외롭지 않습니다. 하나님은 성령으로 현실문제의 해답을 주십니다. 성령으로 말씀을 온전히 순종하는 담대함도 주십니다.

스가랴 4장 6절에 "만군의 여호와께서 말씀하시되 이는 힘으로 되지 아니하며 능력으로 되지 아니하고 오직 나의 영으로 되느니라" 힘과 능력으로 안 되는 것은 성령께서 도와주시면 된다는 것입니다. 그러므로 성령이 어떻게 우리를 도우시는 것입니까? 성령은 우리를 도우시기를 원하고 기다리고 있는데 성령께 기도해야 되는 것입니다. 로마서 8장 26절로 27절에 "성령도 우리의 연약함을 도우시나니 우리는 마땅히 기도할 바를 알지 못하나 오직 성령이 말할 수 없는 탄식으로 우리를 위하여 친히 간구하시느니라. 마음을 살피시는 이가 성령의 생각을 아시나니 이는 성령이 하나님의 뜻대로 성도를 위하여 간구하심이니라"

"성령님이시여! 이 일을 어찌해야 합니까? 나를 도와주시옵소서. 방법을 알려주세요. 아무리 좋은 가정교사가 와 있어도 도와달라고 요청을 해야 합니다. 가정교사에게 의탁을 해야 되는 것입니다. 성령이시여! 나의 기도를 도와주소서. 믿음을 도와주소서. 성경을 깨달아 알게 하소서. 사업을 하는데 지혜와 총명을 주시옵소서. 계획을 세우는데 하나님이 관여하여 주시옵소서. 현실 문제를 해결해야 하는 데 성령이여 도와주시옵소서." 24시간 하나님을 대변해서 예수님을 대변해서 우리와 같이 계신 위대한 하나님의 영, 성령이 와 계시는데 이 성령을 인정하고 환영하고 모셔 들이고 의지하면 나보다 훨씬 더 큰 내가 될 수가 있는데 그것을 안 하고 있으면 얼마나 손해가 많습니까? 크리스천은 보통 사람이 아닙니다. 항상 이렇게 말해야 합니다. "나는 성령의 사람이다. 성령님이 나를 돕는다. 나는 대단한 사람이다." 그러므로 성령님을 항상 의식하고 같이 계신 것을 인정하고 환영하고 감사를 하고 부탁을 하십시오. 기도를 부탁하십시오. 성령이 자신을 통해서 기도해 주시는 것입니다. 성령이 아니고 내가 기도하면 힘이 듭니다. 할 말도 없거니와 기도가 힘이 드는데 성령의 감동으로 기도하면 술술 기도가 나오는데 끝없이 나옵니다. 기도하면 할수록 더 기뻐지고 즐겁고 행복해지는 것입니다. 그러므로 기도해 주시기를 갈망하면 성령이 도와주시는 것입니다.

넷째, 우리 삶 가운데 있는 우상을 제거해버려야 됩니다. 열왕기하 18장 4절에 히스기야가 우상을 제거하는 장면을 설명합니다. "그가 여러 산당들을 제거하며 주상을 깨뜨리며 아세라 목상을 찍으며 모세가 만들었던 놋뱀을 이스라엘 자손이 이때까지 향하여 분향하므로 그것을 부수고 느후스단이라 일컬었더라" 히스기야 왕이 25세에 왕의 자리에 올라서 29년 동안 통치를 하는데, 가장 큰 업적은 우상을 제거한 것입니다.

그들이 곳곳에 형상을 만들어 놓고 우상을 섬깁니다. 하나님의 백성들이 430년 동안 종살이 하다가 애굽에서 구원하여 그 가나안 땅에 이르게 했더니 그들이 와서 계속 우상을 섬긴 것입니다. 우상으로 인하여 나라가 나눠지고 북 왕국이 망하고 결국 남 왕국도 우상으로 인하여 주전 586년에 바벨론에 의해서 멸망을 당합니다. 그러니까 주전 722년에 북 왕국 이스라엘이 앗수르에게 망하고 586년에 남 왕국 유다가 앗수르 다음에 일어난 바벨론에 의해서 망하게 되니까 저들이 하나님의 백성이었지만 우상숭배로 말미암아 이런 심판을 받게 된 것입니다.

우리에게 주시는 교훈이 있습니다. 우리들도 예수를 믿는다고 하면서 알게 모르게 우상들을 갖고 있습니다. 우상은 무엇인가? 하나님보다 더 사랑하는 것이 우상입니다. 이 우상이 점점 커지는 것이 문제입니다. 우상이 많아지는 것이 문제입니다. 하나님을 떠나서 우상을 섬기다가는 우리도 큰 심판을 받게 되는 것입니다. 우상이 있으면 하나님께 문제의 해답을 받을 수가 없습니다. 회개하고 주께 돌아 나와야 됩니다. 혈통에서 숭배한 우상들을 말씀과 성령으로 제거해야 합니다. 이것들이 영적인 문제를 일으키면서 하나님의 복을 받지 못하게 방해하는 것입니다. 누군 그럴 것입니다. "전 우상이 없는데요." 우상이 어디 있는지 아세요? 자신의 마음속에 있습니다. 내 마음속에 탐욕이 우상입니다. 탐욕이라는 것이 들어오면 자꾸 더 움켜쥐고, 또 움켜쥐고 쓰지도 못하면서 움켜쥐기만 하고, 그 남의 것을 빼앗아 갖고서라도 자기 것으로 만들려하고, 약한 사람을 짓밟는 것이 탐욕입니다.

탐욕을 조심해야 됩니다. 탐욕이 들어와서 주님 것을 내 것이라고 움켜쥐고 있으니까 안 되는 것입니다. 권력의 우상이 있습니다. 세상 인기, 명예 우상이 있습니다. 자녀의 우상이 있습니다. 모두다 우상들이 있습니다. 그래서 눈에는 하나님이 안보이니까 세상 것 눈에 보이는 것, 돈-돈-돈, 명예-명예-명예, 이 것을 따라가다가 자신이 파멸되는 것을 모르고 살아가고 있는 것입니다. "하나님 아버지 주님과 나와의 관계 속에 주님을 섬기는데 방해되는 모든 우상을 멸하게 하여 주옵소서." 자신 속에 우상을 찾아서 제거해야 합니다.

그리고 자신도 모르는 혈통의 우상 숭배할 때 죄악을 타고 역사하는 혈통의 영들을 말씀과 성령으로 찾아서 몰아내야 합니다. 많은 분들이 예수를 믿으면 혈통의 문제가 자동으로 해결이 되는 것으로 말하고 믿고 있는 현실입니다. 그러나 자동으로 해결이 되지 않는 것입니다. 반드시 말씀과 성령으로 찾아서 회개하고 죄악을 타고 들어온 세상 신을 성령으로 몰아내야합니다. 자범죄는 반드시 본인이 찾아서 해결해야 합니다.

역대하 30장 1절을 보면, "히스기야가 온 이스라엘과 유다에 사람을 보내고 또 에브라임과 므낫세에 편지를 보내어 예루살렘 여호와의 전에 와서 이스라엘 하나님 여호와를 위하여 유월절을 지키라 하니라" 우상을 멸한 다음 예배를 회복합니다. 특별히 유월절. 하나님께서 이스라엘 백성을 애굽에서 건져내실 때 그들을 구원한 그 놀라운 역사를 늘 기억하기 위해서 유월절을 지키도록 했는데 저들이 우상숭배 하느라고 예배를 제대로 못 드렸어요. 다시 유월절 예배를 회복합니다. 유월절 예배는 바로 예수님의 십자가 보혈의 능력을 상징하는 그와 같은 은혜를 우리에게 가르쳐 주고 있는 것입니다. 예배 때마다 성령으로 예수님의 십자가 은혜가 우리에게 넘쳐나야 되는 것입니다. 예수님의 흘린 그 피가 강물을 이루어서 주님 앞에 나가는 모든 사람들이 성령으로 충만하여 찬양할 때 기도할 때 말씀을 들을 때 치료받고 용서받고 새 힘을 얻고 변화되는 기적이 나타나야 되는 것입니다.

주님 앞에 영과 진리로 올바른 예배를 드리기 위해서 우상을 제거하시기 바랍니다. 주님만이 주인이 되어야 합니다. "나는 아무것도 아닙니다. 주님만이 모든 것이 되십니다." 자신의 모습에서 자신이 안 보이고 예수님이 보이면 그것이 바로 축복이고, 은혜요, 기적이요, 권능입니다. 하나님께 현실문제의 해결방법을 받아내어 해결하려면 감정을 다스릴 줄 아는 영적인 사람이 되어야 합니다. 이런 사람이 현실문제가 있을 때 하나님께 해결 받을 수 있는 것입니다. 진짜 예수 믿고 은혜 받은 사람들은 감정을 다스리는 사람들입니다. 왜? 난 아무것도 아니니까. 내 속에서 누가 나타나야 될까요? 예수님이 나타나야 됩니다. 정말 주님 앞에서 인정받는 삶을 살아가시기 바랍니다. 그러면 현실문제로 고민할 때 하나님께서 해결 방법을 주시어 순종하면 기적같이 해결되는 것입니다. 영이신 하나님과 관계가 열려야 합니다.

3장 현실문제의 해결 자이신 유일하신 하나님

(요일 2:27)"너희는 주께 받은바 기름 부음이 너희 안에 거
하나니 아무도 너희를 가르칠 필요가 없고 오직 그의 기름 부
음이 모든 것을 너희에게 가르치며 또 참되고 거짓이 없으니
너희를 가르치신 그대로 주 안에 거하라"

하나님은 현실 문제를 통하여 성도들이나 목회자를 영적으로
바꾸십니다. 현실문제에 봉착하면 당황하지 말고 하나님께 기
도해야 합니다. 하나님께 기도하여 해결방법을 질문해야 합니
다. 자신이 당하는 모든 문제의 해결방법은 하나님께서 가지고
계시기 때문입니다. 우리들이 인생길을 걸어 나아갈 때 우리 스
스로 해결할 수 없는 문제들이 많이 있습니다. 사람들은 문제를
만나면 먼저 마음이 무너집니다. 어느 젊은 여 집사가 저에게
전화를 했습니다. 목사님! 저는 지금 정상이 아닙니다. 직장을
다니고 있는데 몸이 비정상입니다. 가슴이 답답하고, 잠을 자
도 늘 피곤하여 닭이 병든 것과 같이 꾸벅꾸벅 졸기 일 수입니
다. 기도가 막혀서 기도를 할 수가 없습니다. 그리고 조그마한
소리도 받아들이지 못하고 짜증이 심합니다. 불안하고, 두렵
고, 우울할 때도 있습니다. 몸이 천근만근 무겁습니다. 그래서
서울대 병원에 입원하여 450만원을 들여서 건강검진을 받았습
니다. 그런데 결과는 모든 기능이 정상으로 나왔습니다. 그런

데 몸은 비정상입니다. 목사님! 이유와 원인이 무엇입니까? 하나님의 은혜로 해결 받고 싶습니다.

필자가 이렇게 말했습니다. 집사님이 바르게 아셔야 할 것이 있습니다. 집사님은 예수를 믿어서 하나님의 자녀가 되었습니다. 하나님의 자녀는 하늘에 시민권이 있습니다. 이제 하나님께서 주시는 것으로 살아야 합니다. 영육의 문제도 하나님이 알려 주시는 방법으로 치유를 해야 합니다. 하나님께서는 자녀들의 문제를 하나님의 사람을 통하여 치유하십니다. 세상에서 치유하지 못하는 문제도 하나님께 기도하면 하나님께서 하나님의 사람을 만나게 하여 치유하십니다. 하나님은 치유하지 못하시는 것이 없습니다. 하나님께서 치유하실 것이니 걱정하지 마세요.

여 집사가 토요일 날 개별 집중치유를 예약하여 집중치유를 받았습니다. 첫날 기도를 하는데 성령세례를 받지 않은 상태였습니다. 일단 성령의 임재가 여 집사를 장악하게 하여 성령세례가 임하도록 했습니다. 얼마 지나자 성령세례가 임했습니다. 소리를 내면서 한동안 울었습니다. 울음이 그치니 기침을 사정없이 했습니다. 그러면서 분노가 올라왔습니다. 들어보니 남편을 향한 분노였습니다. 제가 남편이 힘들게 합니까? 그랬더니 울먹이는 소리로 그렇다는 것입니다. 사사건건 충돌이 일어난다는 것입니다. 계속 기도를 하게 했습니다. 그리고 돌아가서 남편을 설득해서 남편하고 같이 와서 치유를 받았습니다. 의외로 남편이 쉽게 성령으로 장악이 되었습니다. 안수를 하니까,

깊은 곳까지 치유가 일어났습니다. 여 집사의 깊은 곳에서 치유가 일어났습니다. 남편도 생전처음 성령으로 세례를 받고 체험했다고 좋아했습니다.

돌아가서 이렇게 메일로 소식이 왔습니다. "한 달 전 남편과 같이 대전에서 올라와 치유 받은 ○○○ 집사입니다. 답답했던 가슴이 뚫리고 기도가 너무나 잘됩니다. 건강도 아주 좋아졌습니다. 더군다나 1년 6개월 동안 팔리지 않았던, 대전 아파트가 며칠 전 계약이 되었습니다. 먼저 하나님께, 그리고 목사님께 감사드립니다. 목사님께서 알려 주신 데로 남편과 같이 열심히 대적 기도를 했습니다. 대적기도의 결과 응답되었고, 앞으로 마귀를 불러들이는 일은 하지 않아야겠다고 깨닫게 되었습니다."

예수를 믿고 성령의 인도를 받아 교회에 나온 크리스천은 하나님의 방법으로 문제를 해결해야 합니다. 자신의 문제를 해결하려고 이리 뛰고, 저리 뛰고 해도 해결되지 않습니다. 세상방법으로 해결이 된 다해도 임시요법에 불과한 것입니다. 다시 재발한다는 말입니다. 하나님의 자녀의 문제는 하나님의 방법으로 해결을 해야 합니다. 문제가 생겼을 때 불필요한 시간 낭비 마시고 주님만이 나의 모든 문제의 해결 자가 되십니다. 주여! 나를 도와주옵소서. 나를 불쌍히 여겨 주옵소서. 하고 주님께 나와 기도하면 방법을 알려주시고 순종하면 해결하여 주십니다.

한가지 알아야 할 것은 툭하면 하나님께 "의뢰합니다. 맡깁니다."합니다. 맡기고 의뢰한다는 의미를 잘 알아야 합니다. 맡기고 의뢰한다는 것은 하나님께 기도하여 하나님의 지혜를 구하는 것입니다. 하나님께서 주시는 지혜대로 순종하면 문제가 해결이 되는 것입니다. 자기가 마음대로 저질러 놓고 하나님께 맡긴다고 해결이 되겠습니까? 우리가 알아야 할 것은 크리스천은 예수를 믿는 순간에 자신은 죽고 예수로 태어난 사람입니다. 죽은 사람이 문제를 해결할 도리가 없습니다. 다시 사신 예수님이 문제를 해결해야 합니다. 그래서 예수님께 기도하여 알려주시는 지혜대로 순종하는 것입니다. 그러면 믿음을 보시고 성령께서 해결하시는 것입니다. 시편 46편 10절에 이와 같이 말씀합니다. "이르시기를 너희는 가만히 있어 내가 하나님 됨을 알지어다" 가만히 있어라. 왜 안절부절못하고 입을 열어서 원망과 불평을 하고 아이고 나 죽네! 부정적인 소리를 쏟아놓느냐? 가만히 좀 있어라. 입 다물고 내가 어떻게 일하는지 좀 살펴보고 믿음으로 지켜보고 주님 역사하심을 살펴보아라. 시편 46편 10절 말씀 다시 기억합니다. "이르시기를 너희는 가만히 있어 내가 하나님 됨을 알지어다. 내가 뭇 나라 중에서 높임을 받으리라. 내가 세계 중에서 높임을 받으리라 하시 도다. 이 놀라운 일 가운데 내가 하나님의 은혜와 기적을 나타내서 모든 사람들 가운데 모든 나라 가운데 영광을 받을 것이다. 높임을 받을 것이다. 그러므로 너희는 가만히 있어라." 가만히 있으라는 표현이 성경에 여러 곳 나오는데 그 대표적인 하나가 홍해가 막혀 있고 뒤에는 바로의 군대가 쫓아와서 430년 만에 애굽에서 탈

출한 이스라엘 백성이 원망과 불평을 쏟아놓을 때 가만히 있으라는 말이 나옵니다. 출애굽기 14장 11절을 보면, 그들이 입을 열어 불평합니다. "그들이 또 모세에게 이르되 애굽에 매장지가 없어서 당신이 우리를 이끌어 내어 이 광야에서 죽게 하느냐 어찌하여 당신이 우리를 애굽에서 이끌어 내어 우리에게 이같이 하느냐" 430년 동안 저들이 노예 생활을 하던 애굽에서 해방 받아서 저들이 약속의 땅 가나안으로 가는데 불과 얼마 지나지 않아서 그 기쁨은 사라져버리고 앞에 홍해가 막히고 뒤에 군사가 쫓아오니까 우리를 차라리 종살이 하게 내버려두지 왜 우리를 건져내갖고 여기서 죽게 하느냐? 우리를 묻을 묘지가 없어서 이곳에 까지 끌고 나오느냐? 다 입을 열고 불평합니다. 문제를 만났을 때 제일 먼저 우리가 하는 것이 불평입니다.

원망입니다. 남의 탓입니다. 모세를 탓하고 하나님을 원망했어요. 문제가 생겼을 때 내가 문제가 무엇일까? 내 자신을 살펴봐야 하는데 당신 때문에 그렇소… 당신 때문에 그렇소… 원망하면 문제가 더 커져버립니다. 모세가 하나님이 함께 하신다는 음성을 듣고 담대히 말씀 했습니다. 출애굽기 14장 13절, 14절 말씀을 봅니다. "모세가 백성에게 이르되 너희는 두려워하지 말고 가만히 서서 하나님께서 오늘 너희를 위하여 행하시는 구원을 보라 너희가 오늘 본 애굽 사람을 영원히 다시 보지 아니하리라 하나님께서 너희를 위하여 싸우시리니 너희는 가만히 있을지니라" "하나님께서 우리를 위하여 대신 싸우실 것이므로 너희는 가만히 있을 것이라. 잠잠하고 조용하고 불평하지 말고 가만히 있어라. 그저 주님께서 하라는 대로 순종하고 맡기고 주님 앞에 감사하며 찬양하며 나아갈 것이라." 이것이 바로 하나님이 하실 것을 믿는 살아있는 믿음입니다. 예수님 믿고 믿음의 사람으로 살아야지 예수님 믿고 신앙생활을 한지 10년이 지나고 20년 지났는데도 문제만 생기면 불평하고 '당신 탓이오. 당신 탓이오.' 하고 싸우고 부정적인 얘기들을 쏟아 놓고 있으니 얼마나 부끄러운 구원을 받은 우리들 입니까? 하나님은 항상 내가 문제라고 말하는 성도를 좋아하십니다. 항상 자신이 문제입니다.

그 이스라엘 백성하고 우리하고 다른 게 뭐가 있어요? 출애굽 사건의 B. C 1400년에, 그러니까 3400년 전에 이스라엘 백성들이 불평을 하는 거나 우리가 예수 믿고 불평하는 거나 불평의 내용은 비슷한 것입니다. 주여! 우리의 입술이 불평, 원망, 부정적인 얘기를 쏟아 놓는 입술이 아니라 감사, 찬양의 입술로 바꾸어지게 하옵소서. 기도해야 합니다. 그 다음에 되어 질 일들이 우리가 다 잘 알고 있습니다. 출애굽기 14장 21절에, "모세가 바다 위로 손을 내밀매 하나님께서 큰 동풍이 밤새도록 바닷물을 물러가게 하시니 물이 갈라져 바다가 마른 땅이 된지라"

모세가 하나님의 음성을 듣고 순종하여 바다 위로 손을 내미니까, 이 바다가 갈라져서 육지 같이 된 곳을 남자로만 60만 명, 여자와 아이를 합하여 약 300만 명 가까이 되는 이스라엘 백성들이 그 홍해를 육지처럼 건너갑니다. 하나님은 일찍이 홍해 밑에 다가 길을 만들어 두셨습니다. 크리스천이 성령의 인도를 받고 천성을 향해서 가는 길에 일어나는 모든 문제는 하나님께서 모두 아십니다. 문제를 해결할 방법도 만들어 두셨습니다. 하나님께 기도하여 해결할 방법을 알아내고 순종하면 해결이 되는 것입니다. 믿음을 가지시기를 바랍니다.

이스라엘 백성이 이 홍해를 절대로 가르지 못합니다. 이스라엘 백성의 힘으로는 그 물길이 절대로 갈라질 수 없습니다. 그 많은 사람들이 당장 배를 만들 수도 없는 것이고 그중에 헤엄을 잘 쳐서 그 바다를 건너갈 사람이 몇 사람이 되겠습니까? 그러니까 하나님 말씀이 '가만히 있어라. 불평하지 말라. 원망하지 말라. 부정적인 이야기를 쏟아놓지 말아라. 내가 도와줄 것이다.'

하나님은 성도들이 문제를 만나 하나님께 기도하여 해결하면서 하나님께서 동행하신다는 것을 체험적으로 알아가게 하시는 것입니다. 하나님은 살아계신 하나님이시기 때문입니다. 성도들이 하나님이 살아계신 다는 것을 믿게 하기 위하여 문제를 만나 하나님의 역사로 해결되는 것을 체험하게 하십니다. 그렇게 하면서 세상을 이길 수 있는 담대한 성도를 만들어 가십니다.

바울이 고린도 교인들에게 이렇게 말합니다. "너희는 아직도 육신에 속한 자로다. 너희 가운데 시기와 분쟁이 있으니 어찌 육신에 속하여 사람을 따라 행함이 아니리요"(고린도전서 3:3). 우리가 알거니와 고린도 교인들에게는 신령한 은사가 넘쳤습니다. 외견으로 보면, 매우 신령한 것 같고 영적인 것 같습니다. 그럼에도 불구하고 그들이 하는 행동은 바람직하지 못했습니다. 이처럼 우리 가운데에도 신앙생활은 오래 했지만 여전히 육에 속한 사람들이 있다고 말할 수 있습니다.

바울은 뒷부분에 그런 사람들은 인간의 방식대로 살고 있다고 언급합니다. 세속적인 삶의 방식을 따라서 살아가는 오늘날의 성도들의 영적 수준이 그렇습니다. 그러므로 "신령한 것이 먼저가 아닙니다. 자연에 속한 것이 먼저요, 그 다음이 신령한 것입니다"(고전:15:46)라고 언급한 말씀처럼 우리는 먼저 육체로 태어납니다. 그러므로 육적인 삶이 우선이고, 그 다음이 영적인 삶이 있게 되는 것입니다. 이것이 자연의 이치이지만, 신앙생활을 하면서 영적 단계로 전혀 옮아가지 못하는 사람들이 있는 것입니다. 앉은뱅이로 육신에 속한 채로 살아간다는 것입니다.

하나님은 우리 모두가 레마를 듣고 순종하는 영적인 사람이 되기를 원하십니다. 그래야만 하나님의 뜻을 제대로 알게 되고 올바르게 응답할 수 있기 때문입니다. 육에 속한 사람은 그리스도 안에서 어린아이와 같다고 정의합니다. 이런 사람은 하나님의 일을 알지 못한다고 합니다. 비록 신앙생활을 많이 하고 성경 공부를 많이 해서 박식하고 자신은 영적 만족을 누리지만, 그 모든 것이 하나님의 뜻을 이루어내는 일에는 별로 기여하지 못합니다. 그래서 하나님은 어린 아이에서 벗어나 영적으로 성숙된 사람이 되도록 우리 삶 가운데 육체적 시험을 둡니다. 육에 속한 사람은 육신적 문제를 만나게 됩니다. 물론 영에 속한 사람이라고 해도 완전이 육체의 소욕에서 자유로울 수는 없습니다. 우리는 육체를 벗어나서는 이 세상에 존재할 수 없는 존재이기 때문입니다. 항상 하나님을 의지해야 하는 나약한 존재입니다.

우리는 육체의 문제를 통해서 하나님을 알아가게 됩니다. 고통스런 문제가 있어야 우리는 비로소 하나님을 깊이 생각하게 되며, 그 문제가 해결되는 과정에서 하나님의 뜻을 발견하게 되는 것입니다. 문제를 통해서 하나님을 경험하고 알아가는 것은 육체에 속한 사람이라는 증거입니다. 계속적인 육신의 문제로 괴로워하는 사람은 영적으로 바뀌기 위하여 관심을 쏟아야 합니다. 육체의 문제는 영적 성숙을 위한 하나님의 은혜입니다. 육체의 문제를 해결해 가는 과정에서 단순히 문제의 해결에만 관심을 쏟으면 그 문제를 주신 배경을 이해하지 못하게 됩니다. 그 문제를 통해서 얻게 될 하나님의 속성을 발견하지 못하면 육체의 문제는 계속 이어질 수밖에 없는 것입니다. 육체의 문제를 해결하려면 반드시 하나님에게 기도해야 해결이 되는 것입니다. 성령으로 기도하면서 하나님의 해결방법을 받아서 순종하면 해결이 되는 것입니다. 그래서 육체의 문제를 해결하다가 보면 자연스럽게 하나님을 체험하며 알아가는 것입니다.

우리에게는 계속되는 육체의 문제를 하나님께 기도하여 해결하는 과정을 통해서 영적 눈을 뜨게 되고, 하나님이 문제를 다루시는 진정한 의도를 파악하여 보이지 않는 하나님을 보는 것 같이 인식하고, 응답받기 위하여 기도하는 것입니다. 이런 것이 영적 성숙에 이르는 자세이며, 이런 과정을 통해서 우리는 하나님이 자신에게 다가오는 발소리를 듣게 되고, 하나님의 부름에 즉각 바르게 응답할 수 있는 능력을 기르게 되는 것입니다. 자연에 속한 사람(육체에 속한 사람)은 하나님의 레마를 듣고 순종해야 하는 영에 속한 일을 받아들이지 못합니다. 자신의 주변에서 일어나는 일을 단순히 자연적 시각으로만 인식하기 때문입니다. 그런 사람들은 자연적인 일들 가운데 있는 하나님의 뜻을 전혀 발견할 수도 없고 이해할 수도 없는 것입니다(고전 2:14). 성령으로 거듭난 성도는 현실문제에는 하나님의 섭리와 해결방법이 있다고 믿고 기도합니다. 성령으로 거듭난 성도들과 목회자에게는 그래서 문제가, 문제가 되지 못하는 것입니다.

비록 목회자라고 해도 육의 수준을 제대로 벗어나지 못한 목회자는 주로 세상의 일에 관해서만 이야기합니다. 하나님의 말씀을 전하더라고 인간의 방식으로 전하게 됩니다. 주로 철학적이고 세속적인 내용을 다룹니다. 물론 이런 부분을 다루어야 하는 까닭은 모든 성도가 다 영에 속한 사람이 아니기 때문에 부득불 육에 속한 이야기를 해야 합니다. 바울도 고린도 교인들에게 영에 속한 이야기를 하지 못하는 것은 그들이 모두 육에 속하여 그리스도 안에서 어린 아이 같았기 때문입니다. 그런데 바울처럼 영에 속하여 하나님의 신비한 세계를 깊이 경험하고 알고 있음에도 불구하고, 성도의 영적 수준으로 인해 부득불 육신적인 방법으로 이야기를 해야 하는 경우에는 문제가 없겠으나, 그렇지 못하고 자신도 육에 속해서 자신이 지금 하고 있는 말이 오직 세상의 기준에만 의존한 것이라면 문제가 있는 것입니다.

 허구한 날 오로지 세상을 살아가는 이야기만 한다면 이것은 심각합니다. 비록 성경을 인용한다고 하더라도 그 말씀은 엄격히 하나님과는 별로 상관이 없는 세상에 속한 이야기일 뿐입니다. 겉으로는 영적인 것처럼 보이지만, 그 속은 여전히 세속적입니다. 이런 이야기는 세속적인 사람의 강연이나 세미나와 다를 바가 없는 것입니다. 하나님은 통탄하고 계십니다. 그런데 하나님의 경고를 이해하지를 못합니다. 영이 깨어나지 못하고 성숙하지 못했기 때문입니다. 하나님은 이런 목회자나 성도들을 영적으로 바꾸기 위하여 현실 문제를 사용하시는 것입니다.

 고린도 교인들이 겉으로는 신령한 것 같이 보였지만, 사실 그들은 여전히 세속적 기준의 삶을 살아가고 있는 것과 같은 것입니다. 이런 형태의 육에 속한 사람은 끊임없이 육신의 문제로 고통을 당하게 됩니다. 육체의 문제는 육에 속한 사람을 영에 속한 사람으로 바꾸기 위한 하나님의 배려입니다. 문제를 통해서 자신의 결점을 발견하고 하나님에게 철저히 회개하며, 육신의 일에 몰두했던 어리석음을 깨닫고 하나님에게 기도하여 하나님의 뜻에 따라 사는 삶으로 변화되어야 하는 중요한 고비인 것입니다. 그래서 성도는 날마다 깊은 영의기도를 하면서 자신을 성찰해야 합니다. 하나님의 음성을 들어 문제를 사전에 알고 예방하는 것입니다. 육에 속한 사람은 영에 속한 일을 경험하지 못했으므로 그는 오로지 사람의 일에만 관심이 있고 그런 것들만 언급하고 그렇게 가르칩니다. 그래서 세상의 일에 대처하는 방법이 매우 현실적이고 합리적이어서 육에 속한 사람에게는 실질적으로 유익하고 탁월해 보입니다. 그래서 육신에 속한 사람들에게 인기가 많습니다.

세속적 성공을 추구하는 사람은 신령한 세계에 대한 경험이 전무하기 때문에 그렇습니다. 자신이 경험한 세계는 오직 보이는 육의 세계이기 때문에 이것이 전부인 것입니다. 이런 사람들이 신령한 세계의 귀중한 것들을 볼 수만 있다면 아마도 그것을 얻으려고 엄청난 노력을 할 것입니다. 왜냐하면 세상의 귀한 것을 얻기 위해서 이토록 약삭빠른 데, 하물며 하나님의 나라의 그 귀하고 소중한 것들을 경험한다면 가만히 앉아 있겠습니까? 모르기 때문에 엉뚱한 것들을 얻으려고 기를 쓰는 것입니다. 사람은 영적인 존재이기 때문에 누구나 신비한 것을 체험하면 관심을 집중하게 되어있습니다. 세상의 것들은 없어질 것들이지만 하나님의 나라의 것들은 없어지지 않습니다. 육체의 시험을 통해서 영적인 세계로 들어갑니다. 육체의 문제를 통해서 우리는 부르짖게 되고, 그 부르짖음을 통해서 주님의 영역 안에 들어가는 길이 열리게 되는 것입니다.

그런데 문제는 목회자들 가운데 일 년 내내 비록 성경 말씀을 언급하지만, 그것은 겉치레일 뿐 세상에 있는 것들을 이야기하고, 세상에서 살아가는 방법들을 이야기하고, 내 생각 내 판단으로 이야기하고, 하나님이 직접 지시하시는 그 음성을 들어본 기억조차도 없고, 어쩌다 한 번 들은 것 같은 희미한 기억만을 간직하고 있다면 이는 얼마나 서글픈 일입니까?

이런 분들은 날마다 우리 가운데 일어나는 놀라운 일들이 그저 강 건너 불처럼 남의 일로 여깁니다. 실상은 육체의 문제를 통해서 주님을 만납니다. 우리는 현실의 문제, 즉 육체의 일들을 통해서 하나님을 알아가고 체험하는 것입니다. 하나님은 영이시기 때문입니다. 주님을 체험하면 우리 현실문제 가운데 그분의 역사하심이 나타나 해결하십니다. 우리는 그 나타남을 증거 하는 자들입니다. 우리의 지식과 경험과 경륜과 성취는 모두 주님 발아래 내려놓아야 하는 것들입니다. 주님의 나타나심은 우리가 구해야 하는 가장 귀한 은혜입니다. 주님은 그를 믿고 따르는 자를 통해서 그분을 드러내기를 바랍니다. 우리는 어디에 있던지 주님이 나타나 주님의 방법과 역사로 문제를 해결하시도록 하는 도구가 되어야 할 것입니다.

사람들은 자기 자신을 나타내기 좋아합니다. 자꾸 자기 자신을 나타내려고 해요. 그러면 하나님의 은혜가 멈춰버려요. 모든 영광 하나님께…. 필자는 죽을병에 걸린 사람을 살리고도 하나님께서 저를 통하여 치유하셨기 때문에 하나님께서 하신 것입니다. 하나님께서 치유하셨습니다. 필자는 보조자입니다. 항상 하나님께 영광을 돌립니다. 모든 크리스천이 그렇게 되면 하나님께서 하늘의 문을 여셔서 쌓을 곳이 없이 부어 주십니다.

영적으로 깨닫고 보면 지금 고난이, 지금 문제가, 지금의 어려움이 장차 다가올 축복의 전주곡입니다. 하나님은 현실 문제를 통하여 기도하게 하시고 믿음을 견고하게 하십니다. 절대로 낙심하지 마시기를 바랍니다. 로마서 8장 18절에, "생각하건대 현재의 고난은 장차 우리에게 나타날 영광과 비교할 수 없도다" 그래서 이스라엘 백성들이 홍해를 육지처럼 건너고 난 다음 하나님을 찬양하는 장면이 출애굽기 15장 1절에서 2절에 나옵니다. "이 때에 모세와 이스라엘 자손이 이 노래로 여호와께 노래하니 일렀으되 내가 여호와를 찬송하리니 그는 높고 영화로우심이요 말과 그 탄자를 바다에 던지셨음이로다. 여호와는 나의 힘이요 노래시며 나의 구원이시로다 그는 나의 하나님이시니 내가 그를 찬송할 것이요 내 아버지의 하나님이시니 내가 그를 높이리로다" 우리가 호흡이 살아있는 동안 이 땅에서 가장 힘써야 할 것이 무엇이냐. 주님을 찬양하는 것입니다.

예수 믿고 나서 달라져야 합니다. 생각이 달라지고 말이 달라지고 행동이 달라져야 합니다. 부정적인 생각과 부정적인 말로 살았던 과거의 모습을 내던져 버리고 절대긍정, 절대감사로 무장해서 찬양과 감사로 나아갈 때 하나님의 기적과 축복이 임하게 되는 것입니다. 우리를 예수님의 피 값으로 사셨으니, 이제는 감사와 찬양을 돌리는 삶을 살아야 합니다.

"자꾸 걱정하는 크리스천들은 믿음이 약하고 영이 약하고 성령이 충만하지 못해서 그런 것입니다. 자꾸 불평하는 사람들은 믿음이 약해서 그렇습니다. 자꾸 아무것도 아닌데 마음속에 쓸데없이 염려, 근심, 걱정해서 마음이 무너지고 "아이고, 나 죽네." 하는 사람들은 믿음이 약해서 그런 것입니다. 믿음이 약하다는 것은 매사를 자신의 생각으로 하려고 한다는 것입니다. 자신이 하려니 걱정과 근심을 하는 것입니다. 하나님께서 하신다는 강한 믿음의 용사들이 되기를 바랍니다. 나약해져서 늘 무너지는 모습으로 상처투성이가 되어 그렇게 살지 마시고 가슴피고 당당하게 기뻐하고 감사하며 사시기를 바랍니다."

결론적으로 하나님께서 현실 문제를 해결하시는 목적은 ① 현실 문제를 해결하기 위하여 하나님께 물어보며 문제를 해결하면서 하나님의 말씀에 온전하게 순종하는 사람으로 자라게 하기 위함입니다. ② 하나님과 같은 영적인 사람이 되어 대화하며 수족과 같이 움직이면서 살아가게 하기 위함입니다. ③ 하나님께 집중하며 세상에 하나님의 나라를 건설하는 일꾼으로 살아가게 하기 위함입니다. ④ 하나님의 방법으로 현실문제의 해결을 통하여 세상에 소망을 두지 않고 영원하신 하나님께 소망을 두는 사람으로 만들기 위함입니다. ⑤ 현실 문제를 해결하면서 하나님께서 주신 권능을 사용하므로 어디에서나 하나님의 음성을 듣고 주신 권능을 사용할 수 있는 군사로 만들기 위함입니다. ⑥ 예수를 믿어 성령으로 거듭난 크리스천이 현실 문제를 해결하면서 세상의 모든 방법은 영구적이지 못하고 임시방편에 불과 하다는 것을 스스로 깨닫게 하기 위함입니다. 오로지 하나님만이 영구적인 해결 자가 되신다는 것을 인정하여 모든 시선을 하나님께 향하도록 하기 위함입니다. 하나님만 바라보고 대화하며 살아가면서 하나님 한 분에게 만족을 하면서 살아가도록 하기 위하여 현실 문제를 이용하시는 것입니다. 하나님은 사람의 미혹을 받지 않기 위하여 하나님께 의뢰하여 현실 문제를 해결하시면서 하나님께 소망을 둔 크리스천이 되게 하십니다.

4장 문제가 있는 곳에 해답을 만드신 하나님

(출15:22-25)"모세가 홍해에서 이스라엘을 인도하매 그들이 나와서 수르 광야로 들어가서 거기서 사흘길을 걸었으나 물을 얻지 못하고, 마라에 이르렀더니 그 곳 물이 써서 마시지 못하겠으므로 그 이름을 마라라 하였더라. 백성이 모세에게 원망하여 이르되 우리가 무엇을 마실까 하매, 모세가 여호와께 부르짖었더니 여호와께서 그에게 한 나무를 가리키시니 그가 물에 던지니 물이 달게 되었더라"

하나님께서는 현실 문제를 통하여 크리스천을 영적으로 바꾸십니다. 많은 크리스천들이 스스로 영적이라고 말하지만 하나님의 눈에는 영적이지 못하기 때문입니다. 이래서 크리스천이라도 현실 문제를 당하면 세상방법이나 인간적인 방법으로 해결해보려고 이리 뛰고 저리 뛰고 합니다. 그러나 크리스천에게 일어나는 현실문제는 세상 방법이나 인간적인 방법으로는 해결이 안 됩니다. 영적인 문제가 결부되어 있기 때문입니다. 영적인 면이 결부되어 세상적인 방법이나 의술이나 별 방법을 동원해도 해결이 안 됩니다. 아무리 세상 의술이 발전했어도 해결되지 않는 질병이 있습니다. 그래서 세상 사람들이 무당을 찾아서 굿거리를 하는 것입니다. 몰라서 무당 굿거리를 하는 것이 아니고, 도저히 해결이 안 되기 때문에 울면서 겨자 먹는 식으로 행하는 것입니다.

이와 같이 크리스천이라도 영적인 문제가 결부되면 하나님의 방법 외에는 현실 문제를 해결할 방법이 없는 것입니다. 그래서 현실 문제를 해결하려고 하나님께 기도하는 것입니다. 기도하니 하나님께서 방법을 알려주십니다. 그런데 하나님께 기도하여 응답을 받으려면 영적인 상태가 되어야 합니다. 하나님과 같은 영적인 상태가 되어야 하나님의 음성으로 방법을 알 수가 있습니다. 기도하여 하나님의 방법을 알아내려면 성령으로 세례를 받는 것이 필수입니다. 하나님의 방법을 알려고 해도 성령으로 세례를 받아야 되고, 하나님께서 알려주시는 방법으로 현실 문제를 해결하려고 해도 성령으로 세례를 받아야 합니다. 하나님의 방법으로 문제를 해결하는 것은 성령으로 되기 때문입니다. 잘 아시다 시피 성령세례는 이론이 아닙니다. 성령으로 세례를 받는 것을 자신도 몸으로 느끼고 눈으로 보입니다. 다른 사람들도 자신이 성령으로 세례를 받는 것을 눈으로 봅니다.

그래서 하나님은 현실 문제의 해결을 통하여 영적인 크리스천으로 변화되게 하십니다. 하나님의 방법으로 문제를 해결함으로 살아 역사 하시는 하나님이라는 것을 체험적으로 믿게 하시는 것입니다. 하나님은 현실 문제를 성령으로 해결하게 함으로 영이신 하나님과 인격적인 관계를 열어가게 하십니다. 성령으로 자신의 현실 문제를 해결하면서 영적전쟁을 할 수 있는 군사가 되게 하십니다. 그러니까, 자신의 현실 문제를 하나님의 방법으로 해결하면서 자신이 군사가 되어가는 것입니다. 하나님은 자신의 문제를 성령으로 해결하게 하시면서 군사가 되도록 훈련하신다는 말입니다. 그러므로 크리스천이 현실 문제를 해결하려면 성령의 인도를 받는 영의 사람으로 변해야 가능합니다.

그런데 크리스천들이 현실 문제를 하나님의 방법으로 해결함에 있어서의 문제는 일부 유형교회의 직분 자들이 보이는 세상 적이고 인간적인 방법으로 현실 문제를 해결하려는 생각이 고정되어 있다는 것입니다. 사고가 합리적, 이성적으로 고착되어 있는 연고입니다. 그래서 자신 안에 임재하신 영이신 하나님과 관계를 열려고 하지 않고 보이는 유형교회에 모든 것을 투자합니다. 그렇기 때문에 보이지 않는 영적인 면이 열리지를 않는 것입니다. 그래서 크리스천들이 현실의 문제로 고통을 당하면서 신음할 때 조언하는 것이 극히 세상 적입니다. 제일 많이 사용하는 것이 기도하라는 것입니다. 무조건 기도하면 현실문제가 해결이 된다는 것입니다. 열심히 봉사하라는 것입니다. 봉사하면 하나님께서 문제를 해결하여 주신다는 것입니다. 헌금하라는 것입니다. 헌금을 많이 하면 하나님께서 감동하셔서 문제를 해결하여 주신다는 것입니다. 이것은 극히 인간적이고 샤머니즘적인 방법입니다. 현실문제에 대한 영이신 하나님의 생각하고 반대가 되는 것입니다. 절대로 이렇게 샤머니즘적인 방법으로는 현실 문제가 해결되지 않습니다. 반드시 살아 역사하시는 성령께서 역사해야 문제가 해결되기 때문입니다.

현실 문제를 하나님의 방법으로 해결하려면 자신이 먼저 하나님과 관계를 열어야 합니다. 자신이 성령으로 장악되어 심령천국을 이루고, 다음 가정이 천국이 되어야 합니다. 하나님은 영이시니 자신의 심령에 와계신 성령님과 관계가 열려야 현실 문제의 해답을 하나님께 받아서 해결할 수가 있습니다. 급선무가 자신과 하나님과의 관계를 여는 것입니다.

우리가 바르게 알아야 할 것은 예수님이 말씀하시는 회개란 유대인들이 생각하는 그런 안식일 준수와 우상숭배의 배척이라는 외형적인 내용에 있는 것이 아닙니다. 육체적, 세상적인 시각에서 벗어나 영의 시각으로 돌이키는 것임을 그는 능력을 통해서 일깨우고자 하셨습니다. 이는 사마리아 여인과의 우물가의 대화에서 보여주신 내용으로써 유대인의 회개에 대한 관심과 예수의 태도의 차이를 분명하게 하는 것입니다.

요한복음 4장 13절에 보면 "예수께서 대답하여 이르시되 이 물을 마시는 자마다 다시 목마르려니와 내가 주는 물을 마시는 자는 영원히 목마르지 아니하리니 내가 주는 물은 그 속에서 영생하도록 솟아나는 샘물이 되리라" 이는 보이는 세상 것으로는 만족을 누릴 수가 없고, 보이지 않는 심령에 계시는 영이신 하나님으로부터 나오는 샘물을 먹어야 영원히 목마르지 않는다는 말씀입니다. 영이신 하나님의 방법으로 현실 문제를 해결해야 영원한 해결이 된다는 말씀이기도 합니다. 세상 방법은 임시요법이기 때문입니다.

다시 요한복음 4장 20절에 보면 "우리 조상들은 이 산에서 예배하였는데 당신들의 말은 예배할 곳이 예루살렘에 있다 하더이다" 라며 여인이 질문합니다. 그러니 예수님께서 이렇게 대답을 하십니다. "예수께서 이르시되 여자여 내 말을 믿으라 이 산에서도 말고 예루살렘에서도 말고 너희가 아버지께 예배할 때가 이르리라(요4:21)" 이는 영이신 하나님께 예배를 드릴 때가 온다는 말입니다. 장소의 개념이 아니고, 믿는 사람의 마음 안에 임재하신 하나님께 예배를 드리는 때가 도달한다고 말씀하십니다. 보이는 유형교회에만 하나님이 계시는 줄 알고 믿고 있는 크리스천들에게 경각심을 일깨우는 말씀입니다.

그러면서 여인에게 "너희는 알지 못하는 것을 예배하고 우리는 아는 것을 예배하노니 이는 구원이 유대인에게서 남이라(요4:22)" 예수님은 여인에게 너희는 육체를 가지고 알지 못하는 것을 예배하지만, 성령으로 거듭난 우리는 영으로 유일하신 하나님께 예배를 드린다는 것을 말씀하십니다. 그러시면서 "아버지께 참되게 예배하는 자들은 영과 진리로 예배할 때가 오나니 곧 이 때라 아버지께서는 자기에게 이렇게 예배하는 자들을 찾으시느니라(요4:23)" 말씀하십니다. 보이는 성전에 가서 육체를 가지고 예배하지 말고 성령으로 거듭난 영과 진리로 예배를 드리라는 것입니다. 다시 강조하여 "하나님은 영이시니 예배하는 자가 영과 진리로 예배할지니라(요 4:24)" 말씀하십니다.

이는 보이는 성전이 아니라, 보이지 않는 마음 성전에 하나님께서 계신다는 말씀입니다. 보이지 않는 마음 성전에 계신 영이신 하나님께 영과 진리로 예배를 드리라는 말씀입니다. 이는 지금 성령이 역사하시는 교회시대를 살아가는 성도들에게 교훈이 되는 말씀입니다. 지금 유형교회를 다니는 성도들 중에 유대인(사마리아 여인)과 같은 신앙을 가진 성도가 많습니다.

유대인과 같은 신앙으로는 현실의 문제를 해결할 수가 없습니다. 성령으로 거듭난 영적인 성도라야 하나님의 방법으로 현실 문제를 해결할 수가 있는 것입니다. 영이신 하나님과 교통하여 하나님의 방법을 알아서 적용할 수가 있기 때문입니다.

요한복음 4장에서 하신 예수님의 말씀은 육신의 시각으로 보는 세대는 지나갔고 이제 영의 시각으로 모든 것을 보아야 하는 시대가 도래 한다는 것을 알려주시는 말씀입니다. 이일을 확증하기 위하여 귀신을 쫓는 일에서 분명하게 깨닫게 하고 있습니다. 귀신을 쫓고 병든 자를 치유하는 일련의 행위는 우리의 시각이 영으로 향하게 하기 위함이지, 결코 그 능력을 자랑하고 만끽하게 하려는 것이 아니었습니다. 그러나 우리는 여전히 성령의 능력을 통해서 얻어지는 세속적 유익에 관심을 더 둡니다. 이는 유대인들이 자신들이 당한 심판의 배경을 외형적인 것에서 찾았던 것과 다를 바가 없는 것입니다.

신약성경은 이스라엘이란 말 대신 유대인이라는 말을 사용하는 배경은 그들이 지닌 오류를 지적하고자 하는 의도가 있는 것입니다. 주님은 유대인들의 기대하는 바와는 항상 다른 행동을 취함으로써 그들을 진정한 회개로 이끌고자 했습니다. 주님이 바라는 회개는 안식일 준수와 우상숭배의 배척이 아니었습니다. 물론 이 주제도 중요한 것이지만 회개의 진정한 의미는 그것이 아니라, 영의 시각을 얻는 것임을 강조하며 따라서 물세례 다음으로 얻게 되는 성령 세례를 소개합니다(요 3:1~21). 이스라엘이 역사적으로 메시야에 대한 기대가 항상 실패하고 낙망한 배경에는 육신적인 안목으로 보려고 한 태도와 당장에 이루려고 하는 조급함이 원인으로 작용하고 있는 것입니다. 현시대를 살아가는 크리스천들도 합리적이고 세상적인 사고를 성령으로 발원한 믿음의 사고, 영적인 사고로 바꾸어야 합니다. 이 점에 대해서 주님은 "여기 있다 저기 있다"라고 말하지 말 것을 당부하며 영의 눈으로 볼 것을 강조합니다. 이스라엘의 기나긴 역사는 영의 일을 육안으로 해석하고 행동한 실패의 기록입니다.

신약성경이 구약에서 거의 거명하지 않은 유대인이라는 말을 그토록 많이 사용하는 이유가 어디에 있는지 이제 알게 되었다면 우리 가운데 이스라엘로 불리지 않고 유대인이라고 불릴 수 있는 요소들이 얼마나 많은지도 깨달아 알 수 있게 되었을 것입니다. 영의 시각으로 회개할 줄 몰랐던 유대인은 결코 새 시대의 이스라엘은 될 수 없을 것입니다. 유대인도 하나님을 사랑하고 계명을 준수했으며, 십일조와 안식일을 지켰습니다. 그러나 이들이 간과한 것 하나는 그들이 지킨 모든 것과도 비교될 수 없는 중요한 것이었습니다. 그것이 바로 영으로 거듭나서 하나님을 영으로 인식하고 그 깊은 곳에 있는 하나님의 마음을 헤아릴 수 있는 능력을 얻지 못한 것입니다.

이는 꾀돌이 야곱이 허벅지 관절이 어긋나 장애인이 되니 이스라엘로 개명된 사건을 통해 이해할 수가 있을 것입니다. 쉽게 설명하면 육체에 속한 야곱(유대인)이 장애인이 되니 영적인 이스라엘로 바뀐 것입니다. 이제 영이신 하나님의 음성을 듣고 순종하며 사는 이스라엘로 바뀐 것입니다. 우리 크리스천들도 영이신 하나님의 음성을 듣고 순종하는 이스라엘로 바뀌어야 합니다. 뜻을 이해를 잘해야 합니다.

바울은 이렇게 말합니다. "하나님의 나라는 말에 있지 않고 능력에 있습니다."라고 말입니다. 정치적으로 문제를 해결하려는 시도는 메시야의 시대에 대한 기대가 무산된 스룹바벨 사건 이후에 등장하게 되는 이스라엘의 아픈 역사가 되었으며, 열심당의 일원인 가룟인 유다가 빠진 오류이기도 합니다. 우리 크리스천들이 현실 문제를 하나님의 방법으로 해결 받으려면 성령으로 거듭나서 하나님을 영으로 인식하고 하나님과 같은 영적인 상태로 하나님과 교통하려고 해야 합니다.

하나님은 크리스천들이 당하는 현실 문제를 창세전에 알고 계셨습니다. 문제도 알고 계시고 문제마다 해결방법도 예비해 두셨습니다. 그런데 현실문제마다 해결방법이 멀리 있는 것이 아니고 문제 안에 있다는 것입니다. 해결방법은 영이신 하나님께서 알고 계십니다. 영이신 하나님께 해결방법을 알아내려니 영의 상태가 되어야 가능한 것입니다. 하나님께 기도하여 현실 문제의 해결방법을 알아내는 기본이 하나님과 같은 영의 상태가 되는 것입니다. 하나님은 하나님과 같은 영의 상태에서 해결방법을 알려주시기 때문입니다. 하나님이 이스라엘 백성을 축복의 땅으로 인도하실 때 현실문제에 대한 해결방법이 문제 안에 있었던 사례입니다.

첫째, 홍해를 가른 사건입니다. 우리 하나님께서 현실문제 안에 해결방법을 예비하셨다는 것은 출애굽사건에서 더욱 뚜렷하게 보여주고 있습니다. 이스라엘 삼백만이 모세를 따라서 홍해수 가운데 나왔습니다. 창일한 홍해수가 넘실거리니 그 홍해수를 건너갈 수 있는 다리도 없고 배도 없었습니다. 그런데 애굽의 바로 왕이 전군을 동원해서 이스라엘을 다시 포로로 잡기 위해서 질풍노도와 같이 쳐들어옵니다. 이스라엘 백성들이 보니 살길이 전혀 막혀버리고 말았습니다. 앞에는 창일한 홍해수요, 뒤에는 노도와 같은 애굽의 대군대가 밀려오니, 거기에 샌드위치가 된 이스라엘 백성들은 절망 속에서 아우성을 쳤습니다. "모세야, 어디 애굽에 매장지가 없어서 우리를 홍해수가에 데리고 와서 죽이려고 하느냐?" 아우성이었습니다.

그러나 모세 혼자만은 하나님은 현실문제 안에 해결방법을 예비하시는 하나님인 것을 알았습니다. 하나님은 길이 없는 가운데서 길을 내시고 절망 가운데서 희망을 주시는 하나님인 것을 알았기 때문에 모세 혼자서 엎드려서 하나님께 기도했습니다. 하나님의 명령대로 모세가 바다 위로 손을 내밀었더니 여호와께서 큰 동풍을 불게 하셨고, 바닷물이 물러가기 시작했습니다. 그리고 바다 한 가운데로 길이 나게 되었습니다. 그러자 이스라엘 백성들이 바다 가운데를 마른 땅처럼 걸어가게 되었고, 물은 그들의 좌우에 벽이 되었다고 성경은 말합니다. 전적으로 인간이 상상할 수 없는 곳에서 하나님께서 문제의 해답을 제시해 주신 것입니다. 하나님은 이미 이스라엘이 알지 못할 때 홍해수 가운데 길을 예비해 놓으신 것입니다.

나중에 애굽 사람들, 바로 왕의 말들, 병거들과 마병들이 다 이스라엘 자손들을 추격하기 위해 그 바다 가운데로 들어왔습니다. 하나님은 그 순간에 불과 구름 기둥으로 애굽 군대를 어지럽게 해서 이스라엘을 추격하지 못하도록 막았습니다. 그리고 이스라엘 자손들이 홍해를 다 건너자 하나님은 모세에게 "네 손을 내밀어 물이 애굽 사람들과 그들의 병거와 마병들 위에 다시 흐르게 하라"고 했습니다. 모세는 하나님의 명령에 따라 지팡이를 든 그의 손을 다시 바다 위로 내밀자, 그 순간 바다의 힘이 회복되었습니다. 바닷물이 애굽 사람들 위에 덮쳤고 그들은 그곳, 바다에서 다 죽게 되었습니다. 하나님은 이렇게 이스라엘 자손들을 애굽 사람의 손에서 구원하셨습니다. 이스라엘 자손들은 하나님께서 애굽 사람들에게 행하신 그 큰 능력(기사와 이적)을 두 눈으로 똑똑히 보고 여호와 하나님을 경외하며 하나님과 그의 종 모세를 믿고 따르게 되었다고 성경은 말합니다.

둘째, 마라의 쓴물을 달게 하신 사건입니다. 이스라엘 백성이 스스로 광야에 들어가서 사흘 동안 물을 얻지 못하매 목이 타서 죽을 지경이었습니다. 그러자 호수를 발견했는데 뛰어가서 물을 마셔보니 물이 써서 마실 수가 없었습니다. 백성들은 그만 또다시 절망하고 말았습니다. 사흘 동안 물을 못 마셨는데 물을 발견하고 마셔보니 독이 있어 그들이 먹자 말자 토하고 배를 안고 뒹굴고 말았습니다. 또다시 하나님과 모세를 원망하고 고함 고함을 쳤습니다. 모세는 또 알았습니다. 하나님은 언제나 문제가 있는 곳에는 해답을 예비해 놓으시는 하나님임을 알았기 때문에 이스라엘이 원망하는 동안에 모세는 엎드려 기도했었습니다.

그러자 하나님께서 바로 그 호수 옆에 한 나뭇가지를 지시하시는지라, 그 나뭇가지를 꺾어서 물에 던지니 물이 곧 해독되고 달아져서 백성들이 마음껏 마실 수가 있었습니다. 문제가 있는 곳에 하나님께서 그 곁에 이미 해답을 예비해 놓고 계신 것입니다. 이스라엘 백성이 광야를 지날 때 그들이 무슨 물을 예비했으며 무슨 양식을 예비했겠습니까? 삼백만이 광야를 지나가는데 그 많은 사람이 먹고 마실 물과 양식이란 광대한 양입니다. 그러나 하나님은 이미 예비해 두셔서 하늘에서는 만나가 쏟아지고 바위에서는 물이 터져서 그들이 먹고 마실 수가 있었습니다. 이스라엘 백성이 애굽에서 나왔을 때 하나님께서 그냥 너희 살길을 마련하라고 말씀하셨습니까? 아닙니다. 젖과 꿀이 흐르는 가나안의 복된 땅을 미리 예비해 놓으시고 하나님께서는 예비해 놓은 길로 인도해 가고 있었습니다. 이스라엘 백성들은 사사건건 트집을 잡고 불순종하고 불신앙하며 하나님을 괴롭혔지마는 하나님은 이미 이스라엘 백성이 가서 살 수 있는 땅을 예비해 놓으신 하나님이신 것입니다. 그러므로 구약 전체를 살펴볼 때 하나님은 여호와 이레 우리를 위해서 예비하는 하나님이라는 것을 절대로 부인할 수가 없습니다.

셋째, 물이 변하여 포도주가 된 일입니다. 예수님께서 가나의 혼인잔치에 간 것을 기억해 보십시오. 예수님과 그 어머니와 제자들이 가나의 혼인잔치에 초청을 받아서 한창 잔치가 무르익는데 포도주가 떨어졌습니다. 이스라엘 나라에서 잔치에 포도주가 떨어지면 음식 전체가 떨어진 것과 같습니다. 온 집안이 당황했습니다. 어찌할 바를 몰랐습니다 그래서 그들이 예수님의 어머님께 찾아와서 "우리를 좀 도와주십시오. 포도주가 떨어졌습니다." 라고 말을 했습니다. 그러자 예수의 어머님께서 예수님께 와 말했습니다. 이 집에 포도주가 떨어졌다. 그럴 때 예수님은 단호하게 말씀했습니다. "여자여, 나와 무슨 상관이 있나이까? 내 때가 아직 이르지 아니하였나이다." 아주 가혹할 정도로 말씀하셨습니다.

왜 그랬을까요? 주님께서 그 어머니 마리아를 무시하려고 그렇게 한 것이 아니라, 만일 마리아의 말을 듣고서 예수님이 일을 했다고 하면 이것을 후대 사람이 사용해서 마리아를 통하지 않고는 절대로 예수께 나올 수 없다고 생각하고, 또 한사람의 구세주, 마리아를 만들어 놓고 말 것입니다. 그렇지 않아도 오늘날 카톨릭에서는 마리아를 예수님보다 앞세워서 모든 기도를 마리아에게 하고 마리아를 통해야 예수께 나갈 수 있다는 이와 같은 성경에 없는 가르침을 가르치고 있는데 이러한 것이 확산될까싶어서 예수님께서는 단호하게 그 어머니의 부탁을 거부해 버린 것입니다. "여자여, 나와 무슨 상관이 있나이까? 내 때가 아직 이르지 아니하였나이다." 그러나 마리아는 어떤 어려움이 있어도 예수님이 있으면, 바로 예수께서 우리문제의 해답임을 알았습니다.

그래서 하인들에게 "주께서 무슨 말을 하시든지 그대로 시행하라." 그렇게 말했습니다. 인간으로 상상할 때 문제의 해답은 없었습니다. 돈도 없지요. 포도주도 없었습니다. 절망입니다. 그런데 예수님께서 한참 만에 종들을 부르시더니만 거기에 결례통 여섯 개가 있는데 그 결례통 여섯 개에 물을 가득가득 채우라고 하셨습니다. 그대로 순종해서 채웠습니다. 그러자 그 물을 퍼서 연회장에 갖다 주라고 말씀했습니다. 종들이 연회장에 갖다 주매 사람들이 그 포도주 맛을 보니 기가 막히게 좋은 포도주입니다. 그래서 그들이 말하기를 보통 다른 집에 가면 처음에는 좋은 포도주를 내었다가 나중에는 물을 섞어서 희석된 포도주를 내는데 어떻게 이 집에는 처음부터 끝까지 좋은 포도주를 내느냐고 감탄을 했습니다.

물론, 예수를 믿고 살면 처음부터 끝까지 좋은 포도주처럼 맛좋은 인생을 살수가 있다는 것을 증명하는 것입니다. 인간들은 처음에는 좋았다가 슬슬 식어져서 끝이 나빠지는 것이 대개 많이 있습니다. 그러나 예수님이 같이 계시면 처음보다 끝이 더 좋아진다는 것입니다. 그래서 그곳의 문제가 해결되었습니다. 예수님이 문제의 해결방법이십니다. 문제가 있으면 문제 안에 해답이 있습니다. 문제도 하나님이 알고 계시고, 해답도 하나님께서 알고 행하시기 때문입니다. 문제가 있으면 문제 안에 해답이 있다는 것을 믿고 영이신 하나님께 해결방법을 받아서 순종하시기를 바랍니다.

넷째, 필자가 체험한 사례입니다. 필자가 교회를 개척하여 교회를 부흥시키려고 열심히 전도하고 병원에 다니면서 환자들에게 안수기도 하여 치유하고, 아무리 열심을 내어도 교회가 성장되지 않아 낙심하고 있을 때입니다. 퇴직금은 다 날아가고 도저히 필자의 힘으로는 어찌할 수 없는 상황이었습니다. 그때 우리는 교회 안에서 살림을 하고 지냈습니다. 정말 사는 것이 말이 아니었습니다. 다 큰딸들을 데리고 그 황무지와도 같고 유흥가라 향락이 판을 치는 곳에서 산다는 것이 정말 어려웠습니다.

그 때는 이미 퇴직금으로 받은 재산도 다 날아가고 도저히 제 힘으로는 그곳에서 빠져나오지 못할 지경에 처해 있었습니다. 그래서 날마다 하나님에게 사정하며 기도했습니다. 하나님 저 좀 사용하여 주시고 사택을 어서 빨리 이곳에서 이사 가게 해주셔서 주택가나 아파트에서 살아가게 해주세요. 정말 남자 체면이 말이 아닙니다. 하나님 도와주세요. 우리 아이들이 하나님이 살아 역사하시는 것을 체험토록 역사하여 주옵소서. 하고 계속 기도하던 어느날 그 때가 아마 2001년 7월정도 되는 것 같습니다.

한 밤에 꿈을 꾸는데 천사들이 도열을 하여 박수를 받으면서 우리식구가 나가는 것이었습니다. 그곳을 설명하면 승강기를 내리면 양쪽으로 통로가 나있는데 우리는 차가 다니는 곳이 아닌 사람이 통행하는 쪽을 이용하였습니다. 그런데 그곳 양쪽에 제 허리정도 되는 작은 키의 천사들이 통로 좌우편에 도열하여 박수를 치는데 제가 제일 앞에서고, 그 다음은 사모가 서고, 그 뒤에 큰딸 은혜가 서고, 그 다음에 작은딸 은영이가 천사들의 박수를 받으면서 나오는 것이었습니다.

그 꿈을 꾸고 저는 한 달만 있으면 그곳을 나와서 이사를 갈 것으로 생각했는데 그 세월이 이년이나 걸렸습니다. 돈이 없었기 때문입니다. 그래서 하나님 밖으로 나가려고 해도 물질이 없습니다. 하나님께서 감동하시기를 "잠잠하고 내가 원하는 일을 하라" "걱정하지 말라, 교회에서 준비하게 될 것이다." 필자는 어찌할 수가 없는 처지였습니다.

성령님의 감동만 믿고 성령치유 사역에 집중하였습니다. 순종하는 믿음을 보시고 성령께서 강력하게 역사하시어 성령치유 사역이 활성화되어 많은 성도들과 목회자들이 치유와 권능을 받았습니다. 불치병을 치유 받은 권사님이 천만 원이 넘는 감사헌금을 해주셔서 그 물질로 31평 아파트를 얻어서 나왔습니다. 문제가 있으면 문제 안에 해결 방법도 마련하여 두신 하나님 이십니다. 예수님의 일꾼인 하나님의 자녀의 문제는 하나님께서 해결하십니다. 크리스천들이 할 일은 영이신 하나님과 같은 영적인 상태가 되어 기도하는 것입니다.

5장 유형교회를 통해 문제를 해결하시는 하나님

(행2:46-47)"날마다 마음을 같이하여 성전에 모이기를 힘
쓰고 집에서 떡을 떼며 기쁨과 순전한 마음으로 음식을 먹고,
하나님을 찬미하며 또 온 백성에게 칭송을 받으니 주께서 구
원 받는 사람을 날마다 더하게 하시니라"

예수님께서 세례요한에게 세례를 받으신 후에 하늘 문이 열
리고 하늘에서 성령이 비둘기 같이 그 위에 임하시고 하나님이
이는 내 사랑하는 자요, 내 기뻐하는 아들이라는 음성으로 보장
을 해주셨습니다. 그리고 예수님께서 당신이 태어난 동네에 내
려가서 안식일에 회당에 들어가니까 예수님에게 성경책을 갖다
주었습니다. 성경책에서 예수님은 누가복음 4장 16절로 21절
에 있는 말씀을 펼쳐서 그들에게 읽어주었습니다. 교회는 그냥
막연하게 사람들이 오다가다 모인 곳이 아니라 예수님의 몸 된
교회요. 성령이 오순절 날에 임한 성령의 집인 것입니다. 그러
므로 교회에 참석한 우리들은 예수님을 만나러 교회에 오는 것
이고 성령님의 역사를 체험하기 위해서 교회에 오는 것입니다.
　우리가 그냥 텅 빈 공간에 서로 교제하기 위해서 모였다가 헤
어지는 곳이 교회가 아닙니다. 유형교회는 성도 한사람, 한사람
의 심령교회에 계시는 성령님이 역사하시는 곳입니다. 성령의
전입니다. 우리가 예배를 드릴 때 성령께서 성전에 가득하게 임

재하여 계십니다. 우리가 예배드릴 때 기도할 때, 현실 문제해결의 엄청난 역사가 이루어지는 곳이 교회인 것입니다. 성도들은 교회를 통하여 하늘의 복을 받고 문제를 해결하는 곳입니다.

　　첫째, 가난한 자에게 생명의 복음을 전하는 곳이다. 주님께서 교회에 임하셔서 행하실 일을 스스로 말씀했는데 교회는 가난한 자에게 생명의 복음을 전하기 위하여 예수님께 기름을 부으시고, 교회에 예수님이 계셔서 복을 내려주시는 곳이 교회라는 것입니다. 여기에 가난한 자라는 것은 물질적으로 가난한 자 말하는 것이 아닙니다. 심령에 하나님의 영(말씀)이 충만하지 못한 사람을 말하는 것입니다. 아담과 하와가 에덴동산에서 쫓겨난 이후로 땅은 저주를 받아 가시와 엉겅퀴를 내고 물질적으로 늘 가난하고 헐벗고 굶주렸습니다. 굶주린 사람들에게 하나님의 은혜를 전하러 오셨습니다. 좋은 소식을 가난한 자에게 주셨는데, 가난한 사람에게 좋은 소식이 뭡니까? 가난을 면하는 것이 좋은 소식 아닙니까? 예수님이 교회에 오시는 이유가 "종교적인 의식이나 형식을 취하기 위해서 오시는 것이 아니라, 현재 배고프고 헐벗고 굶주리고, 병들어 영적으로 갈급함으로 고통당하는 사람들에게 좋은 소식을 전하려고 왔다." 그러므로 오늘 마음 안에 와 계신 예수님은 우리에게 속삭이십니다. "나는 너에게 좋은 소식을 전하기 위해서 왔다. 가난하고 헐벗고 굶주림에서 너를 벗어나게 해주고, 헐벗고 굶주리고 고난당한 자를 오히려 도와줄 수 있도록 축복하기 위해서 내가 네게 왔다."

그러므로 우리는 교회에 나옴으로 예수님이 우리를 부요케 하신다는 것을 알아야 되는 것입니다. 우리 마음이 언제든지 "나는 가난하다. 나는 못산다. 잘 안 된다." 그런 마음을 품고 있으면 안돼요. 예수님께서 우리를 축복해주셔서 부요하게 살게 하려고 교회에 오셨다는 것입니다. 그러므로 우리의 마음이 풍요로운 생각으로 가득 차 있어야 되는 것입니다. "나는 축복받았다. 나는 주님께서 일용할 양식을 늘 공급해주신다. 나는 하나님의 영광을 위해서 부자가 된다." 우리가 거리낌이 없이 그렇게 말할 수 있는 것입니다.

왜냐하면 이스라엘 백성이 애굽을 나와서 광야에 들어왔을 때에 대략 숫자가 한 300만 되었습니다. 한 300만 되는 이스라엘 백성에게 매일 같이 먹을 양식을 주셨습니다. 광야에서 농사도 지을 수 없고, 모래판, 민둥산 밖에 없는 그런 광야에서 하나님은 40년 동안 300만에게 하루 삼시 세 때 먹게 해주셨습니다. 만나를 주셨어요. 농사를 하나님이 짓지도 않았는데 아주 가난하고 헐벗고 굶주리고 못 먹고 영양실조가 되어 죽어야 될 곳인데 거기에 하나님께서 만나를 내려 주셔서 40년 동안 먹었습니다. 그러므로 하나님이 우리 교회에 와서 복을 준다고 말하면 하나님이 교회에 와서 어떻게 복을 주시느냐? 주님께서 사업장을 주시느냐? 농토를 주시느냐? 어떻게? 아~ 이스라엘 백성에게는 아무 것도 없는 곳에서 40년 동안에 만나를 주셨는데 하나님이 변화되나요? 어제나 오늘이나 동일하신 하나님이십니다.

예수님께서 갈릴리 호숫가 광야에서 남자만 오천 명, 부녀자가 기만명이 왔을 때, 오병이어로 오천 명을 먹이고도 열두 바구니가 남게 하셨습니다. 그 이후에 다시 한 번 사천 명에게 배불리 먹게 한 적이 있습니다. 주님께서는 전능하신 하나님이기 때문에 꼭 심고 거두어야 되는 줄 알지만은 주님이 원하시는(대로) 축복하시면 그 축복이 우리 눈앞에 나타나게 되는 것입니다. 아브라함이 갈대아 우르에서 하나님의 부름을 받아서 가나안 땅에 들어올 때, 주님이 말씀으로 축복을 주셨습니다. "너는 네 고향과 친척과 아버지의 집을 떠나 내가 네게 보여준 땅으로 가라. 내가 그 곳에서 큰 민족을 이루어 주고 크게 축복해 주리니 너는 복이라." 복의 자체 복 덩어리라는 것입니다. "사람이 너에게 저주하면 내가 그를 저주할 것이요. 네게 복을 빌면 그에게 복을 내려 줄지니 온 세상이 너로 말미암아 복을 받을 것이라." 75살 먹은 노인에게 새 인생을 출발하라고 하시고 난 다음에 말씀으로 복을 주셨습니다.

하나님의 말씀으로 복을 받으면 그 말씀이 가는 곳마다 복을 가지고 오는 것입니다. 우리가 예수를 믿으면 주님께서 가난한 자에게 복된 소식을 전하러 오신 주님이기 때문에 주님이 축복을 해주시는 것입니다. 고린도후서 8장 9절에 보면, "우리 주 예수 그리스도의 은혜를 너희가 알거니와 부요하신 이로서 너희를 위하여 가난하게 되심은 그의 가난함으로 말미암아 너희를 부요하게 하려 하심이라" 야~ 참 놀라운 말씀 아닙니까? 부요하신 자로서. 예수님이 천지와 만물을 지으셨으니 말할 수 없이 부요하지요. 부요하신 예수님이 우리를 위해서 가난하게 되셨습니다. 집도 없고, 거할 곳도 없는 노숙생활을 하시면서 그가 3년 반 동안 목회를 하시고 십자가에서 돌아가셨는데, 그 부요하신 예수님이 가난하게 되신 것은 그의 가난함을 인하여 우리를 부요케 하려 하셨다고 주님께서 우리들의 귀에 대놓고 말씀하는 것입니다. "내 말대로 순종하라. 그러면 이루리라." 하십니다.

"걱정하지 마라. 내가 너를 부요케 하기 위해서 너희 가난을 걸머지고 십자가에서 죽는다. 내가 다 이루었다." 빌립보서 4장 19절에 "나의 하나님이 그리스도 예수 안에서 영광 가운데 그 풍성한 대로 너희 모든 쓸 것을 채우시리라" 우리가 이런 말씀을 읽을 때 우리 마음에 변화가 와야 되고 생활에 변화가 와야 되는 것입니다. 우리를 위해서 예수님이 가난하게 되셨는데 예수님이 우리를 부요하게 되기 위해서 축복을 해주셨고, 그 다음에는 우리의 생활에 필요한 것을 다 채워 주시는데 이 말씀을 듣고 난 다음에 우리 마음속에 꿈이 달라져야 되는 것입니다. 가난하고 헐벗고 굶주린 꿈이 아니라 주께서 우리에게 축복을 해주셨음으로 만나도 임하고 오병이어의 기적도 나타나고 우리가 가난을 벗어나서 오히려 우리 이웃의 가난한 사람에게 도움을 베푸는 처지에 있게 되는 우리 자신을 바라보는 꿈이 생겨나야 되는 것입니다.

스스로를 꿈꾸어 볼 때 자화상이 축복받은 자화상을 가지고 있으면 생활 자체가 달라지는 것입니다. 오늘 우리 주님께서는 예수 그리스도를 통해서 가난한 자에게 복된 소식을 주어서 복되게 하는 것이 하나님의 뜻 이라고 하는 것을 보여주는 것입니다. '내가 잘 사는 것이 하나님의 뜻이 아니다. 가난하고 헐벗고 굶주려서 고난을 받아야 그것이 하나님의 뜻이다.' 사람들은 그렇게 자꾸 하나님의 말씀의 뜻을 자기중심으로 생각하는데 하나님이 성경에는 가난한 것이 하나님의 뜻이라고 말하지 않습니다. 하나님의 뜻은 지금 이땅에서 천국을 이루고 아브라함의 복을 받아 누리며 하나님의 나라 건설의 군사로 살다가 영원한 천국에 들어가는 것입니다. 스스로 자신을 비하하지 말기를 바랍니다. 말한대로 이루어집니다.

둘째, 포로 된 자가 자유를 얻는 곳이다. 교회는 세상의 포로, 마귀의 포로된 성도들이 성령의 역사로 해방받는 곳입니다. 마귀 귀신의 역사는 세상 방법으로는 도저히 해결 불가능합니다. 오로지 성령의 역사로만 자유함을 누릴 수 있습니다. 아담과 하와의 자손 치고 죄의 포로가 되지 않은 사람은 없습니다. 죄악에서 포로 된 사람이 자기 힘으로 아무리 해방이 되려고 해도 해방이 되지 못합니다. 우리의 일생의 죄를 예수님의 십자가 피로써 씻음을 받은 것처럼, 모든 허물도 예수 그리스도의 십자가의 보혈로 씻음을 받지 않고는 허물의 사함을 받을 수가 없습니다. 우리가 죄만 용서받는 것이 아니라, 나쁜 습관도 십자가의 보혈로 해방을 얻을 수가 있는 것입니다. 우리 예수 믿는 사람들이 알아야 될 것은 크고 작은 모든 것이 예수님의 보혈을 믿음으로 말미암아 해방될 수 있다는 것입니다. 인간의 행위로 되는 것이 아니라, 믿음으로 죄 사함을 받고 믿음으로 허물을 벗어버리고 믿음으로 영혼이 잘되고 범사에 잘되며 강건하며 생명을 얻되 풍성히 얻고 믿음으로 주의 품에 안겨서 갈 수 있는 것입니다.

로마서 8절 1절로 2절에 "그러므로 이제 그리스도 예수 안에 있는 자에게는 결코 정죄함이 없나니 이는 그리스도 예수 안에 있는 생명의 성령의 법이 죄와 사망의 법에서 너를 해방하였음이라" 해방 받은 우리가 여기 앉아있는 것입니다. 우리가 일본 사람 치하에 36년 동안 나라를 잃어버리고 정말 인간 이하의 대접을 받았고 식민지의 종으로 살았습니다. 그러나 해방이 다가오자 우리 국가와 민족이 자주독립을 얻게 된 것처럼, 예수 그리스도의 십자가 보혈과 생명과 성령의 역사로 말미암아 죄와 불의와 모든 나쁜 습관을 깨끗이 씻음을 받을 수 있는 것입니다. 갈라디아서 5장 1절에 "그리스도께서 우리를 자유롭게 하려고 자유를 주셨으니 그러므로 굳건하게 서서 다시는 종의 멍에를 메지 말라" 그러므로 십자가에 못 박히신 예수 그리스도의 은혜와 보혈의 권세를 깊이 믿어야 되는 것입니다. 말이 영이요 생명이라 했으니 믿음의 말, 축복의 말을 하시기를 바랍니다.

우리 예수 믿는 사람의 가장 위대한 은혜는 믿는 것입니다. 믿음 이외에 우리가 뭐 "선한 행위를 함으로 말미암아 하나님께 불쌍히 여김을 받아서 구원을 받는다."고 생각하는 것은 얼토당토한 일인 것입니다. 우리는 죄를 짓고 불의하고 추악하고 버림을 받아야 마땅함에도 불구하고 예수님의 십자가 보혈로 깨끗이 씻음을 받았다. 의롭다 함을 입되, 평생에 죄를 한 번도 안 지은 사람같이 의롭다 함을 입고, 그리스도를 통해서 영원한 천국에 갈 수 있게 되었으니 얼마나 감사한 일입니까? 마귀는 우리를 여러 가지 나쁜 습관으로 포로를 삼습니다. 우리 인류의 문명은 날이 갈수록 발전을 거듭하지만은 인간은 여전히 죄의 포로가 되어 살아가고 있는 것입니다. 유형교회에 나와서 성령 충만을 받으면서 우리를 묶는 악한 영들을 몰아내는 것입니다.

셋째, 눈먼 자를 다시 보게 한다. 우리 주 예수 그리스도께서 계신 교회에 우리가 왜 나오느냐? 영의 눈을 다시 떠서 보게 하기 위해서 우리가 나옵니다. 아담과 하와는 하나님의 형상과 모양으로 지음을 받아 그 영성이 살아있기 때문에 하나님을 보고 하나님과 서로 대화할 수 있습니다. 그러나 타락하고 난 다음에 영이 죽으므로 영안도 죽고 말은 것입니다. 육신의 눈은 있으나 영적인 눈은 죽어 버렸었습니다. 그런데 교회에 와서 예수 그리스도를 믿음으로 말미암아 영적으로 새로 태어나면 영안이 열려서 말씀에 비밀이 보이고, 성령이 이곳에 임재 하여 계시고, 예수 그리스도와 성령이 간구하는 우리들을 축복해 주신다는 것을 깨달아 볼 수 있게 만들어 주시는 것입니다.

우리 영안이 열려서 하나님 세계를 볼 수 있게 된다는 것은 얼마나 놀라운 일입니까. 에베소서 1장 17절로 19절에 "우리 주 예수 그리스도의 하나님, 영광의 아버지께서 지혜와 계시의 영을 너희에게 주사 하나님을 알게 하시고, 너희 마음의 눈을 밝히사, 그의 부르심의 소망이 무엇이며, 성도 안에서 그 기업의 영광의 풍성함이 무엇이며, 그의 힘의 위력으로 역사하심을 따라 믿는 우리에게 베푸신 능력의 지극히 크심이 어떠한 것을 너희로 알게 하시기를 구하노라" 엄청난 하나님의 은혜를 우리가 영안을 가지고서 깨닫고 알게 되고, 믿게 되고, 구하게 되고, 그리고 우리의 생활은 교회를 통해서 천국 생활을 할 수 있게 된다는 것입니다. 우리 눈을 다시 떠서 하나님이 우리를 위해서 예비해놓으신 영광을 소유해야 되겠습니다.

넷째, 눌린 자를 자유하게 하는 역사를 베풀어 주신다. 질병은 삶의 자유를 빼앗아 갑니다. 성령께서 교회에 참석한 성도들을 자유하게 하십니다. 마귀가 억압하여 병이 들게 하므로 마귀를 쫓아내고 병을 고치십니다. 그런 역사를 하나님이 베푸시는 것입니다. 하나님은 병을 굉장히 미워하십니다. 예수 그리스도께서 3년 반 동안 이 땅에서 목회하셨는데, 병든 자의 병을 안 고쳐준 적이 없습니다. 먼 곳에서 병 고쳐달라고 하면 출장을 가서 병을 고쳐주셨습니다. 제자들에게도 회개하라 천국이 가까이 왔다 하고 가는 곳마다 병든 자를 고쳐주고 귀신을 쫓아내라고 한 것입니다. 기독교는 병을 고치는 종교인 것입니다. 교회는 병든 자들이 와서 기도하고 치료를 받는 장소가 교회인 것입니다.

오늘날 의사 선생님들이 열심히 해서 많은 병을 고쳐주신 것을 감사하게 생각합니다. 그러나 인간의 힘으로 안 될 때, 성령의 권능이 역사하는 교회에 와서 우리가 기도하면 하나님의 기적이 나타나는 것입니다. 어떠한 사람은 우리가 의학적인 도움을 받아서 치료하면 하나님이 진노하셔서 기도를 안 들어 준다고 그렇게 오해를 하는데 그렇지 않습니다. 하나님이 원하시는 것은 치료에 있지 '병원에 가서 치료를 받아서 나았느냐, 주님이 안수기도를 해서 나았느냐' 그것을 따지지 않습니다. 크리스천이 치료해서 건강해지기를 하나님이 원하시는 것입니다. 그러므로 질병이 있을 때 하나님께 기도하면 병원에 보내서 병원의 도움을 받게 하기도 하시고, 그렇지 않으면 주님이 주님의 일꾼을 통해서 직접 안수해서 고쳐주기도 하시는 것입니다.

그러므로 치료의 방법에 대해선 걱정하지 말고, 주님께서 세상 의술이나 어떤 방법으로도 고치지 못하는 병이라도 주님께 나오면 주님의 방법으로 치유하신다는 것을 잊지 마시기 바랍니다. 주님은 만병의 의사이십니다. 사도행전 10장 38절에 보면 "하나님이 나사렛 예수에게 성령과 능력을 기름 붓듯 하셨으매 그가 두루 다니시며 선한 일을 행하시고 마귀에게 눌린 모든 사람을 고치셨으니 이는 하나님이 함께 하셨음이라" 모든 사람을 고쳤다. 특별한 사람만 고친 것이 아닙니다.

하나님께서 예수님을 보내시매 그가 두루 다니시며 모든 사람을 고쳐주셨습니다. 크리스천 한사람 한 사람이 예수님의 몸이니깐, 유형교회 와서 기도를 통해서 예수 그리스도의 음성을 듣고 순종하면 불치병도 낫는 것입니다. 교회에 나와 예배를 통하여 예수님을 만나면 그 만남은 은혜 속에서 주님이 고쳐주시는 것입니다. 고치는 것은 하나님의 뜻이요, 안 고치는 것은 마귀의 뜻인 것입니다. "도적이 오는 것은 도적질하고 죽이고 멸망시키는 것뿐이요 인자가 오는 것은 양으로 생명을 얻게 하되 더 풍성히 얻게 하려고 오노라" 죽이는 사망의 역사는 마귀가 가져오고 생명의 역사는 하나님의 아들이 가지고 오시는 것입니다. 축복을 받는 것은 하나님의 아들이 주시는 것이요, 패망케 하는 것은 원수마귀가 하는 것입니다.

이 병은 스트레스에 의해서 온다고 성경은 가르쳐주고 있는 것입니다. 스트레스에 걸리면 온갖 병이 다 나타나는 것입니다. 눌림을 당하면 병이 됩니다. 마음이 눌리면 마음이 병들고, 육신이 눌리면 몸이 병드는 것입니다. 눌리는 것을 스트레스라고 하는데 우리 국민의 일상생활의 스트레스와 직장인의 업무 스트레스가 OECD국가들 중 최고 수준이라는 것입니다. 제일 스트레스를 우리 한국 사람들이 많이 받고 있다는 것입니다. 우리 사회는 경쟁이 심하기 때문에, 일생동안 스트레스를 경험하는데, 청소년에게는 과도한 입시 경쟁 때문에 입시 스트레스가 굉장히 괴롭게 하는 것입니다. 청년은 취업난 때문에 스트레스를 받고, 장년은 가계 및 빚이 너무 많으므로 업무상 스트레스를 받고, 어떤 직장인은 해고 당하고 직장을 잃지 않을까하는 불안 때문에 스트레스에 고난 받고 있습니다. 노년기에는 질병과 빈곤으로 스트레스에 시달리고 있는 것입니다. 우리 한국 사람은 말할 수 없는 스트레스를 당하고 있는 것입니다. 이 스트레스를 처리하는 곳이 교회입니다.

그런데 유형교회에 나와서 말씀듣고 기도하여 성령으로 충만 받으면 성령의 역사가 심령에 쌓인 스트레스를 몰아냅니다. 주일날 교회에 나와서 예배드리며 말씀듣고 기도할 때 성령의 역사로 스트레스에서 해방과 자유를 얻게 되고, 치료받게 되는 것입니다. 봄철에 길거리를 걸어가다가 돌 밑에 노랗게 떠 있는 풀을 보고 돌을 치워주면, 얼마 안 있으면 새파랗게 그 풀이 살아서 일어나는 것입니다. 풀이 돌에 눌리면 노랗게 되고 죽습니다. 마귀가 일으키는 스트레스에 눌리면 마음도 노랗게 되고, 몸도 노랗게 되고, 생활이 노랗게 되는 것입니다. 사람의 힘으로 스트레스를 벗어나지 못하지 않습니까? 그런데 교회 와서 예배드리며 성령으로 기도하여 성령으로 충만을 받으면 성령께서 스트레스를 다 몰아내고, 치워버리는 것입니다. 그리고 믿음, 소망, 사랑, 의, 평강을 통해서 새로운 힘을 얻어 일어나게 만들어 주시는 것입니다. 하나님은 유형교회를 통하여 마음의 상처와 스트레스와 질병을 치유하여 자유하게 하시는 것입니다.

다섯째, 하나님의 은혜를 전한다. 하나님께 나오는 궁극적인 목적은 구원을 얻어 지금 마음의 천국을 이루고 아브라함의 복을 받아 누리며 하나님의 군사로서 사명을 감당하다가 천국에 들어가는 것입니다. 세상 사람들은 우리가 구원을 얻기 위해서 의로운 삶을 살아야 하고, 행위를 정직하게 해야 한다고 하나 행위로 구원받을 사람은 한 사람도 없습니다. 그래서 예수님이 오셔서 인간을 대신하여 고난을 받으시고 믿음으로 '하나님의 은혜로 구원을 받는 것'을 선포하는 것입니다. 인간은 이 땅에 태어나서 천진난만한 시대에 아담과 하와가 살았으나 죄를 짓고 난 다음에는 양심시대가 되어 양심대로 살다가, 그 다음엔 율법을 주셔서 율법시대가 다가왔고 지금은 예수님을 통해서 은혜의 시대에 살고 있는 것입니다. 천진난만한 시대의 사람은 천진난만하게 살았습니다.

그러나 양심시대가 왔는데 양심대로 살지 못했고, 율법시대에 왔는데 율법을 다 어기고…. 어떻게 해야 하나님 앞에 인정을 받고 살겠습니까? 예수 그리스도의 십자가 보혈을 통해서 이젠 믿음으로 성령의 은혜를 받아서 구원 받는 은혜의 시대에 우리가 살고 있습니다. 우리들은 지구상에 살아있는, 살아 온 사람들 중에 가장 문명이 좋은 시대에 살고 있는 것입니다. 갈라디아서 2장 16절에 보면 "사람이 의롭게 되는 것은 율법의 행위로 말미암이 아니요" 좋은 일을 한다고 구원받는 것 아닙니다. "구원은 율법의 행위로 말미암는 것이 아니요, 오직 예수 그리스도를 믿음으로 말미암는 줄 알므로 우리도 그리스도 예수를 믿나니, 이는 우리가 율법의 행위로써가 아니고, 그리스도를 믿음으로 의롭다 함을 얻으려 함이라. 율법의 행위로써 의롭다 함을 얻을 육체가 없나니라" 율법은 주의 음성을 듣지 못하는 유대인과 같은 사람들에게 필요한 것입니다. 초등학문입니다. 예수를 믿고 성령으로 거듭난 우리는 주님의 음성을 듣고 행해야 합니다. 주님과 직접 교통하는 것입니다. 성령으로 주님의 음성을 듣고 직접 교통하며 살아야 합니다. 유형교회에서 가장 위험한 것이 행위로 열심하고 판단하는 것입니다. 아~ 나는 너보다 열심히 봉사한다. 아~ 나는 너보다 더 성경을 많이 일어서 많이 안다. 아~ 나는 너보다 기도를 많이 한다. 거짓말을 너보다 좀 적게 하고, 탐욕도 너보다 적고, 그래도 덜 교만하다. 너보다 낫다. 하나님은 오늘날 더 낫다, 더 못하다 계산하지 않습니다. 좌우간에 죄는 조그마한 것도 죄요, 많은 것도 죕니다. 죄의 값은 사망이요, 하나님의 은혜는 보혈을 통하여서 영생인 것입니다. 그러므로 자랑할 것이 없습니다. 에베소서 2장 8절처럼 "너희는 그 은혜에 의하여 믿음으로 말미암아 구원을 받았으니 이것은 너희에게서 난 것이 아니요 하나님의 선물이라" 선물에는 조건이 붙어 있지 않습니다. 무조건하고 공짜로 주는 것입니다.

하나님은 예수 그리스도의 생명을 대속으로 내어놓고 난 다음 그 은혜로 우리를 구하는 것이기 때문에 믿기만 하면 되는 것입니다. 하나님께 감사하고 믿고! 너무너무 감사하지 않습니까? "그 은혜를 인하여 믿음으로 말미암아 구원을 얻었으니 이것은 우리에게서 난 것이 아니요 하나님의 선물이라" 행위에 말미암은 것이 아니니 그러므로 자랑할 것이 없느니라! 주님만 믿기만 하면 구원이 다가오는 것입니다. 고린도후서 6장 2절에 "이르시되 내가 은혜 베풀 때에 너에게 듣고 구원의 날에 너를 도왔다 하였으니 보라 지금은 은혜 받을 만한 때요 지금은 구원의 날이라" 오늘날 우리가 살아있는 지금이 은혜와 구원을 받는 때인 것입니다. "교회는 무엇을 하는 곳이며, 왜 나와야 되는가"를 예수님께서 분명히 설명하셨습니다. 교회는 그냥 텅 빈 모임을 위한 공간이 아니라, 예수님의 이름을 붙인 성령님의 전인 것입니다. 교회에 나오는 사람들이 반드시 알아야 할 사항은 성령께서 교회를 세우셨고, 예수님은 어제나 오늘이나 영원토록 동일하시고, 우리와 함께 임재 하여 계심으로 우리는 성령의 살아있는 역사 속에 예배드려야 되는 것입니다. 목회자의 신앙 지도를 받으면서 믿음이 자라게 해야 합니다. 거기다가 성령의 역사로 문제를 해결 받고, 상처를 치유하며, 병을 고치고, 스트레스를 성령의 역사로 몰아내는 것입니다. 예수 그리스도는 어제나 오늘이나 영원토록 동일하시고, 성령도 동일하시니 교회에 나와서 예수님을 만나고 성령 충만해지고 죄 사함을 받고, 마귀를 쫓아내고, 저주에서 해방되어 축복을 받고, 은혜를 받아 천국을 선물로 가슴에 품고 매일매일 성령의 도우심을 받아 죄악을 씻고 주님 나라를 앙망하는 그곳이 교회인 것입니다.

성도들은 유형교회가 참으로 중요합니다. 유형교회에서 목사님으로부터 말씀을 듣고, 성령으로 기도하는 비결을 배우고, 영적전쟁하는 방법을 배우고, 대적기도하는 비결을 배우고 성령으로 세례받아 권능있는 삶을 살아가는 방법을 터득하는 곳이 유형교회이기 때문입니다. 유형교회를 잘 찾아가야 합니다. 모든 것이 유형교회를 출석함으로 아루어지는 것입니다.

2부 찾아야 응답하시는 하나님

6장 문제를 통해 찾게 하시는 하나님

(신4:29)"그러나 네가 거기서 네 하나님 여호와를 찾게 되리니 만일 마음을 다하고 뜻을 다하여 그를 찾으면 만나리라"

하나님은 찾아야 만나주십니다. 현실 문제를 통하여 하나님을 찾게 합니다. 크리스천이라도 현실 문제를 만나서 이리 뛰고 저리 뛰고 하면서 이 방법 저 방법 다 동원하여도 해결이 되지 않는 것입니다. 그때 영이신 하나님이 생각이 나는 것입니다. "하나님 이일을 어떻게 해야 해결이 됩니까?" 애타게 찾으며 하나님께 부르짖어 기도하니까, 영이신 하나님께서 들으시고 해결방법을 알려주시는 것입니다. 하나님께서 알려주시는 해결방법대로 순종하면 순간 문제가 해결이 되는 것입니다.

여러 해를 질병으로 고생하다가 치유 받은 집사의 간증입니다. 목사님! 저는 지난 토요일에 집중기도 치료받았던 ○○○집사입니다. 목사님이 어디서 왔냐고 질문하셔서 대전에서 왔다고 했는데 기억하실런지요. 그때 제가 기도가 막히고 축농증수술후유증으로 목에서 가래가 심하다고 증상을 적어 올려서 목사님께서 집중기도를 해주셨습니다. 제가 유아 시절 축농증 때문에 고생하다 어른 돼서 재발하는 바람에 수술도 3번이나 했고, 후유증 때문에 몹시 어렵고 고통을 많이 당했습니다. 좋다는 것 다 먹어보고 고칠 수 있다는 한의원에 가서도 침 치료를 받았지만, 평생 가지고 가야 한다고 말했는데….

목사님의 기도로 깨끗이 완치되어 너무 기쁘고 감사해서 이렇게 메일 보내드립니다. 그날 가기 전에 철야기도도 했는데… 점점 기도가 힘들어지고 게다가 환경도 막혀 막막했는데… 아는 지인의 소개로 목사님을 알게 되어 바로 서점에 가서 목사님의 저서를 읽고 망설일 틈도 없이 바로 서울에 올라갔습니다. 가기 전까지도 마음이 힘들고 이런저런 어려운 마음을 안고 갔는데… 대전에 내려올 때는 코와 목도 시원하게 치료받고 마음도 가볍고… 목사님의 말씀대로 기도도 해보니 전에 느끼지 못한 변화가 느껴집니다. 앞으로 저에게 하나님의 더 큰 은총이 부어주실 것을 기대하고 감사하며 그날 집중치유기도시간에 저 때문에 힘을 더 많이 쏟아주신 것 같아 너무 죄송하고 감사드립니다. 목사님교회에 다니시는 성도들이 정말 부럽습니다. 앞으로도 목사님의 저서들을 보면서 저도 좀 더 주님과 동행하는 열매 맺는 성도로 거듭나길 소망하며 돈으로 따질 수 없는 값진 것을 받고 돌아온 기쁨으로 감사드립니다. 기회가 된다면 계속 메일로 인사드리고 싶습니다. 이렇게 하나님을 찾고 기도하여 하나님의 방법으로 해결하면 순간에 해결이 되는 것입니다.

이와 같이 사람은 사람을 잘 만나는 축복이 있어야 합니다. 앞에 간증한 집사님 같이 먼저 영적인 친구를 잘 만나야 합니다. 하나님은 사람을 통하여 현실 문제를 해결하도록 하시기 때문입니다. 윗 사람은 아랫사람을 잘 만나야하고, 아랫사람 역시 윗 사람을 잘 만나야 합니다. 여자는 남편을 잘 만나야 하고, 남자는 아내를 잘 만나야 합니다. 주님도 좋은 제자들을 만나려고 새벽에 갈릴리 바닷가에 나가셔서 찾으셨습니다. 이 책을 읽는 모든 크리스천은 언제나 사람을 잘 만나는 축복을 위해, 하나님의 방법으로 현실 문제를 해결하며 살아가기를 기도 많이 하시기를 소원합니다.

존슨이라는 아이가 있었습니다. 존슨은 어려서 아버지를 잃었습니다. 가난 때문에 학교도 제대로 다니지 못했습니다. 존슨은 친구들이 초등학교를 졸업할 나이에 양복점에 취직하여 재봉 일을 하다가 17세에 양복점을 냈습니다. 그 다음 해에 구두수선공의 딸과 결혼했습니다.

존슨과 결혼한 구두 수선공의 딸은 문맹자인 남편에게 매일 저녁 글을 가르쳐주기 시작했습니다. 사랑스런 아내가 가르쳐주는 공부는 신혼처럼 달콤했습니다. 드디어 공부에 취미를 붙인 존슨은 밤새워 책을 읽기 시작했습니다. 하나를 배우면 열을 깨우치는 지경에 이르게 되었습니다. 결국 그는 테네시 주지사를 거쳐 상원의원이 되었고 나중에 미국의 대통령까지 오르게 되었습니다.

존슨은 선거에서도 압도적인 지지로 미국 대통령에 당선되었고 미국이 전 세계 돈의 75%를 움직이는 데 결정적인 영향을 미친 알레스카를 소련으로부터 720만 달러에 사들이기도 했습니다. 이분이 바로 제17대 미국 대통령인 '엔드루 존슨'입니다. 존슨은 아내를 잘 만나 세계를 움직이는 대통령이 되었습니다. 아내 덕분에 대통령까지 된 것입니다.

하물며 전능하시고 복의 근원이 되시는 하나님을 만나면 어떻겠습니까? 하나님은 이사야를 만나서 부정한 입술을 가진 자를 가장 거룩하고 가치 있는 입술을 지닌 자로 만들어주셨습니다. 그리고 하나님의 뜻을 전하고 사람을 살리는 위대한 선지자로 사용하셨습니다.

이 시간 하나님을 만나시기 바랍니다. 하나님의 사람을 만나시기를 바랍니다. 그러므로 모자라고 어그러진 삶이 변화되고 새로워져서 이사야와 같은 큰 꿈을 이루기를 소원합니다. 이 하나님은 먼저 사람을 찾으시는 분이십니다. 인류의 시작부터 지금까지 하나님은 먼저 사람을 찾으셨습니다. 아담에게도 하나님은 먼저 찾아오셨습니다. 노아를 찾으셨고, 아브라함을 찾아오셨습니다. 모세도 불붙은 가시나무에서 먼저 찾으셨습니다. 주님도 당신의 제자들을 먼저 찾아가셨습니다.

성경 속에는 하나님을 찾아야 만나주시는 하나님이라고 여러 곳에서 소개하고 있습니다. 오늘 본문의 말씀도 "그러나 네가 거기서 네 하나님 여호와를 찾게 되리니 만일 마음을 다하고 뜻을 다하여 그를 찾으면 만나리라" 하나님은 언제 우리를 찾아오시고 만나주십니까?

첫째, 하나님을 간절히 찾아야 합니다. 우리가 누군가를 만나려면 먼저 그 사람에 대하여 알아야 하며, 어디에 가면 만날 수 있는지를 알아야만 합니다. 하나님을 만날 때에도 마찬가지입니다. 하나님께서는 어떠한 분이시며, 어디에 계신가를 알아야 합니다. 고린도전서 1:21-22을 보면 사람이 세상의 지혜로는 하나님을 알지 못하므로 하나님께서는 전도라는 방법을 통하여 믿는 자들을 구원하시기를 기뻐하셨는데, 유대인들은 표적을 구하고 헬라인들은 철학과 같은 지혜를 찾는 영적인 무지함이 있었기 때문에 하나님께서는 십자가에 못 박힌 예수를 전하게 하셨습니다.

오늘날도 하나님을 믿으라고 하면 하나님이 보이지 않는다고 아예 하나님의 존재를 무시하는 사람도 있고, 하나님이 존재한다는 증거를 보여 달라고 하는 사람도 있습니다. 하나님의 존재에 대해 잠시 궁금히 여기다가 다시 망각한 채 살아가는 사람도 있습니다. 이렇게 하나님 만나기를 원치 아니하며 찾으려고 하지 않는 사람들은 하나님께서 얼마나 위대하시고 능력이 있으신 분인가를 전혀 모르는 사람들입니다.

전지전능하신 하나님에 대하여 참으로 안다면 어찌 만나기를 원하지 않겠으며, 하나님의 크신 사랑과 능력으로 불가능한 일이 없음을 믿는다면 어찌 하나님을 간절히 찾지 않겠습니까? 하나님께서는 천지만물을 지으신 창조주이시며 영원히 멸망으로 갈 수밖에 없는 인간을 구원하시기 위해 십자가의 사랑을 베푸신 구원의 하나님이십니다. 또한 시간과 공간을 초월하여 무소 부재 하시므로 언제 어디서나 살아 역사하심을 나타내시는 능력의 하나님이시며, 구하고 찾고 두드리는 자에게 항상 응답으로 역사하시는 사랑의 하나님이십니다.

그러므로 하나님을 만나면 고통이 평안으로 변하고 절망 가운데서 소망을 얻으며, 불치의 질병 문제를 해결 받을 뿐 아니라, 죽음의 공포로부터 해방을 얻고, 참된 생명을 얻게 됩니다. 또한 모든 인생의 문제를 해결 받을 수 있습니다. 가정, 자녀, 건강, 물질 등의 갖가지 어려운 문제가 있다 해도 하나님께서는 해결 자가 되어 주십니다.

하나님께서는 잠언 8:17을 통하여 "나를 사랑하는 자들이 나의 사랑을 입으며 나를 간절히 찾는 자가 나를 만날 것이니라."고 말씀하시며 하나님을 만나는 방법을 알려 주셨습니다. 따라서 하나님의 존재를 의심치 아니하며 하나님의 무한하신 사랑과 능력을 믿음으로 하나님을 만나기를 원하고 간절히 찾는 자가 되어야 하겠습니다. 마태복음 5:3에 "심령이 가난한 자는 복이 있나니 천국이 저희 것임이요"라고 했습니다. 마음이 선하고 겸손한 사람은 하나님의 존재를 부인하거나 의심하지 아니하며 하나님을 알기를 원하고 하나님을 찾음으로 만나게 된다는 것입니다.

만약 하나님의 존재를 부인하거나 의심하며 하나님을 보아야 믿겠다고 하는 사람이 있다면 이는 하나님을 만나기를 원하는 마음이 없기 때문이요, 그 마음이 부유하고 교만하여 하나님을 만날 수 있는 길로 나오지 않고 있기 때문임을 알아야 합니다. 마음이 교만하여 하나님을 찾지 아니하고 만나기를 원치 아니하던 사람도 시험과 환난이 임하여 건강이나 물질, 가정이나 자녀에 문제가 생기면 그때서야 마음이 갈급해져 하나님을 찾는 경우가 많습니다.

따라서 하나님을 만나려면 무엇보다도 먼저 심령이 가난한 자가 되어야 하며, 더 나아가서 하나님을 만나고자 하는 갈급하고 진실한 심령이 되어 하나님을 간절히 찾는 자가 되어야 합니다. 현실의 문제를 하나님만이 해결하신다는 절박함이 있어야 합니다. 그래야 하나님을 만나고 하나님을 사랑하며 하나님의 사랑을 입는 축복된 삶을 영위할 수 있습니다.

둘째, 현실 문제를 해결할 수 있는 분을 만나야 합니다. 사람의 문제를 해결할 수 있는 방법이 몇 가지 있습니다. 첫 번째는 인간의 힘으로 해결하는 방법입니다. 인간의 지식이나 지혜나 노력이나 힘으로 문제를 해결하는 것입니다. 두 번째는, 종교적인 방법입니다. 신에게 정성을 들여서 그의 도움을 받는 것입니다. 우리뿐만 아니라 세계 모든 족속들이 오늘날까지 이 방법을 가장 많이 사용해 오고 있습니다. 지금은 우리가 전도할 때 "교회 갑시다.", "예수 믿고 천국 갑시다."라고 말합니다.

그러나 초창기 복음이 우리나라에 들어 왔을 때에는 그렇게 하지 않았습니다. "여러 귀신에게 시달리지 말고 왕 귀신을 섬기시오. 큰 귀신을 믿으시오" 이렇게 전도했다는 것입니다. 예수님을 이해하지 못했기 때문입니다. 우리 조상들은 너무 많은 귀신을 섬겼습니다. 그래서 귀신에 대한 불안과 두려움 때문에 모든 자유를 잃어버렸습니다. 결혼하는 것도 점을 쳐야하고, 이사하는 것도 점을 쳐야합니다. 된장 고추장 담그는 날도 물어보아야 합니다. 벽에 못 하나 박는 것도 다 물어 보아야 합니다. 마음대로 할 수 있는 것은 아무것도 없었습니다. 귀신에게 일일이 물어서 다 도움을 받아야 했습니다. 조금만 잘못하면 귀신이 노합니다. 그러면 화를 풀어주어야 합니다. 이것을 푸닥거리라고 합니다.

사람들은 이 귀신 저 귀신을 섬기다가 그 많은 귀신의 지배로 오히려 평안을 잃어버리고 불안과 두려움으로 살아왔습니다. 귀신을 섬기고 귀신의 말대로 하는 사람은 평강이 없습니다. 항상 두려움 속에 살아가고 있습니다. 자녀를 위해서 남편을 위해서 우상을 섬기면서 도움을 청하였던 삶이 우리 조상들이 오늘날까지 살아온 발자취입니다.

그러나 기독교는 이런 방법을 쓰지 않습니다. 우리의 모든 문제는 전지전능하신 하나님께서 하나님의 방법으로 해결 하십니다. 하나님의 능력으로 우리를 위하여 친히 길을 열어 주시는 것이 하나님의 방법입니다. 그러므로 인간의 노력에 의해서, 인간의 지혜에 의해서 문제는 해결되는 것이 아닙니다. 성령의 권능으로 해결이 됩니다. 갈1장 1절에 "사람에게서 난 것도 아니요, 사람으로 말미암은 것도 아니요, 오직 예수 그리스도와 및 죽은 자 가운데서 그리스도를 살리신 하나님 아버지로 말미암아 사도된 바울은 이라"고 했습니다.

하나님께서 우리의 현실의 문제를 다 아시고 그의 아들을 보내주시고, 우리의 문제를 해결하기 위하여 그분이 죽으시고, 다시 살아나셔서 우리를 위하여 잔치를 예비해 놓으셨습니다. 누구든지 와서 이 잔치에 참여하면 은혜를 받는 것입니다. 모든 문제는 하나님의 은혜로 해결 되는 것입니다. 어떠한 문제든지 하나님께서 거저 주시는 은혜로 해결됩니다. 은혜란 말의 뜻은 하나님의 선물이라는 뜻입니다. 공짜란 뜻입니다. 이것이 바로 하나님께서 문제를 해결하시는 방법인 것입니다. 이 방법은 성령으로 기도하면 알려주십니다.

물건을 살 때에도 조금 싸게 사면 돈과 관계없이 얼마나 기분이 좋은지 모릅니다. 필자는 물건을 살 때 아무데서나 사지 않습니다. 시장 조사를 합니다. 야채는 어디가 싸고, 생선은 어디가 싸고, 무슨 요일에 싼지 조사를 합니다. 물건을 싸게 사가지고 올 때면 얼마나 기분이 좋은지 모릅니다. 백화점에는 바겐세일이 있습니다. 이럴 때 사람들이 많이 모여듭니다. 왜 그렇습니까? 싼 재미 때문입니다. 조금 싼 것이 사람들을 얼마나 흥분시키고 기쁘게 하는지 모릅니다.

기독교는 공짜입니다. 돈을 받지 않고 그저 주는 것입니다. 값을 치르지 않아도 사람의 모든 문제를 하나님께서 해결해 주신다는 것입니다. 단 하나님의 말씀(뜻)대로 순종해야 합니다. 인간의 문제는 너무 크고, 너무 많고, 너무 어렵기 때문에 인간의 돈으로는 해결 할 수가 없습니다. 우리의 문제를 하나님께서 그 크신 능력으로 직접 해결하여 주시는 것입니다. 우리는 은혜의 보좌 앞에 그냥 나오기만 하면 되는 것입니다. 문제를 가지고 주님 앞으로 나올 때 우리의 문제는 하나님의 은혜로 다 해결이 되는 것입니다. 이것이 하나님의 뜻이요, 하나님이 문제를 해결하시는 방법입니다.

그렇기 때문에 우리는 성령으로 충만하여 은혜의 보좌로 나아가야 합니다. 은혜의 보좌로 나아갈 때 우리의 문제는 해결되는 것입니다. 은혜의 보좌는 예수님이십니다. 예수님 앞에 나오기만 하면 되는 것입니다. 예수님은 우리의 삶의 문제를 다 알고 계십니다. 모든 문제를 해결 하실 수 있는 능력이 있는 분이시요, 지혜가 있으신 분이십니다.

찬송가96장 에도 보면 "예수님은 누구신가 우는 자의 위로와 없는 자의 풍성이며 천한 자의 높음과 잡힌 자의 놓임 되고 우리 기쁨 되시네" 예수님은 약한 자에게 강함을 주고, 눈먼 자에게 빛을 주시고, 병든 자에게 치료가 되시며, 죽은 자의 부활이 되시며, 추한 자의 정함이 되시며, 멸망자의 구원이 되십니다.

예수님은 교회의 머리가 되시며, 만국인의 구세주가 되시며, 모든 왕의 왕이시며, 심판하실 심판주가 되시며, 우리의 영광이 되시는 분이십니다. 은혜의 보좌이신 예수님께 나아가 물어보시면 우리의 문제를 해결할 지혜를 주시고 순종하면 어떤 문제라도 해결해 주시는 분이십니다. "수고하고 무거운 짐진자들아 다 내게로 오라 내가 너희를 쉬게 하리라."

셋째, 하나님을 만날 수 있는 길이 있습니다. 하나님을 만나야 현실문제의 해결방법을 알아낼 수가 있습니다. 하나님의 영이시니 만나는 방법은 여러 가지가 있습니다.

첫째로, 성경에 기록된 하나님의 말씀 가운데서 만날 수 있습니다. 성경은 하나님의 말씀, 곧 영원히 변함이 없으며 일점일획도 틀림없는 진리가 기록되어 있는 거룩한 책입니다. 따라서 하나님의 뜻과 마음뿐만 아니라 하나님의 무한하신 능력과 크신 사랑을 깨달을 수 있는 귀한 내용이 기록된 성경을 알아야 하나님을 만날 수 있습니다.

둘째로, 영적인 호흡인 기도 가운데서 만날 수 있습니다. 하나님의 말씀을 아무리 보고 들어도 기도하지 않으면 하나님을 만날 수가 없습니다. 사람이 호흡을 해야 생명이 유지되듯이 기도를 통하여 영이신 하나님과의 교통이 이루어지며 하나님의 말씀을 깨닫게 되고 영적인 생명이 유지된다는 것입니다. 영이신 하나님은 성령으로 기도할 때 만날 수 있고 응답을 하십니다.

그러므로 예레미야 29:12-13에 "너희는 내게 부르짖으며 와서 내게 기도하면 내가 너희를 들을 것이요 너희가 전심으로 나를 찾고 찾으면 나를 만나리라"고 말씀했습니다. 또한 예레미야 33:3에 "너는 내게 부르짖으라 내가 네게 응답하겠고 네가 알지 못하는 크고 비밀한 일을 네게 보이리라"약속하셨습니다.

셋째로, 곡조 있는 기도인 찬양 가운데서 만날 수 있습니다.

하나님은 만물 위에 계셔 세세토록 찬양을 받으실 분입니다(로마서 9:5). 그러므로 기독교의 부흥과 함께 찬양을 통한 선교사역이 활발하게 이루어지고 있으며 찬양 가운데 하나님을 만나고 체험을 하는 사람이 늘어나고 있는데 이는 하나님께서 찬양을 기뻐 받으시기 때문입니다. 이스라엘의 위대한 다윗 왕은 어릴 때부터 하나님을 사랑하였기에 하나님을 찬양하기를 즐거워하였고 찬양을 기뻐 받으신 하나님께서는 다윗을 사랑해 주셨으며 크신 축복으로 함께하셨습니다.

넷째로, 영과 진리로 드리는 예배 가운데서 만날 수 있습니다. 구약시대에는 제사가 하나님 앞에 나아가서 하나님을 만날 수 있는 길이었는데 신약시대에는 그 길이 예배로 바뀌었습니다. 그래서 로마서 12:1에 "너희 몸을 하나님이 기뻐하시는 거룩한 산제사로 드리라 이는 너희의 드릴 영적 예배니라"말씀하셨습니다. 아브라함은 가는 곳마다 여호와를 위하여 단을 쌓고 여호와의 이름을 부르며 (창세기 12:7-8, 13:4,18) 독자 이삭도 아끼지 아니하고 번제로 드릴 만큼 하나님을 경외함으로 믿음의 조상이 되는 축복을 받았습니다(창세기 22:17).

다섯째로, 계명을 지키는 사랑 가운데서 만날 수 있습니다. 유형교회에서 제일로 주의해야 할 것은 자신의 마음대로 하는 것입니다. 반드시 하나님의 말씀대로 순종해야 합니다. 요한일서 5:3에 "하나님을 사랑하는 것은 이것이니 우리가 그의 계명들을 지키는 것이라"고 하였으니, 고넬료의 행함을 보면 하나님을 사랑하는 자였음이 분명하며 그러기에 하나님의 크신 사랑을 입을 수 있었습니다.

넷째, 하나님은 만나면 현실 문제를 해결 받게 됩니다. 하나님은 말씀을 통하여 현실 문제를 해결하게 하십니다. 홍해를 가를 때에도 "여호와께서 모세에게 이르시되 너는 어찌하여 내게 부르짖느냐 이스라엘 자손에게 명령하여 앞으로 나아가게 하고, 지팡이를 들고 손을 바다 위로 내밀어 그것이 갈라지게 하라 이스라엘 자손이 바다 가운데서 마른 땅으로 행하리라(출 14:15-16)" 마라의 쓴물을 달게 하실 때도 "마라에 이르렀더니 그 곳 물이 써서 마시지 못하겠으므로 그 이름을 마라라 하였더라. 백성이 모세에게 원망하여 이르되 우리가 무엇을 마실까 하매, 모세가 여호와께 부르짖었더니 여호와께서 그에게 한 나무를 가리키시니 그가 물에 던지니 물이 달게 되었더라(출 15:23-25)" 여리고 성을 함락시킬 때에도 "너희 모든 군사는 그 성을 둘러 성 주위를 매일 한 번씩 돌되 엿새 동안을 그리하라. 제사장 일곱은 일곱 양각 나팔을 잡고 언약궤 앞에서 나아갈 것이요 일곱째 날에는 그 성을 일곱 번 돌며 그 제사장들은 나팔을 불 것이며, 제사장들이 양각 나팔을 길게 불어 그 나팔 소리가 너희에게 들릴 때에는 백성은 다 큰 소리로 외쳐 부를 것이라 그리하면 그 성벽이 무너져 내리리니 백성은 각기 앞으로 올라갈지니라 하시매(수6:3-6)" 이렇게 말씀으로 해결방법을 알려주십니다. 말씀대로 순종하면 성령께서 해결하시는 것입니다.

　지금도 성령으로 인도하시면서 말씀(레마)를 주십니다. 현실 문제를 가지고 하나님께 성령으로 기도를 합니다. 기도하면 성령께서 감동을 하십니다. 어떤 책을 읽어라. 하시면 기독 서점에 가서 책을 사서 읽다가 보면 해결방법이 있습니다. 어디를 가라. 하십니다. 그러면 만사를 뒤로하고 가야합니다. 순종하고 현장에 가면 사람을 만나든지 다른 방법으로 해결하게 하십니다. 누구를 만나라. 하시면 가서 만나야 합니다. 혹시 그 사람을 만나서 내가 잘못되지 않을까? 하는 노파심으로 순종하지 않으면 해결이 되지 않습니다. 부정적인 사람의 소리에 귀를 기우리지 말고, 하나님의 말씀(레마)대로 그 사람을 만나야 합니다. 만나서 문제가 해결이 될 때까지 인내하며 기다려야 합니다.

　예를 든다면 부산에 사는 크리스천이 문제를 가지고 하나님께 기도하니 하나님께서 서울에 가서 아무개를 만나라, 하면 여러 가지 합리를 동원하여 따져볼 것이 아니고 순종해야 합니다. 순종하고 아무개를 만나면 순간 문제가 해결되기도 합니다. 하나님께서 알려주시는 방법대로 순종하면 3년 동안 해결되지 않던 문제도 순간해결이 되는 것이 보통입니다. 그러므로 크리스천이 현실 문제를 해결함에 있어서 하나님의 말씀(뜻)을 듣는 것이 너무나 중요합니다. 반드시 하나님과 같은 영적인 상태에서 음성(말씀)이 들리기 때문입니다. 하나님은 크리스천의 문제를 하나님의 방법으로 해결하여 주시기를 소원하고 계십니다.

7장 찾을 때까지 기다리시는 하나님

(잠8:17)"나를 사랑하는 자들이 나의 사랑을 입으며 나를 간절히 찾는 자가 나를 만날 것이니라."

하나님은 의지하고 맡긴다고 현실 문제를 해결하여 주시지 않습니다. 크리스천들은 하나님의 속성을 잘 알아야 불필요한 고생을 하지 않습니다. 하나님은 처음에는 찾아오십니다. 친히 성령으로 찾아오셔서 믿게 하십니다. 다음부터는 스스로 찾게 하시는 하나님이십니다. 그래서 현실문제가 있을 때 일부 목회자들이 말하는 것처럼, 믿고 의지하고 맡긴다고 친히 찾아오셔서 해결하여 주시지 않습니다. 하나님은 현실 문제를 가지고 육신에 속한(유대인) 크리스천을 영에 속한(이스라엘) 크리스천으로 바꾸시기 때문입니다.

현실 문제를 해결하기 위하여 하나님을 찾고 찾아야 만나주시고 해결방법을 알려주시어 극적으로 해결 받아 믿음이 자라게 하십니다. 과연 말씀대로 살아계신 하나님이시구나. 하나님의 말씀대로 모든 문제를 해결하여 주시는 분이구나. 아~ 성령의 감동대로 순종했더니 해결이 되는 구나. 과연 나의 현실 문제의 배후에는 영적인 세력이 결부되어 있었구나. 이렇게 체험하면서 감탄하면서 영의 눈을 열어 영이신 하나님과 교통하게 하십니다. 문제 해결을 통하여 회개하게 하려는 의도가 아니라, 문제해결을 통하여 영이신 하나님과 교통하는 영적인 크리스천이 되게 하려는 목적이 있습니다.

일부 목회자와 직분 자들이 영육의 현실 문제를 가지고 고생하는 성도들에게 이렇게 말합니다. 하나님을 의지하고 맡기라고 합니다. 하나님을 의지하고 맡기라는 말을 바르게 이해해야 합니다. 하나님을 의지하라는 말은 하나님의 말씀대로 순종하라는 것입니다. 말씀대로 순종하고 해결 되는 것은 하나님께 맡기라는 것입니다. 마라의 쓴물이 하나님을 의지하고 맡긴다고 가만히 앉아서 정수되기만을 기다렸다면 달아졌겠습니까? 하나님의 말씀대로 순종하니까, 순종하는 믿음을 보시고 하나님께서 쓴물이 정수된 것입니다.

그렇기 때문에 일부 목회자가 말하는 대로 의지하고 맡기면 하나님이 해결하여 주시지 않습니다. 이는 극히 샤머니즘적이고, 하나님의 말씀을 인간적으로 잘못 해석한 연고에서 나온 비정상적인 복음입니다. 이는 유대인의 선생인 랍비가 하는 말입니다. 하나님은 영이신 하나님의 음성을 듣고 행하는 이스라엘이 되기를 원하십니다. 이렇게 기록된 말씀을 육으로 해석하는 유대인의 선생인 랍비가 하는 말을 듣고 그대로 순종하는 크리스천은 문제에 짓눌려서 혼수상태에 빠질 수도 있습니다. 왜입니까? 성령의 음성을 듣고 말하는 것이 아니고, 머리에 있는 인간적이고 지식적인 말씀을 전하기 때문입니다. 현실 문제를 가지고 하나님께 기도하여 하나님께서 알려주시는 방법대로 순종하고 하나님께서 해결하실 것을 믿고 기다리면 믿음을 보시고 해결하여 주시는 것입니다. 우리는 하나님께 의지하고 맡기고의 용어를 바르게 알아야 합니다. 하나님께서 하라는 대로 순종하고 맡기는 것입니다. 하나님은 절대로 하나님의 말씀대로 순종하지 않는 크리스천의 기도나 문제에 응답을 하시지 않습니다.

첫째, 모든 문제 해결의 지혜이신 그리스도. 잠언 8장은 기독론에 있어서 매우 중요한 장으로 받아들여지고 있습니다. 모든 현실문제의 해결방법은 예수그리스도의 지혜에서 나오는 것입니다. 이 지혜는 성령으로 충만한 영의 상태에서 알아낼 수가 있습니다. 예수 그리스도께서 하나님의 말씀 혹은 하나님의 지혜라고 언급되는 신약 성경의 증언들이 바로 잠언 8장에 뿌리를 내리고 있습니다. 여기에 나오는 이 모든 인간을 지혜롭게 살게 하시는 그 지혜가 사실은 우리 주 예수 그리스도를 가리키는 것이라고 해석하게 됩니다.

예수 그리스도는 성경 속에서 하나님의 지혜로 묘사됩니다. 그리고 이 하나님의 지혜는 복음에서 구체화 되고 있습니다. 하나님은 이 세계를 창조하시고 세계와 관계를 맺으시기 원하셨습니다. 물론 하나님은 당신이 창조하신 자연의 모든 사물들도 관련을 맺고 계시지만 하나님은 인간을 창조하셔서 인간과 영적인 관계를 맺으심으로써 그 인간으로 하여금 하나님을 알게 하셨고, 하나님은 당신을 그 인간에게 알리셨습니다. 그리하여 인간으로 하여금 하나님의 마음에 맞게끔 이 세상을 통치하고 다스리고 가꿈으로서 하나님이 이 세계를 지으신 그 목적을 성취해 나가게 하셨던 것입니다. 이러한 세계에 대한 경륜의 핵심은 구원입니다.

하나님이 이 세상의 인간들이 죄를 짓고 타락하게 내버려 두신 것은 하나님이 이 구원의 경륜을 통하여 하나님의 찬란한 지혜와 속성을 보여주셔서 오히려 죄가 들어오지 않았더라면 받으실 수 없는 더 큰 영광을 받으시기 위함이었습니다. 그리므로 구원의 경륜의 핵심은 그리스도입니다. 그래서 구약에서 인간이 타락하자마자 구원의 길이 주어졌고 그 모든 제사와 용서, 그리고 구약에 일어난 모든 구원의 사건들은 예수 그리스도를 바라보는 것이었고, 신약에서 예수 그리스도는 직접 사람의 몸으로 오셔서 이 모든 구원의 약속을 따라서 십자가에서 우리의 죄를 위하여 죽고 부활하셨습니다. 이후에 신약의 시대에는 이 구원의 경륜의 핵심이신 우리 주 예수 그리스도를 통해 나타난 하나님의 사랑과 공의를 사람들에게 가르치는 훌륭한 도구가 되게 하셨던 것입니다. 그래서 예수 그리스도는 지혜의 빛이십니다.

우리는 흔히 이 세상에서 살아가는 삶이 너무나 현실적이고 개별적이기 때문에 하나님이 이 세상을 사랑하신다, 예수님이 이 세상에 오셨다, 그분이 우리를 위해 십자가에 죽으시고 다시 살아나셨다고 하는 이러한 복음의 교리들이 자신들의 문제를 해결하기에는 너무나 멀리 있는 내용들이라고 생각하기 쉽습니다. 그러나 그렇지 않습니다. 이 세상에 죄가 들어오고 난 이후로부터

이 세상은 고통의 바다가 되었습니다. 그러면 현실적으로 고통을 받고 괴로움을 당하고 있는 이 인간의 삶이 그리스도가 지혜의 빛이라는 것과 무슨 연관이 있을까요? 여기서 우리는 그리스도와 인생의 지혜에 대해서 생각하게 되는 것입니다. 예수 그리스도께서 이 세상에 오셔서 십자가에 못 박히시고 우리의 죄를 위해서 십자가에서 죄값을 모두 치루셨습니다. 고난당하고 죽임 당하신 예수 그리스도는 보이지만 그러나 그가 왜 죽으셨는지는 그의 죽음을 해석하는 성경의 가르침을 통하여 이해가 되는 것입니다.

예수 그리스도께서 우리의 죄를 위해 죽고 다시 사신 것이 무슨 의미인지를 깨닫게 되는 그 순간 내가 죄인이라는 것, 하나님은 살아 계시다는 것, 그리고 하나님이 우리를 사랑하신다는 것, 하나님이 이 세계를 우리를 위하여 창조하셨고 우리는 당신을 위하여 지으셨으며 우리가 하나님의 창조의 목적을 멀리 떠났기 때문에 우리들이 이렇게 고통을 받고 괴로움을 당하고 있다는 사실을 알게 됩니다. 많은 사람들은 인간 세상의 고통의 문제를 눈에 보이는 것들로 접근을 합니다. 인간의 모든 고통은 현실에 대한 불만이고 결핍이기 때문에 자원을 통해서 이것들을 채워주고 공급할 때에 인간은 행복해질 수 있을 것이라고 생각합니다. 눈에 보이는 문제를 눈에 보이는 것으로 해결하려고 하는 것입니다. 그러나 그것으로서는 충분하지 않습니다.

우리들이 매일 매일 만나는 일상의 괴로움과 시련과 고통을 해결하기 위해서 이 세상에서 지혜를 찾지 말고, 하나님께 성령으로 기도하여 우리의 실제적인 문제에 대한 해답이 우리 주 예수 그리스도에게 있다는 사실을 깨달아야 합니다. 그분만이 우리의 죄의 문제를 해결할 수 있고 또 우리로 하여금 끊임없이 용서하고 사랑하며 우리의 인생의 길을 하나님이 창조하신 목적을 따라 살 수 있도록 만들어 주시는 분이시기 때문입니다. 그러므로 오늘 이 지혜자가 8장 17절에서 "나를 사랑하는 자들이 나의 사랑을 입으며 나를 간절히 찾는 자가 나를 만날 것이니라."고 한 이것은 신약 시대를 살아가고 있는 우리들이 우리의 인생의 문제를 어떻게 그리스도를 통해서 해결할 수 있을지 그 자세를 보여주는 것입니다.

둘째, 현실 문제를 가지고 찾는 자를 만나주심. 성경은 찾는 자를 만나주겠다고 약속하고 있습니다. "나를 사랑하는 자들이 나의 사랑을 입으며" 히브리 성경에는 그렇게 되어 있지 않고 "나를 간절히 찾는 자들을 내가 사랑할 것이며" 라고 말합니다. 하나님은 찾을 때까지 기다리는 분입니다. 찾지 않으면 응답하지 않는 분입니다. 그런데 이 부분 '내가 사랑할 것이며' 가 강조 어법으로 되어 있습니다. 이것은 화자의 강력한 의지를 보여주는 것입니다. 다른 사람이 아닌 지혜인 나 자신이 나를 사랑하는 자들을 내가 사랑해 줄 것이며 라고 하는 것입니다. 성경은 복음을 하나님의 지혜라고 부릅니다. 왜 복음이 하나님의 지혜일까요? 많은 사람들이 지혜를 추구했습니다. 왜 그렇게 지혜를 추구했을까요? 그것은 자신을 행복하게 하는 참다운 길이 무엇인가를 묻기 위한 질문이요, 대답이었던 것입니다.

삶은 끊임없이 요동치고 변합니다. 그러면서도 삶을 일관성 있게 설명해주기 위한 그 무엇이 필요했습니다. 그것이 바로 지혜였습니다. 그런데 복음은 바로 그 지혜라는 것입니다. 왜냐하면 너희들이 이런 저런 가난으로 무지로 인간관계가 깨어지고 병들고 하는 것 때문에 불행하고 괴로워해서 의학으로 물질로, 그리고 인간끼리 서로 존중함으로 교육으로 이런 인생의 불행의 문제를 해결해 보려고 하지만, 그것이 궁극적인 문제가 아니라 사실은 하나님과의 관계에 있습니다. 너희의 죄가 문제의 원인이고 하나님의 은총이 그 문제에 대한 궁극적인 해결이라는 것을 한 번에 보여주기 때문에 우리 주 예수 그리스도의 십자가의 복음이 바로 그 지혜라고 말하는 것입니다. 그래서 예수 그리스도의 십자가의 죽음은 가난하고 병들어 가는 사람들에게만 복음이 아니라, 돈 많고 정신적으로 고달파하는 사람에게도 구원의 길입니다. 그래서 사실은 가장 현실과 상관없어 보이는 하나님의 복음이 가장 현실적으로 우리의 문제를 해결해준다고 하는 것입니다.

지혜는 판단 능력입니다. 잠언 9장 10절은 이 지혜가 하나님을 아는데서 비롯된다고 말합니다. "여호와를 경외하는 것이 지혜와 명철이라"고 단언적으로 가르치고 있습니다. 탁월한 인생의 지혜는 하나님을 사랑함으로써 획득되는 것입니다. 이 지혜는 판단의 능력입니다. 그러기 때문에 가방 끈이 긴 사람이 지혜가 뛰어난 것이 아닙니다. 가방 끈이 길고 공부를 많이 했어도 그것은 지식의 나부랭이들입니다. 지식을 구슬이라고 한다면 지혜는 이것을 꿰는 실입니다. 그래서 이것을 꿰는 실이 없다면 파편적인 지식들로 꽉 찬 사람이 될 뿐입니다. 그 지식이 그를 행복하게 하지 못합니다. 오히려 그런 지식이 적어도 확실하게 꼭 필요한 지식들을 엮어낼 수 있는 지혜가 있으면 그는 비교적 지식이 모자라도 행복한 삶을 살 수 있습니다.

지혜는 하나님이 우리에게 우리가 누구인지를 알게 해 주는 지혜입니다. 하나님이 살아계시고 이 세계가 우리와 함께 있고 인간들이 우리와 더불어 살아가며 그리고 육체와 영혼으로 이루어진 우리의 존재는 육체는 잠시 후에 사라지는 존재이고 우리의 영혼만 남고 궁극적으로는 우리의 인간존재 전체가 회복되어서 영원히 살 불멸의 존재라고 하는 인식을 갖는 것은 시간 속에서만 아는 것으로는 불가능합니다. 그러니까 모든 이 인간의 어리석음은 어디에서 비롯되느냐하면 시간에 대한 착각에서 비롯됩니다. 즉 잠시 있을 것인데 영원히 있을 것처럼 생각하고 어떤 목적을 이루기 위한 수단인데 그것이 궁극적인 목적인 것처럼 생각하며 살아갈 때에 거기에서 인간의 모든 불행들이 야기되는 것입니다. 그래서 잠깐 동안 있다가 사라지는 것에 몰두하여 즐거움에 빠지게 되면 더 커다란 낭패를 만나게 되고 영원하지는 않지만 꽤 오래 남는 것들에 목숨을 걸고 살면 그 사람의 인생은 훨씬 복된 사람이 되는 것입니다.

아우구스티누스가 자신의 책 속에서 이런 말을 남깁니다. '인간은 진리의 빛을 받지 아니하면 육체와 영혼 중 육체만을 편파적으로 사랑할 수밖에 없는 존재이다.' 그런데 언젠가 이 육체가 사라지고 나면 육체에 대한 사랑은 결국 없는 것들을 사랑하는 사랑이 됩니다. 그 없는 것들에 대한 사랑이 악입니다. 그러니까 하나님만이 언제나 계시고 영원히 계시는 분이시니 그 하나님을 사랑하는 것이 가장 탁월한 것이고 하나님을 사랑하는 사람은 누구든지 하나님의 뜻을 사랑하게 됩니다. 그 하나님의 뜻을 아는 것이 바로 지혜입니다. 인간이 하나님을 사랑함으로서만 탁월한 지혜를 얻을 수 있고 하나님으로부터 멀어짐으로서 인간이 우둔해지고 미련해 진다고 하는 것은 틀림없는 사실입니다. 결국 하나님을 사랑하는 사람들은 하나님께 사랑을 받을 것이요 또 하나님이 그들을 사랑하셔서 자신의 뜻을 더 잘 보여 줄 것이니 지혜롭게 하나님을 사랑하는 사람들은 하나님께 더 사랑받고 더 지혜로워질 것이요 그렇지 못한 사람들은 계속 고통 가운데 헤매게 될 것입니다.

마지막으로 성경은 "나를 찾는 자가 나를 만날 것이며"라고 말합니다. 여기에서 '만날 것이며'라는 이 단어는 히브리어로 '맛짜'라는 단어인데 발견하는 것을 가리키고 만나는 것을 가리키는데 뜻 밖에 만나는 것을 의미합니다. 호세아서 6장 3절은 이렇게 말합니다. "그의 나타나심은 새벽빛같이 어김이 없으시나니"라고 말입니다. 옛날 번역을 따르면 "그의 나타나심은 새벽빛같이 일정하니"라고 되어있습니다. 하나님은 우리를 만나주시기로 작정하시지만 하나님은 그렇게 당신 안에 이루어진 작정을 실제로 자기를 간절히 찾는 사람들에게 실현시켜 주심으로써 우리들에게 당신을 간절히 찾아야할 필요가 있다는 사실을 교육시키십니다. 우리가 언젠가는 인생의 문제에 직면했을 때에 미끄러지고 낙심하여 하나님으로부터 멀어지고 침륜에 빠진 적도 있었겠지만 어떤 때는 시련에 시련이 겹쳤는데도 예수님을 붙들고 믿음으로 몸부림쳐본 적도 있었을 것입니다. 이것은 하나님 앞에서 간절히 하나님을 찾는 사람들에게 하나님이 만남을 주시는 놀라운 경험이었습니다.

셋째, 하나님을 찾으라. 하나님께서는 모든 사람들의 삶의 현장 아무 곳에서도 안 계신 곳이 없으시지만 그러나 하나님은 언제나 거기 계셔서 당신을 간절히 찾는 자들에게 나타나시고 그들에게 은혜를 베푸시는 하나님이십니다. 남녀노소 지위의 높고 낮음과 상관이 없고 신앙의 경력이 오래된 사람이나 그렇지 않은 사람들에게 차별이 없이 어린아이라도 하나님을 간절히 찾고 하나님께 매달리는 사람들에게 하나님은 놀랍게 만나주시고 당신의 위대한 사랑을 그들의 마음속에 체험하여 최고의 행복을 누리게 해주시는 하나님이십니다. 하나님을 찾는다는 것은 그저 일상적으로 예배당에 나오고 종교적인 의무를 마지못해 수행하는 것은 하나님을 찾는 것이 아닙니다. 예배시간에 의무감으로 나오긴 나왔는데 그냥 견디지 못해서 힘들어

하면서 예배 끝나는 시간을 기다리는 태도는 하나님을 찾는 것 아닙니다. 밀려오는 졸음을 눈을 치뜨면서 견디는 것은 예배에 참석하는 것일수는 있지만 하나님을 찾는 것은 아닙니다. 기도를 해도 마음을 쏟아붓지 않는 것은 그저 기도의 의무에 참여할 뿐이지 하나님 앞에 진정으로 찾는 것이 아닙니다.

차의 과속이 위험한 이유는 부딪히면 큰 충격이 있기 때문에 위험한 것만은 아닙니다. 사실 80Km로 부딪히든지 90Km로 부딪히든지 혹은 100Km로 부딪히든지 120Km로 부딪히든지 거의 비슷비슷합니다. 어차피 죽습니다. 근데 위험하다고 하는 이유는 30Km로 천천히 달리면 전방이 다 보입니다. 근데 속도를 올리면 시야가 좁아집니다. 경주용 자동차들이 340Km쯤 달립니다. 그러면 전방에 아무 것도 안 보이고 점처럼 보입니다. 우리들이 흔들흔들하면서 신앙생활을 하면 다 보입니다. 세상도 보이고 인간도 보이고 근심, 걱정도 보이고 저 멀리 예수님도 보입니다. 그런데 달려갑니다. 간절한 신앙의 몸부림으로 달려가면 좁아집니다. 더 달려가면 마지막에는 세상과 나는 간 곳 없고 구속한 주만 보이는 단계에 까지 가게 됩니다. 그 때에 들리는 하나님의 말씀은 우리의 심령을 찢는 것이고 그 때에 올리는 우리의 기도는 우리의 심령 속에서 솟아오르는 폭포수와 같은 것이며 그 때에 하나님 앞에 내리는 결단은 우리의 인생을 움직이기에 충분한 은혜의 결단입니다. 그래서 일상적으로 하던 일들을 계속하는 습관적인 생활 말고 하나님을 간절히 찾는 그런 사람들이 되어야합니다. 우리의 기도에 우리의 예배에 우리의 섬김에 우리의 마음을 싣고 그리고 나 같은 인간을 구원하기 위해서 예수님이 십자가에서 고난을 당하셨다는 사실에 내가 그 은혜를 입었고 그래서 내가 하나님 앞에서 이렇게 주님을 의지하며 사는 것이 얼마나 행복한지를 절실하게 느끼며 하나님 앞에 매달릴 때 그 때에 기적과 같은 일이 일어납니다. 주님은 바로 이런 놀라운 일들을 행하시는 하나님이십니다.

넷째, 해결방법의 지혜를 주신다. 문제를 해결하는 방법은 세상에는 없습니다. 세세하게 감추어져 있는 문제들을 하나하나 끄집어내어 해결할 방법이 없습니다. 그래서 육이 죽는 것밖에는 길이 없습니다. 불거져 있는 것만 몇 개 있으면 그것만 치료하면 되는데, 그 생명 안에 내장된 아주 세밀한 것, 아주 깊은 것, 아주 은밀한 것이 들어있습니다. 그렇기 때문에 천지만물을 주장하시는 영이신 하나님만이 문제해결방법을 아십니다. 인간적이고 세상적인 방법으로는 볼 수 없는 육의 눈으로는 보이지 않는 영적인 것들이 들어있기 때문입니다. 세상적이고 인간적이기 때문에 눈에 보이지 않는 것을 알아낼 방방법이 없습니다. 그래서 죽음이 필요합니다. 육이 죽어야 영으로 살 수가 있습니다. 병균도 눈에 보이는 병균, 현미경으로 볼 수 있는 병균은 잡기가 쉽습니다. 그런데 눈에 보이지 않는 것이 잡기 어렵습니다. 바이러스는 옛날에는 볼 수가 없었고, 세균만 겨우 발견했습니다. 이제는 전자현미경이 나와 바이러스까지 보게 되었습니다. 눈으로 가장 보기 어려운 것이 바이러스입니다. 그러니까 바이러스를 처지하기가 가장 어렵습니다. 그보다 더 작은 것이 있다면 더 어렵습니다. 우리 인간 속에 들어있는 조그마한 것, 보이지도 않는 것, 자기도 모르는 것이 있습니다. 자기가 알면 그렇게 고통을 당하겠습니까? 자기도 모르는 것이 있기 때문에 지기의 지혜의 죽음이 필요합니다. 인간은 하나님 없이는 한 시간도 살수가 없는 나약한 존재입니다. 이것을 알 때 영이신 하나님을 의지할 수가 있습니다.

현실 문제를 당하여 사면초과에 걸려서 고통할 때 하나님의 세계의 문을 열고 하나님의 손길을 움직이는 비결은 기도 밖에는 다른 도리가 없습니다. 그것도 일상적인 평범한 기도를 뛰어넘어 간절하고 애절하며 몸부림쳐 부르짖는 성령의 기도를 해야 되는 것입니다. 그와 같은 기도는 하나님을 감동시키며 마귀의 진을 훼파하고 하나님께서 우리의 생각을 한없이 뛰어넘는 비밀한 해답을 보여주시는 것입니다.

미국의 16대 대통령은 미국 대통령 중에 가장 위대한 대통령입니다. 아브라함 링컨은 위기 때마다 엎드려 기도를 했습니다. 하루는 어떤 사람이 링컨에게 "왜 위기의 순간마다 기도하느냐"고 물었습니다. 그러자 링컨은 "나는 기도 이외에 최선의 방책을 모릅니다. 내가 가진 지혜와 주변 사람들의 재능도 어려움을 극복하기에는 부족합니다. 오직 전능하신 그분만이 최선의 방책을 알고 계심으로 나는 그저 주님을 믿고 의지할 뿐입니다. 그분이 지혜를 주시는 대로 행동하여 어려움을 극복합니다.” 그렇게 대답했습니다. 아브라함 링컨은 자기 생애에서 최선의 방책은 하나님께 기도한 것이라고 말했었습니다.

기도하므로 하나님이 링컨과 같이 계셔서 여러 번 선거의 낙마에서도 건져 주시고 혼탁한 정치를 바로잡고 남북전쟁을 승리로 이끈 위대한 영웅이 될 수 있었던 것입니다. 우리는 항상 하나님께 부르짖어 기도하면 크고 은밀한 비밀을 나타내 주실 것을 믿고 기도해야 되는 것입니다. 우리가 현실문제로 고통당할 때 하나님께 기도하면 비밀한 방법을 알려주십니다. 듣고 순종하면 문제는 해결이 되는 것입니다. 기도가 생활 속에서 제일 좋은 대책인 것입니다.

대책이 없다고요? 기도가 대책인 것입니다. 기도하지 않고 난 다음 대책이 없다고 말하지 마십시오. 우리 예수 믿는 사람이 다른 사람과 무엇이 다릅니까? 사람이 인간의 수단과 방법과 노력으로 하다가 태산에 부딪히면 대책이 없습니다. 그러나 우리는 그 산꼭대기 위에 하늘이 있고 하늘보좌의 하나님이 우리의 대책이 되는 것을 알아야 되는 것입니다. 우리가 하나님께 부르짖을 수 있는 이상은 낙심하지 말아야 되는 것입니다. “너는 내게 부르짖으라. 내가 네게 응답하겠고 네가 알지 못하는 크고 은밀한 일을 네게 보여주겠다”고 하시는 하나님은 어제나 오늘이나 영원토록 동일하신 하나님이신 것입니다. 찾을 때까지 기다리시는 하나님께 찾고 찾아서 현실 문제를 해결하며 인생을 성공하시기를 바랍니다.

8장 영의 상태에서 해결책을 주시는 하나님

(잠 16:3)"너의 행사를 여호와께 맡기라 그리하면 네가 경
영하는 것이 이루어지리라"

하나님은 "너의 행사를 여호와께 맡기라 그리하면 네가 경영
하는 것이 이루어지리라"말씀하십니다. "하나님께 맡기라"를
잘못이해하면 큰일 납니다. 맡기라는 말씀은 하나님의 말씀대
로 순종하라는 것입니다. 하나님의 말씀대로 행사를 하라는 것
입니다. 이스라엘 백성이 애굽에 가만히 있는데 가나안으로 옮
기셨습니까? 하나님의 말씀대로 순종하고 애굽을 나와 가나안
으로 걸어갔습니다. 마라의 쓴물이 나타났을 때, 하나님께 맡
기니 쓴물이 달아졌습니까? 아닙니다. 모세가 하나님께 기도하
여 지시하는 나뭇가지를 던지니 달아졌습니다. 우리 크리스천
들이 "하나님께 맡겨라"는 말씀을 바르게 이해해야 합니다.

우리 크리스천이 인생을 살아가면서 행하는 모든 일과 문제
에는 하나님의 방법과 뜻이 있습니다. 하나님의 방법과 뜻을 알
아서 순종해야 하나님께서 하십니다. 방법과 뜻을 알기 위해서
영이신 하나님께 기도해야 합니다. 하나님은 영이십니다. 영이
신 하나님과 같은 영적인 상태에서 하나님의 방법과 뜻이 들리
는 것입니다. 그러므로 성령으로 영의 상태에 들어갈 줄 알아야
합니다.

크리스천의 모든 문제의 해결은 하나님의 방법인 생명의 말

씀으로 되는 것입니다. 생명의 말씀이란 성령으로 발원한 영의 말씀입니다. 문제의 해결은 성령으로 해결이 되는 것입니다. 문제와 영육의 질병을 치유 받으려면 영적인 상태가 되어야 하나님께서 치유하실 수가 있는 것입니다. 육적인 상태에서 아무리 악을 쓰고 매달려도 영이신 하나님께서 치유하실 수가 없는 것입니다. 목회자나 환자나 할 것 없이 영적인 상태가 되어야 하는 것입니다. 영적인 상태가 되는 것은 사람의 힘으로 되는 것이 아니고 성령의 임재 하에 영적인 상태가 되는 것입니다. 이 성령으로 충만한 영적인 상태만 되면 아무리 깊은 질병이나 상처나 귀신역사나 할 것 없이 치유가 되는 것입니다. 그러니까, 지금 한국교회에 있는 유대인의 선생과 같은 랍비 목사에게는 성경 지식은 전달받을 수 있어도 현실 문제를 해결하는 생명은 전이 받을 수가 없는 것입니다.

문제는 성령이 어떻게 역사할 수가 있는 영적인 상태가 되는가에 있습니다. 먼저 치유하는 목회자가 성령의 깊은 임재로 깊은 영적인 상태에 들어갈 수가 있어야 합니다. 치유는 목회자에게 역사하는 성령의 역사를 환자에게 전이시켜 환자의 심령에서 성령의 역사가 일어나게 해야 가능한 것입니다. 목회자는 자신에게 역사하는 성령의 역사를 환자에게 전이시키는 비결을 터득해야 합니다. 문제는 목회자에게 역사하는 성령의 역사만큼 치유가 된다는 것입니다. 그러므로 크리스천이 문제를 해결 받으려면 성령으로 충만한 체험이 있는 목회자를 만나야 합니다. 이런 목회자에게 성령의 역사를 전이 받아 자신의 영육의 문제를 치유 받고 성령의 권능을 전이 받아 자신이 직접 자신의 문제와 가족을 치유해야 합니다.

  그리고 예수를 믿는 크리스천의 현실문제의 해결방법은 하나님이 가지고 계십니다. 하나님께 해결방법을 알아내야 합니다. 현실문제의 해결방법을 알아내어 문제를 해결하려면 하나님과 같은 영의 상태가 되어야 가능합니다. 하나님과 같은 영적인 상태에서 하나님의 음성을 들을 수가 있기 때문입니다. 하나님은 영이시기 때문입니다. 요한복음 4장 24절에 "하나님은 영이시니 예배하는 자가 영과 진리로 예배할지니라" 말씀하십니다. 이것은 신앙에서 무엇보다 중요한 요소입니다. 하나님은 영적이신 분이기에 믿는 우리 또한 영적으로 하나님께 나가고 사귐을 가지는 것이어야 한다는 것입니다. 예수를 믿는 다고해서 영적인 것은 아닙니다. 우리에게 영혼이 있어도 육체에 끌려 살고 있다면 영적이지 못할 수밖에 없습니다. 우리가 영적인 사람으로 거듭나지 않는다면 하나님을 볼 수도 없고 알 수가 없습니다. 내가 안다고 이야기 하는 것은 지식을 이야기 하는 것이 아니라, 실상인 영적인 체험을 말하는 것입니다. 하나님은 영적이기에 영적으로 보아야 하나님을 알 수가 있습니다. 목회자가 성령으로 충만하지 않으면 하나님의 권능이 나타나지 않습니다. "오직 하나님이 성령으로 이것을 우리에게 보이셨으니 성령은 모든 것 곧 하나님의 깊은 것이라도 통달하시느니라. 사람의 사정을 사람의 속의 있는 영외에는 누가 알리요, 이와 같이 하나님의 사정도 하나님의 영외에는 아무도 알지 못하느니라(고린도전서 2:10-11)" "성령을 믿는 자에게 주신 것도 영적인 하나님을 하나님의 영으로 알라고 하심이라." 육체와 지식으로 아무리 하나님을 알려고 해도 우리는 알 수가 없습니다. 그것이 인간의 한계 입니다. 그렇기에 "우리에게 은혜를 주시어, 성령을 주셨으니 하나님을 알게 하려 하심이라." 그러기에 우리는 성령으로 신앙생활을 해야 하는 것입니다. 하나님을 통달하신 분은 성령이십니다. 그분으로 하나님을 알아가고자 해야 알 수 있습니다. "예수께서 대답하여 가라사대 진실로 진실로 네게 이르노니 사람이 거듭나지 아니하면 하나님 나라를 볼 수 없느니라. 진실로 진실로 네게 이르노니 사람이 물과 성령으로 나지 아니하면 하나님의 나라에 들어갈 수 없느니라. 육으로 난 것은 육이요 성령으로 난 것은 영이니 내가 네게 거듭나야 하겠다하는 말을 기이히 여기지 말라(요한복음 3:3-7)"

성령으로만이 하나님의 나라를 볼 수 있습니다. 하나님의 나라는 영적인 나라이기 때문입니다. 하나님은 우리에게 영적인 것을 보이셨습니다. 육적인 것을 보이 신 것이 아니고, 우리에게 참된 것을 보이시고 진리를 알게 하시며, 생명을 보이셨습니다. 이것은 다 영적인 것입니다. 우리가 영적으로 보려고 하지 않는다면 볼 수 없는 것들입니다.

신앙이 막연한 것도 현실 문제를 해결 받지 못하는 것도 다른 것이 아니라, 성령으로 발원한 영적으로 하지 못하고 있기 때문입니다. 하나님은 육체로 하는 것에는 어떠한 생명도 없다고 하십니다. 성령으로 발원한 영적인 것에 생명이 있다고 하시는 것입니다. 그래서 우리가 아무리 육체로 열심을 내어도 생명이 없습니다. 노력을 해도, 있는 힘을 다해도 거기에는 생명이 없습니다. 오직 참된 생명은 예수이십니다. 예수를 믿음으로 그 생명 안에 거하는 것입니다. 우리는 무엇을 바라보고 살아가고 있는 가를 점검해야 합니다. "믿음의 주이신 예수를 바라보는 것인가. 성령으로 신앙생활하고 있는가. 육체로 종교 생활을 하고 있는 것뿐인가. 하나님의 말씀과 뜻이 내게 있는가." 자신을 돌아보고 하나님의 말씀으로 돌이켜야 합니다. 하나님의 말씀은 영적인 생명의 말씀입니다. 성령으로 알고자 하고 성령의 증거 함을 받고 성령의 인도함을 받아야 합니다. 성령으로만이 참 진리에 거할 수 있습니다. 성령으로만이 현실 문제를 해결 받을 수 있습니다. 성령으로만이 현실 문제의 해결 방법을 알아낼 수가 있습니다.

첫째, 영육의 문제의 근원은 잠재의식에 있다. 사람의 현실 문제는 보이는 차원이 아닌 잠재의식, 영의 차원에 있습니다. 그러므로 잠재의식보다 깊은 차원의 역사가 있어야 해결이 되는 것입니다. 또한 해결 방법도 깊은 영의 차원에서 알아낼 수가 있는 것입니다. 우리는 바르게 알아야 합니다. 세상에서 하는 심리치유이니, 찬양치유이니, 그림치유이니 하는 것은 겉만 치유하는 것으로 근본치유가 불가능한 것입니다. 사람의 영육의 문제는 모두 잠재의식, 무의식에 자리 잡고 있습니다.

그렇기 때문에 근본적인 치유는 영적인 치유(하나님의 치유와 해결)밖에 없습니다. 다시 말해서 성령치유 외에 다른 치유의 방법이 없다는 것입니다. 성령으로 깊은 역사가 일어나야 무의식 잠재의식의 문제가 치유되는 것입니다. 문제의 원인도 깊은 차원에서 성령으로 알아낼 수가 있는 것입니다. 문제의 해결방법 또한 영이신 하나님과 같은 영적인 상태에서 하나님으로부터 알아낼 수가 있는 것입니다. 그래서 성령치유 목회자는 무의식, 잠재의식의 내면세계에 대하여 알고, 바르게 인식해야 합니다. 그래야 성령치유 사역을 할 수가 있는 것입니다. 성령치유 목회자는 환자의 무의식, 잠재의식에 들어있는 영육의 문제의 근원을 현실로 끌어내어 밖으로 배출되게 해야 근본치유가 된다는 것을 알고 사역에 임해야 합니다.

하나님의 치유의 근본이 무의식, 잠재의식을 치유하여 성령이 역사하는 영적인 사람을 만드는 것입니다. 그래서 치유는 육적인 사람을 영적인 사람으로 바꾸는 사역입니다. 그렇기 때문에 생명의 말씀과 강한 성령의 역사가 없이는 근본 치유는 불가능한 것입니다.

성령치유 목회자는 환자의 무의식, 잠재의식에 들어있는 문제의 근원을 드러내어 치유할 수 있는 능력을 길러야 합니다. 그래야 하나님의 원하시는 치유 사역을 할 수가 있습니다. 그냥 능력이나 은사가 있다고 성령치유 사역을 하는 것이 아닙니다. 부단하게 자기를 개발하고, 자신이 먼저 성령의 인도를 따르는 영의 사람으로 바꾸어야 성령치유 사역을 할 수 있을 것입니다.

둘째, 성령의 깊은 임재에 들어가도록 해야 한다. 문제의 원인을 알아내는 것도, 문제를 해결하는 방법도, 문제를 해결하는 것도 성령의 깊은 임재에 들어가야 가능한 것입니다. 현실 문제의 해결이나 치유는 성령의 깊은 임재가 있어야 해결이 되는 것입니다. 현실 문제가 해결되려면 성령의 깊은 임재에 들어갈 수 있는 영육의 상태가 되어야 합니다. 성령의 임재 없이는 잠재의식에 숨어있는 영육의 문제가 해결되지 않기 때문입니다. 현실문제의 해결의 관건은 성령의 깊은 임재에 들어가는 것입니다. 성령의 깊은 임재에 들어가려면 이렇게 해야 합니다.

1) 죄를 용서받고 치유를 받으려면 예수를 영접하여야 합니다. 예수를 영접하므로 성령의 역사로 치유가 이루어지기 시작합니다. 모든 치유는 성령의 능력으로 됩니다. 자신에 내재하는 인간의 영의 선한 힘(영력)이라 하고, 예수를 믿어 내면으로 들어오신 하나님의 영은 인간의 능력을 초월하여 나타나는 영적 능력으로 역사합니다. 성령의 능력이 이때부터 나타납니다. 그래서 사람은 할 수 없으나 할 수 있는 하나님의 영력(형상)이 나타나서 성령이 충만하게 됩니다. 영력은 나타나는 상태와 조건을 만들어야 나타납니다.

2) 성령의 역사가 나타나는 말씀을 듣고 성령의 세례를 받아야합니다. 그 조건과 상태는 여러 가지이지만 첫째 의지를 발동시켜야 합니다. 의지를 발동하게 하여 성령세례를 받는 것이 제1의 원리요, 그 다음은 말씀과 성령으로 내적 치유하는 것이 제2의 원리요, 귀신 추방이 제3의 원리입니다. 그리하여 생각이

바뀌고, 마음이 감동되어, 믿음이 생겨서, 본인의 의지가 발동되어, 몸이 움직여지고, 행동으로 옮겨지는 과정을 거쳐야 합니다. 이 영적 원리는 모든 것에 적용됩니다.

성령의 세례는 이론이 아니고 실제로 체험하는 역사입니다. 자신이 직접 몸으로 감각으로 느껴야 합니다. 성령의 세례를 받게 되면 다음으로 성령의 불세례가 나타나기 시작합니다. 성령께서 불로 역사하면서 자신의 상처를 치유하고 자아를 부수십니다. 성령께서 심령에서 역사하시면서 혈통에 역사는 귀신을 축사합니다. 자신의 마음 안에서 역사하는 성령의 권능으로 세상 신이 떠나가기 시작을 합니다. 세상 신이 떠나가니 영이 깨어나 영안이 열리기 시작합니다. 영안이 열리니 자신이 이렇게 고통을 당하는 것은 악한 영의 역사라고 알게 됩니다. 악한 영의 역사가 떠나가야 현실의 문제가 해결이 된다는 것을 인정하면서 스스로 기도하기 시작을 하는 것입니다. 스스로 기도하니 문제가 해결이 되기 시작을 하는 것입니다. 모든 현실의 문제의 해결은 성령의 권세로 되는 것입니다. 현실의 문제 배후에 영적인 세력이 결부되어 있기 때문입니다. 그래서 성령으로 세례를 받고 권능을 받아서 사용해야 비로소 현실의 문제를 하나님께 기도하여 하나님의 방법으로 해결할 수 있는 것입니다.

3) 성령의 인도로 말씀을 잘 알아들을 수 있어야합니다. 성경에서는 내 뜻과 정성과 힘을 다하여 하나님을 섬기라 했고(신 28장), 크게 사모하는 자에게 제일 좋은 길을 보여 준다고 했습니다(고전12:31). 네가 낫기를 원하느냐고 예수님은 말씀했습

니다(요5:6), 영과 진리로 예배하는 자에게 찾아온다고 했습니다(요4:23). 모든 영적인 일에 진심으로 구하고 구하면 얻을 것이요, 찾고 찾으면 찾을 것이고 두드리면 열립니다. 강한 순종과 믿음과 승리의 의지를 발동시키고 행동으로 옮기십시오. 행동으로 옮기지 못하게 하는 장애요인(죄)이 자신에게 있습니다. 이것을 깨닫고 제거하십시오. 귀신의 병과 정신병의 구분을 잘해야 합니다.

4)성령의 깊은 임재에 들어가야 합니다. 호흡 기도를 통하여 성령의 깊은 임재에 들어가야 합니다. 목회자에게 역사하는 성령의 역사를 환자에게 전이시키는 작업을 해야 합니다. 목회자는 환자의 머리와 등에 손을 얹고 안수를 합니다. 환자에게 호흡을 들이쉬고 내쉬라고 합니다. 호흡을 깊게 하게 하는 이유는 환자가 마음을 열게 하기 위함이고, 성령의 역사가 잘 일어나도록 하기 위함입니다. 한 3분정도 이렇게 안수하면 대부분의 환자에게 목회자에게 역사하는 성령이 전이되게 됩니다. 환자가 능동적으로 성령의 역사를 환영하고 받아 들여야 합니다. 그래야 빨리 성령께서 장악을 하십니다. 성령께서 장악을 하여야 치유가 되기 시작을 합니다. 목회자는 절대로 서두르지 말고 성령의 역사가 환자를 완전하게 장악할 때까지 기다려야 합니다. 치유는 전적으로 성령님의 사역입니다. 목회자가 치유하는 것이 아닙니다. 성령께서 장악하지 못하면 치유되지 않습니다. 그러므로 목회자는 불필요한 에너지를 소비하지 말고 성령께서 역사하실 때가지 기다려야 합니다. 성령께서 장악하시면 목회자

에게 감동을 주십니다. 목회자는 성령께서 감동하시는 대로 순종하면 치유가 되는 것입니다.

5) 앞의 과정을 거친 다음에 문제의 원인을 성령께 질문해야합니다. 영적인 그림을 그리라는 말입니다. 전체의 그림을 보면서 자신의 문제의 원인이 어디에 있는지를 찾아야합니다. 시간이 많이 걸릴 수가 있습니다. 왜냐하면 성령께서 완전하게 장악을 한 다음 원인을 알 수 있고 치유도 되기 때문에 하나님의 시간표를 따라 기다려야 합니다. 급하다고 되는 일이 아닙니다.

6) 성령께서 알려주는 문제의 원인에 따라 조치를 해야 합니다. 죄악은 회개하고, 상처를 준 사람은 용서하고, 가문의 유전은 절단하고 원인을 제거해야 합니다. 악한 영의 역사라면 귀신을 축사해야 합니다. 그리고 지속적인 치유를 받아야 합니다.

7) 이때부터 악한 영을 축사하고 내적치유를 합니다. 지속적으로 해야 합니다. 뿌리가 드러날 때까지 치유를 지속해야 합니다. 문제의 뿌리는 환자가 기도하면서 성령님께 문의 하면 알려주십니다. 뿌리가 빠져야 완치가 된 것입니다.

8) 하나님과 영적인 관계를 지속하며 감사합니다. 예배와 기도생활을 게을리 하면 안 됩니다.

셋째, 하나님이 현실 문제를 해결하는 해답을 주시는 이유. 하나님께서 성도를 현실의 문제를 해결하시는 목적은 영적인 군사를 만들려고 해결하여 주시는 것입니다. 하나님은 성경에 나오는 아브라함, 이삭, 야곱, 요셉, 모세, 다윗, 베드로와 같이 하나님의 사람을 만들어 사용하시려고 현실 문제를 해결하시는 것입니다. 하나님은 성도들이 이 땅에서 영육이 건강하고 심령천국을 이루며 심령에 하나님의 나라가 이루어지를 원하십니다. 우리가 현실 문제를 하나님께 해결 받으려면 하나님의 문제해결의 기본적인 뜻을 알아야 합니다.

사무엘상 15장 22절에 보면 "사무엘이 이르되 여호와께서 번제와 다른 제사를 그의 목소리를 청종하는 것을 좋아하심 같이 좋아하시겠나이까? 순종이 제사보다 낫고 듣는 것이 숫양의 기름보다 나으니" 라는 말씀이 있습니다. 우리는 이 말씀을 바르게 이해해야 합니다. 번제와 제사는 머리로 알고 몸으로 습관적으로 얼마든지 드릴 수가 있습니다. 육체에 속한 사람도 얼마든지 예배를 드릴 수가 있다는 말입니다. 그러나 순종은 하나님의 음성을 듣고 마음과 몸이 따라줘야 가능한 것입니다. 하나님의 음성을 들으려면 하나님과 같은 영의 상태가 되어야 가능한 것입니다. 하나님은 영이시기 때문입니다. 순종이 제사보다 낫다는 말씀은 몸으로 드리는 제사보다, 하나님의 음성을 듣고 몸과 마음이 말씀에 순종하는 영의 사람이 되어야 한다는 말씀입니다.

이와 같이 하나님께 현실문제의 해결방법을 알아내려면 영적인 상태가 되어야 가능한 것입니다. 육체는 영이신 하나님의 음성을 들을 수가 없기 때문입니다. 하나님은 현실 문제를 가지고 하나님의 음성을 듣고 순종하는 영의 사람으로 바꾸려하시기 때문입니다. 이는 성경에 보면 아브람이 아브라함으로 바뀝니다. 육신에 속한 사람이 하나님과 대화하며 순종하고 살아가는 영의 사람으로 바뀌었다는 것입니다. 아브람과 현실 문제를 통하여 영의 사람으로 바뀌었습니다. 현실 문제를 가지고 하나님과 대화하며 해결해 가면서 영의 사람(아브라함)으로 바뀌었다는 것입니다. 하나님께서는 머리로 알고 몸으로 드리는 제사보다 하나님의 음성을 직접 듣고 전인격이 순종하는 영의 사람이 되기를 원하시는 것입니다. 하나님은 그의 자녀들이 하나님의 말씀을 듣고 전인격이 순종하는 영의 사람으로 만들기 위해서 현실의 문제를 사용하시는 것입니다.

그렇기 때문에 크리스천은 예수를 믿고 교회에 들어왔으면 머리로 알고 몸으로 예배를 드리는 피동적인 사람(유대인)이 되면 안 됩니다. 교회에서 말씀을 듣고 기도하며 성령으로 세례를 받아 성령의 인도를 받으면서 현실의 문제의 해결방법을 하나님께 기도하여 알아내서 순종하면서 해결해야 합니다. 이렇게 현실의 문제를 하나님의 방법으로 해결해 가면서 하나님과 교통하는 영적인 크리스천(이스라엘)이 되어야 합니다. 그런데 지금 교회에는 예수를 믿고 믿음 생활을 30년을 했는데도 유대인으로 살아가는 크리스천이 많습니다.

그러면서도 성경을 알고 열심히 했기 때문에 자신은 믿음이 있는 크리스천이라고 자찬하면서 자신보다 성경을 알지 못하고 열심히 하지 못하는 크리스천을 무시하면서 믿음 생활을 하는 크리스천이 너무나 많습니다. 이런 분들은 성령으로 세례를 받아 자신을 정확하게 보는 눈을 열어 하나님과 직접 교통하는 영적인 크리스천이 되려고 노력해야 합니다. 하나님은 이들(유대인/육신에 속한 자/머리로 알고 행위로만 하는 자)을 깨우시려고 현실의 문제를 사용하시는 것입니다.

우리는 현실의 문제를 가지고 자는 자들을 깨우시려는 하나님의 깊은 뜻을 바르게 알아야 합니다. 지금 스스로 성경을 많이 알고 열심히 봉사하고 열심히 기도했다고 자찬하는 크리스천들이 자다가 깰 때입니다. "또한 너희가 이 시기를 알거니와 자다가 깰 때가 벌써 되었으니 이는 이제 우리의 구원이 처음 믿을 때보다 가까웠음이라(롬13:11)" 깨어나지 못하면 애굽에서 나와서 가나안에 들어가려다가 광야에서 멸망 받은 이스라엘 사람들과 같이 될 수도 있기 때문입니다.

하나님께 현실문제의 해결방법을 알아내려면 하나님과 같은 영적인 상태가 되어야 합니다. 영적인 상태가 되려면 먼저 성령으로 세례를 받아야 합니다. 성령으로 세례를 받아 성령으로 기도해야 합니다. 절대로 현실의 문제 해결방법은 육적인 상태에서 들리지 않습니다. 또한 크리스천들이 세상을 살아가면서 당하는 현실의 문제는 세상방법이나 인간적인 방법으로는 해결이 불가능합니다. 영적인 문제가 결부되어 있기 때문입니다.

하나님의 방법으로만 문제를 해결할 수가 있습니다. 그러므로 예수를 믿고 세상에서 나와서 교회에 들어왔으면 하나님께서 주시는 것으로 살아야 되며, 하나님의 방법으로 문제도 해결해야 합니다. 예수를 믿기 전과 같이 인간적이고 세상적인 방법으로 살아가려면 고통만 더하고 불필요한 물질만 손해나게 됩니다.

9장 직접적인 계시로 해결하게 하시는 하나님

(출14:13-18)"모세가 백성에게 이르되 너희는 두려워하지 말고 가만히 서서 여호와께서 오늘 너희를 위하여 행하시는 구원을 보라 너희가 오늘 본 애굽 사람을 영원히 다시 보지 아니하리라 여호와께서 너희를 위하여 싸우시리니 너희는 가만히 있을지니라 여호와께서 모세에게 이르시되 너는 어찌하여 내게 부르짖느냐 이스라엘 자손에게 명령하여 앞으로 나아가게 하고 지팡이를 들고 손을 바다 위로 내밀어 그것이 갈라지게 하라 이스라엘 자손이 바다 가운데서 마른 땅으로 행하리라 내가 애굽 사람들의 마음을 완악하게 할 것인즉 그들이 그 뒤를 따라 들어갈 것이라 내가 바로와 그의 모든 군대와 그의 병거와 마병으로 말미암아 영광을 얻으리니 내가 바로와 그의 병거와 마병으로 말미암아 영광을 얻을 때에야 애굽 사람들이 나를 여호와인 줄 알리라 하시더니"

하나님은 크리스천 한사람, 한사람과 직접교통하면서 문제를 해결하여 주시기를 원하십니다. 우리가 한평생 살다보면 항상 좋은 일만 있는 것은 아닙니다. 때때로 예기치 못한 큰 어려움과 문제가 우리에게 다가옵니다. 그런데 이 세상 사람들은 그러한 극한 절망적 상황에 부딪히면 자포자기하고 마지막에는 자기의 목숨을 포기하기까지 합니다. 그러면 우리 예수 믿는 사람은 어떠한 절망 가운데서도 어떠한 문제와 어려움을 만났어도 절대 거기서 포기하고 주저앉지 않고 믿음의 주요 온전케 하시는 주님을 바라보고 주님의 십자가를 붙잡고 믿음으로 전진해 나아가는 것입니다.

이스라엘 백성이 430년 동안 종살이 하다가 애굽에서 해방받고 나왔을 때 일어났던 일입니다. 그들이 가나안 땅을 향해 나아가는데 앞에 홍해가 가로 막혔습니다. 그래서 어떻게 해야 될지를 몰라서 거기 진을 치고 잠시 머물렀는데 바로 왕이 군대를 보내 쳐들어옵니다. 나갈 수도 없고 뒤로 갈 수도 없고 그들은 진퇴양난의 그러한 절망적인 상황에 부딪힌 것입니다. 이와 같은 상황을 만났을 때 우리는 어떻게 해야 됩니까? 오늘 말씀을 통해 우리에게 주시는 하나님의 은혜를 살펴보기를 원합니다.

첫째, 우리를 가로막고 있는 절망적 상황. 이스라엘 백성들이 하나님의 은혜로 이제 애굽에서 해방을 받고 나왔는데, 나오자마자 그들의 앞에 홍해가 가로막혀 있었습니다. 바로 왕은 마음이 바뀌어서 그동안 노예로 부려먹던 저 많은 이스라엘 백성들을 놔주고 나니깐 앞으로 성을 건축하고 할 일이 많은데, 여러 가지로 아쉬운 생각이 들었을 것입니다.

"빨리 저들을 다 잡아와라, 반항하는 사람은 다 죽여버려라." 그래서 병거 600승을 앞세워서 바로의 군대들이 떼를 지어 질풍같이 저들에게 쳐들어옵니다. 뒤에서 보니 저 멀리 먼지구름이 일어나는데, 바로의 군대가 쳐들어옵니다. 그러자 이스라엘 백성들이 그 마음 가운데 두려움과 절망이 가득해서 하나님의 은혜를 다 잊어버리고 그들의 지도자 모세를 향해 원망과 불평을 늘어놓았습니다.

출애굽기 14장 11절에, "그들이 또 모세에게 이르되 애굽에 매장지가 없어서 당신이 우리를 이끌어 내어 이 광야에서 죽게 하느냐 어찌하여 당신이 우리를 애굽에서 이끌어 내어 우리에게 이같이 하느냐" 왜 우리를 애굽에서 데리고 나와 고통당하게 하느냐…. 우리를 그냥 애굽에서 편하게 노예생활을 하다 죽게 놔두지 여기 광야까지 끌고 와서 이 광야에서 죽게 만드느냐 그들은 절망적인 상황 앞에 원망과 불평을 늘어놓았습니다. 그들의 지도자에게 대들고 그들이 하나님의 은혜에 대한 것은 까맣게 잊어버리고 저들이 당한 어려움만 호소했던 것입니다. 어디 묻을 때가 없어서 우리를 여기까지 끌고 왔느냐! 우리도 큰 은혜로 구원을 받고 나서도 조금만 어려움을 당하면 하나님 앞에 원망과 불평을 합니다.

"어찌하여 내게 이런 일이 일어날 수 있습니까? 내가 그래도 열심히 교회 다녔는데, 왜 우리 가정에 이렇게 이기지 못할 어려움이 다가옵니까?" 우리가 예수 믿고 구원받은 것은 일생일대의 기적입니다. 어려움을 당할 때 문제를 만났을 때, 원망이나 불평을 하지 말고, 놀라지 말고, 하나님께 기도해야 합니다. 그러면 주님께서 지혜를 허락하셔서 순종하면 믿음을 보시고 우리 삶을 변화시켜 주시는 것입니다.

어떠한 문제를 만나도 어떤 절망의 상황에 부딪쳐도 두려워 말고 성령으로 기도하여 절대긍정, 절대감사로 나아가면 절망이 변하여 희망이 되고, 슬픔이 변하여 기쁨이 되고, 문제가 변하여 응답으로 다가오게 되는 것입니다. 하나님께서 문제를 해결할 수 있는 지혜를 주셔서 순종하면 기적적으로 문제를 해결하여 주시는 것입니다. 그러므로 문제를 당했을 때 자세를 바르게 해야 합니다. 자신 앞에 있는 문제는 자신이 해결할 문제가 아닙니다. 왜냐하면 자신은 예수를 믿을 때 죽었습니다. 예수로 죽고 예수로 다시 태어났습니다. 죽은 사람이 문제를 해결할 수가 없는 것입니다. 다시 사신 예수님이 문제를 해결하시는 것입니다. 그러므로 문제를 만나거든 당황하거나 두려워하지 말고 하나님께 기도하여 해결방법을 질문해야 합니다. 하나님 이 문제를 어떻게 해야 합니까? 질문하면 하나님께서 반드시 지혜를 주십니다. 주신 지혜대로 순종하면 믿음을 보시고 성령께서 기적을 베풀어 주시는 것입니다.

둘째, 일을 행하시는 하나님. 우리가 문제를 만났을 때, 어려움을 당했을 때, 우리는 우리의 하나님을 전폭적으로 믿고 의지해야 됩니다. 의지한다는 것은 하나님께 기도하는 것입니다. 기도하여 하나님의 해결방법을 알아내는 것입니다. 알려주신 해결방법대로 순종하는 것이 하나님을 믿고 의지하는 것입니다. 우리가 믿고 섬기는 하나님은 참으로 좋으신 하나님이십니다. 우리에게 날마다 좋은 것을 베풀어 주기를 원하시는 하나님 앞에 다 맡기고 나아가야 되는 것입니다.

하나님에 대한 절대적인 믿음이 있어야 되고, 내 마음속에 있는 두려움을 쫓아내야 됩니다. 문제가 다가오면 먼저 두려움이 들어와요. 그래서 손을 놓고 그냥 주저앉아 버리는 것입니다. 그래서 두려움부터 내쫓아야 되는 것입니다. 그리고 주님 앞에 긍정적인 믿음으로 나아가며 기도할 때 지혜를 주시고 하나님이 기적을 베풀어주십니다. 이스라엘이 절망 가운데 부르짖을 때 지도자 모세가 이와 같이 믿음으로 선포합니다. 하나님께서 알려주신 레마를 담대하게 선포합니다.

출애굽기 14장 13~14절에, "모세가 백성에게 이르되 너희는 두려워하지 말고 가만히 서서 여호와께서 오늘 너희를 위하여 행하시는 구원을 보라 너희가 오늘 본 애굽 사람을 영원히 다시 보지 아니하리라 여호와께서 너희를 위하여 싸우시리니 너희는 가만히 있을지니라" "두려워하지 말라. 하나님이 너희를 대신하여 싸울 것이니 너희는 가만히 서서 지켜보기만 해라" 주님이 주신 레마의 말씀인 것입니다. 이렇게 직접적인 레마를 듣고 행하는 믿음이 중요합니다. 하나님은 해결방법을 레마로 주시고 행하게 하십니다.

주님은 언제나 우리와 함께하십니다. 주님이 우리를 대신하여 싸워 주시는 것입니다. 크리스천 한 사람 한 사람을 주님이 지키시고 보호하시고 함께 하시고 은혜를 내려 주십니다. 주님께서 주님이 사랑하시는 이 몸 된 교회를 지키시고, 보호하시고, 함께하시고, 모든 어려움을 이기게 하시고, 위대한 승리와 축복과 기적을 가져다주시는 것입니다. 주님은 말씀하십니다. "두려워하지 말라. 걱정하지 말라. 염려하지 말라." 가만히 서서란 말씀은, 입으로 불평하지 말고, 원망하지 말고, 가만히 서서하나님의 역사하심을 눈으로 보라. 차라리 입을 다물고 있으면절반이라도 가는데 입을 여니까 문제가 되는 것입니다.

우리가 늘 입을 열어 실수합니다. 쉽게 불평해요. 쉽게 원망합니다. 쉽게 남을 탓합니다. 예수 믿고 나서 우리의 DNA가 하나님께서 하신다는 믿음과 감사의 DNA로 바뀌어서 우리의 입에서 절대긍정, 절대감사만 고백되길 바랍니다.

눈으로 보면 앞에는 홍해요. 뒤에는 군사가 오니까 절망입니다. 그러나 믿음으로 주님을 바라보면 주님 안에 기쁨이 있습니다. 평안함이 있습니다. 문제 해결이 있는 것입니다. 하나님을전폭적으로 의지하면 우리는 두려울 것이 없습니다. 모든 어려움을 이기고 마음의 평안함을 가지고 승리의 삶을 살아갈 수가있습니다. 하나님은 미리 아시고 홍해에 길을 만들어 주셨습니다. 우리가 영적인 상태가 되어서 하나님의 레마를 듣고 순종하면 홍해에 길을 내시는 것입니다. 문제를 만나거든 당황하거나두려워하지 말고 기도하여 하나님의 직접적인 레마를 들어야합니다. 듣고 순종하면 믿음을 보시고 성령께서 기적적으로 문제를 해결하시는 것입니다. 고통을 당할 때, 괴로움을 당할 때, 찬양하고 기도하세요. 성령의 역사로 마음에 평안함이 다가옵니다. 우리를 지키신 하나님, 우리를 보호하신 하나님, 우리와 함께하신 하나님, 우리를 대신하여 싸워주시는 하나님이 일생 동안 함께하시고 놀라운 은혜를 베풀어 주실 것입니다.

반드시 직접적인 레마를 듣고 행해야 합니다. 크리스천은 성령으로 세례 받고 성령으로 기도하여 하나님의 레마를 들을 수 있어야 합니다. 마태복음 14장을 보면 물위로 걸어오시는 예수님을 보고 "주여! 만일 주이시거든 나를 오라하소서." 베드로가 말합니다. 주님이 오라하시니 베드로가 물위를 걸어갑니다. 아마 인류 역사 가운데 최초로 물위를 걸은 사람이 될 것입니다. 그런데 그냥 예수님을 보고 갔으면 계속 걸어가야지 걸어가다가 파도를 바라봤습니다. 그 순간 두려움이 다가오니까 물에 빠졌습니다. 그때 주님께서 그를 건져주시면서 하신 말씀이 있습니다.

마태복음 14장 31절에, "믿음이 작은 자여 왜 의심하였느냐" 우리가 절망의 바다에 빠질 때에 주님이 우리를 건져주시면서 말씀하시는 것입니다. "믿음이 작은 자여 왜 의심을 하였느냐, 믿음이 작은 자여 왜 의심을 하였느냐." 전폭적으로 주님만 믿고 의지하고 성령으로 기도하며 나아가세요. 주님께서 레마를 주시고 순종하면 문제를 해결해 주실 것입니다.

우리에게 다가오는 모든 환란과 문제는 하나님의 축복을 받는 축복의 기회인 것입니다. 위기가 기회가 되는 것입니다. 우리 인간의 마지막은 하나님의 역사의 시작인 것입니다.

우리가 전폭적으로 믿고 의지하고 맡기면 주님이 일을 하시는 것입니다. 주님이 함께하시니까 그들이 홍해를 육지처럼 건너게 되고 주님이 함께 하시니까 그 뒤를 따라오는 바로의 군대가 물이 합쳐지므로 말미암아 다 멸망을 받게 되는 것입니다.

우리가 할 일은 잠잠히 하나님의 때를 기다리며 기도하는 것밖에 없습니다. 우리가 원망과 불평을 하고 부정적인 이야기들을 쏟아 놓는다고 해서 달라지는 것이 아무것도 없고, 절망은 절망을 낳고, 염려는 염려를 낳게 되는 것입니다. 절망의 자리를 바라보지 말고, 문제를 바라보지 말고, 고통 중에 있는 내 자신을 바라보지 말고, 주님을 바라보세요. 주님이 놀라운 일을 베풀어 주세요. 예레미야 선지자가 이렇게 고백합니다.

예레미야 애가 3장 26절에, "사람이 여호와의 구원을 바라고 잠잠히 기다림이 좋도다" 잠잠히… 잠잠히…. 절대 어려울 때 입으로 불평불만 하지마세요. 부정적인 이야기는 하지 마세요. 신명기 3장 22절에 이렇게 말씀합니다. "너희는 그들을 두려워 하지 말라 너희의 하나님 여호와께서 친히 너희를 위하여 싸우시리라" 주님이 우리를 대신하여 싸우시니 우리가 걱정할 것이 무엇입니까? 로마서 8장 31절에, "그런즉 이 일에 대하여 우리가 무슨 말 하리요 만일 하나님이 우리를 위하시면 누가 우리를 대적하리요" 하나님이 우리 편이신데 하나님이 우리와 함께 하시는데 "누가 우리를 대적하리요, 누가 우리를 대적하리요." 가슴을 펴고 당당하게 문제와 싸워 나아가세요. 절망과 싸워 나아가세요. 그러면 여러분에게 승리가 다가옵니다. 기적이 다가옵니다. 축복이 다가옵니다. 하나님께서 일을 행하시고 일을 완성시켜주시는 것입니다. 예레미야 33장 2절에, "일을 행하시는 여호와, 그것을 만들며 성취하시는 여호와"라고 말씀합니다. 주님이 일을 행하시고 일을 완성시켜주심으로 말미암아 하나님의 기적이 우리에게 임하게 되는 것입니다.

하나님께서 모세에게 명하십니다. 출애굽기 14정 16절에, "지팡이를 들고 손을 바다 위로 내밀어 그것이 갈라지게 하라 이스라엘 자손이 바다 가운데서 마른 땅으로 행하리라"그래서 모세가 말씀에 순종하여 지팡이를 내미니까 강한 바람이 불어와서 바다를 가르는데 바다를 갈라서 물이 벽이 되게 하시고 그 사이를 건너가게 하십니다. 마른땅까지 건너갑니다. 그런데 이스라엘 백성들이 지나가자마자 그것을 보고 다시 바로의 군대가 따라 들어왔습니다. 그때 다시 손을 드니 물이 합쳐져서 그들 모두가 물 가운데서 멸망을 받게 된 것입니다.

출애굽기 14장 27~28절에, "모세가 곧 손을 바다 위로 내밀매 새벽이 되어 바다의 힘이 회복된지라 애굽 사람들이 물을 거슬러 도망하나 여호와께서 애굽 사람들을 바다 가운데 엎으시니 물이 다시 흘러 병거들과 기병들을 덮되 그들의 뒤를 따라 바다에 들어간 바로의 군대를 다 덮으니 하나도 남지 아니하였더라" "하나도 남지 아니하였더라. 하나도 남지 아니하였더라." 모든 대적이 하나님의 권능 가운데 다 멸함을 받게 되는 것입니다. 자신은 싸울 수가 없습니다. 왜요? 악한 원수가 자신보다 강하기 때문입니다. 지혜로워 가지고 어떻게 하든지 우리의 약점을 물어 뜯고 어떻게 하던지 우리를 넘어뜨리려고 하기 때문에 하나님의 말씀을 의지하고 순종하여 하나님께 맡겨야 되는 것입니다. 그러면 하나님 앞에서 저들이 다 멸함을 받게 되는 것입니다. 하나님이 함께 하시면 우리는 넉넉히 이기는 것입니다. 여호수아가 전쟁에서 태양을 멈추게 한 것처럼, 기드온 300용사가 미디안 14만 5천을 쳐서 승리한 것처럼, 하나님이 함께 하시면 오늘도 이와 같은 놀라운 기적이 나타나는 것입니다.

문제는 우리의 믿음입니다. 하나님께서 친히 하신다는 믿음이 중요합니다. 우리가 믿음을 갖고 주님을 의심하지 않고 바라보고 맡기고 나아가면 하나님의 놀라운 역사가 우리 삶 가운데에 일어납니다. 사람들은 환란이 다가오고 문제가 다가오면 그 문제와 씨름하느라고 더 절망에 빠지고 더 슬픔에 빠집니다.

셋째, 영원한 감사. 출애굽기 15장 2절은 말씀합니다. "여호와는 나의 힘이요 노래시며 나의 구원이시로다 그는 나의 하나님이시니 내가 그를 찬송할 것이요 내 아버지의 하나님이시니 내가 그를 높이리로다" 홍해를 지나고 난 다음 다시 물이 합쳐져서 저들이 다 멸망한 것을 본 이스라엘 백성들이 두 손을 들고 만세를 불렀을 것입니다. 그리고 주님을 찬양했습니다. "주님이 나의 힘이 되시고 능력이 되시고 찬송이 되시니 주님께 영광을 돌립니다. 주님께 영광을 돌립니다." 우리는 고백해야 됩니다. 주님만이 나의 힘이 되시고 능력이 되시고 구원이 되시고 찬송이 되십니다. 주님, 홀로 영광을 받으시옵소서.

절망 가운데 감사하세요. 문제 가운데 감사하세요. 슬픔 가운데 감사하세요. 감사가 운명을 바꿔놓습니다. 미래를 바꿔놓는 것입니다. 지금 내게 있는 현실을 바라보지 말고 장차 다가올 하나님이 예비하신 축복의 미래를 바라보세요. 그리고 믿음으로 나아가세요. 주님이 나의 힘이 되셨습니다. 나의 찬송이 되셨습니다. 나의 구원이 되셨습니다.

일생을 살다보면 굽이굽이 고통과 괴로움의 시간들이 우리에게 다가옵니다. 사업이 잘되다가 갑자기 파산 직전에 이르게 되고, 또 갑자기 가족 가운데 누가 병이 들어서 아프기도 하고, 또 얌전하고 착하던 아이가 갑자기 이상해져가지고 문제를 일으키고, 그 때에 그 현실을 바라보고 낙심할 것이 아니라, 주님을 바라보고 기도하며 감사해야 합니다. "하나님 아버지, 좋은 것을 우리에게 주시기 위해서 지금 연단이 다가왔지만 하나님, 이 환난과 연단을 잘 이겨서 하나님의 큰 기적을 체험하게 하여 주옵소서." 믿음으로 바라보고 나아가면 하나님이 놀라운 일을 우리에게 이루어주시는 것입니다. 하나님이 함께하세요. 하나님이 보호하세요. 하나님이 문제를 해결해 주시는 것입니다.

환란 중에도 기도하고 주님으로 인해 기뻐하는 것이 우리의 힘이 되는 것입니다. 주님만이 나의 힘이 되시고 능력이 되시고 나의 기쁨이 되시고 나의 모든 것이 되십니다. 두려워하지 마세요. 염려하지 마세요. 걱정하지 마세요. 주님이 일생동안 손을 붙잡고 가십니다. 너무 지쳐 쓰러지면요, 주님이 안고 가세요. 또 업고 가세요. 걱정할 것이 없어요. 내가 걸어갈 힘도 없으니까 주님이 날 안고 가시는 거예요. 얼마나 감사해요. 그래서 우리가 주께 다 맡기는 것입니다.

"주님, 내 염려 근심 걱정을 다 내려놓고 주님만 바라봅니다. 주님만 의지합니다. 주님, 나의 일생 다가도록 주님이 가장 기뻐하시는 모습으로 쓰임 받게 하여주옵소서." 그러면 우리 마음속에 주님이 주시는 평안함이 다가오는 것입니다. 걱정도 없고 근심도 없고 괴로움도 없고 슬픔도 없고. 마음이 평안해집니다.

없는 것을 보지 말고 있는 것을 보세요. 있는 것을 보고서 감사하세요. 받은바 놀라운 그 은혜를 이제부터는 베풀고 나누며 살아가세요. 너무나 많이 가지고 혼자 움켜쥐고 살다가 가지 말고 이제부터는 나누세요, 베푸세요. 우리 주위에 가난하고 소외되고 병들고 문제 있고 몸에 장애가 있고 여러 가지로 고통당하는 이웃이 우리를 향해서 도우라고 손짓할 때 아낌없이 나누어주는 주님의 일꾼 되시기 바랍니다.

그럴 때 하나님께서 높여주시고 놀라운 은혜를 주실 것입니다. 환난이 변하여 축복이 되고, 위기가 변하여 기회가 되고, 절망이 변하여 희망이 되고 하나님의 은혜가 차고 넘쳐나게 될 것입니다. 이 같은 믿음의 사람이 되시기를 주님의 이름으로 축원합니다. 세상을 살아가면서 환란과 풍파를 만나거든 두려워하거나 불평하지 말고 기도하시기를 바랍니다. 하나님께 기도하면 문제를 해결할 방법을 알려주십니다. 방법대로 순종하면 성령께서 기적같이 문제를 해결하시는 것입니다. 반드시 기도하여 하나님께 직접적인 레마를 받아야 합니다. 레마 대로 순종하면 문제가 해결이 되는 것입니다.

다윗시대에 기브온 족속과의 계약을 어긴 사울 때문에 다윗 때에 전 민족이 삼년 동안 기근을 당하였습니다(삼하21:1-14). 다윗의 시대에 해를 거듭하여 3년 기근이 있으므로 다윗이 여호와 앞에 간구합니다. 그러니까 여호와께서 이르시되 "이는 사울과 피를 흘린 그의 집으로 말미암음이니, 그가 기브온 사람을 죽였음이니라."라고 말씀하십니다. 그래서 다윗이 기브온 사람을 불러 그들에게 물어봅니다. "내가 너희를 위하여 어떻게 하랴 내가 어떻게 속죄하여야 너희가 여호와의 기업을 위하여 복을 빌겠느냐?"라고 합니다. 그러니까 기브온 사람들이 다윗 왕께 아룁니다. "우리를 학살하였고 또 우리를 멸하여 이스라엘 영토 내에 머물지 못하게 하려고 모해한 사람의 자손 일곱 사람을 우리에게 내어 달라고 합니다. 그러면 여호와께서 택하신 사울의 고을 기브아에서 우리가 그들을 목매어 달겠나이다."라고 합니다. 그러니까 다윗 왕이 그렇게 하겠다고 합니다.

그래서 사울의 후손 일곱을 기브온 사람의 손에 넘기니 기브온 사람이 그들을 산 위에서 여호와 앞에 목을 매어 달았습니다. 그들 일곱 사람이 동시에 죽으니까 하늘에서 비가 내리기 시작했다고 기록되어 있습니다. 하나님께 기도하여 직접적인 레마를 듣고 순종하니 3년 기근이 해결이 됩니다. 환란과 풍파와 문제를 당하거든 두려워하거나 불평하지 말고 성령으로 기도하여 하나님의 직접적인 레마를 받고 순종하면 문제가 해결이 됩니다.

10장 의지하고 맡기게 하시는 하나님

(여호수아6:2-5)"여호와께서 여호수아에게 이르시되 보
라 내가 여리고와 그 왕과 용사들을 네 손에 넘겨주었으니, 너
희 모든 군사는 그 성을 둘러 성 주위를 매일 한 번씩 돌되 엿
새 동안을 그리하라. 제사장 일곱은 일곱 양각 나팔을 잡고 언
약궤 앞에서 나아갈 것이요, 일곱째 날에는 그 성을 일곱 번
돌며, 그 제사장들은 나팔을 불 것이며, 제사장들이 양각 나팔
을 길게 불어 그 나팔 소리가 너희에게 들릴 때에는 백성은 다
큰 소리로 외쳐 부를 것이라, 그리하면 그 성벽이 무너져 내리
리니 백성은 각기 앞으로 올라갈지니라, 하시매"

하나님은 예수를 믿는 자녀들이 하나님의 말씀에 온전하게
순종하기를 원하십니다. 하나님은 온전하게 순종하는 성도의
현실 문제를 해결하여 주십니다. 많은 분들이 의지하고 맡긴다
는 진리를 바르게 깨닫지를 못합니다. 의지한다는 것은 하나님
의 뜻에 순종한다는 것입니다. 믿는 자의 모든 삶은 하나님이
계획해두셨습니다. 사람이 마음으로 자기의 길을 계획할지라
도 그의 걸음을 인도하시는 이는 여호와이십니다(잠16:9). 사
람의 마음에는 많은 계획이 있어도 오직 여호와의 뜻만이 완전
히 선다고 하셨습니다(잠19:21). 하나님의 계획 뜻을 알고 순
종하는 것이 의지하는 것이라고 필자는 생각합니다. 자신의 계

획을 가지고 일을 추진하는 것이 아니고, 하나님의 계획(뜻)을 따라서 일을 추진하는 것입니다. 그러면 하나님께서 자기 인생을 책임지실 것입니다. 자신이 생각하여 도저히 합리적이지 않고 이해하지 못할 지라도 하나님의 뜻에 순종하면 하나님께서 이루신다는 것입니다. 성경에 기록된 예를 보겠습니다.

첫째, 여리고성이 무너지다. 성경말씀을 보면 여호수아와 이스라엘 백성들이 애굽에서 나와서 가나안땅에 들어갈 때 여리고 평지에서 7일 동안 여리고 성을 둘러싸고 돈 것이 기록되어 있습니다. 이것은 우리가 현실 문제를 해결할 때의 아주 적절한 예가 되는 것입니다. 여호수아가 철옹성 같은 여리고성을 바라보며 하나님께 기도했습니다. 하나님! 여리고성을 어떻게 해야 무너질까요? "여호와께서 여호수아에게 이르시되 보라! 내가 여리고와 그 왕과 용사들을 네 손에 넘겨주었으니, 너희 모든 군사는 그 성을 둘러 성 주위를 매일 한 번씩 돌되 엿새 동안을 그리하라. 제사장 일곱은 일곱 양각 나팔을 잡고 언약궤 앞에서 나아갈 것이요, 일곱째 날에는 그 성을 일곱 번 돌며, 그 제사장들은 나팔을 불 것이며, 제사장들이 양각 나팔을 길게 불어 그 나팔 소리가 너희에게 들릴 때에는 백성은 다 큰 소리로 외쳐 부를 것이라, 그리하면 그 성벽이 무너져 내리리니 백성은 각기 앞으로 올라갈지니라."(여호수아6:2-5).

하나님의 뜻을 접수한 여호수아는 그 백성들과 더불어서 하나님의 말씀대로 순종하여 첫째 날에 한번 돌고, 둘째 날, 셋째,

넷째, 다섯째, 여섯째 날 동안 하루 한 바퀴씩 돌고, 일곱째 날은 일곱 바퀴, 그 성을 돌고 난 다음에 일제히 고함을 칠 때, 여리고 성이 무너져 내렸습니다. 하나님께서는 하루 만에 여리고 성을 무너뜨릴 수가 있습니다. 그런데 하루 만에 무너뜨리지 않고 왜 7일 동안 여리고를 돌게 하고 7일째는 일곱 바퀴 돌게 하고 여리고 성이 무너지게 했을까요? 인간의 숫자인 육은 미완성이요. 하나 더한 칠은 완전한 하나님의 숫자이기 때문입니다.

왜냐하면 하나님께서는 우리의 기도를 응답하시기 전에 완전한 믿음을 가지고 순종하게 하기 위함입니다. 하나님은 깨닫게 하기 위하여 우리를 체험하게 하시는 것입니다. 하나님의 말씀에 순종해야 문제가 해결이 된다는 것을 믿게 하기 위함입니다. 야고보서 1장 3절에 "너희 믿음의 시련이 인내를 만들어 내는 줄 너희가 앎이라"고 말하고 있는 것입니다. 믿음은 시련을 당해서 인내가 살아있는 온전한 믿음이 되게 하는 것입니다. 그러기 때문에 우리가 현실 문제를 하나님의 방법으로 해결할 때 이스라엘 백성이 여리고 성을 순종하며 돌던 것처럼, 우리가 순종하는 믿음으로 하나님 앞에 나왔는지 시험해 보시는 것입니다. 또 순종하면 하나님께서 하신다는 것을 체험하게 하시는 것입니다.

이스라엘 백성이 여리고 성을 도는 장면을 우리는 상상해 볼수가 있습니다. 아마 첫째 날 그들이 여리고 성을 돌면서 그 철벽 성을 눈으로 보았을 것입니다. 야, 이렇게 철벽 성이 무너질 수가 있는가? 그들은 진에 와서 그것을 생각하고 기도했을 것입니다. 눈에 보이는 것을 극복하지 못했더라면 이튿날 그들은 그만 낙심하고 돌지 않았을 것입니다. 그러나 그들은 진에 돌아와서 눈에 보이는 그 성벽에 대한 것을 기도하며 하나님께서 하신다는 믿음으로 불안과 공포를 극복했습니다. 이튿날 또 그들이 성을 돌 때 성에 있는 모든 여리고의 군대들과 경찰들과 그 백성들이 이스라엘 백성을 조롱하고 고함을 칩니다. 그들은 잘 먹고 잘 입고 무장을 잘 했습니다. 광야를 통해 온 이스라엘 백성들보다 훨씬 더 건강해 보이고 더 무장이 잘 돼 있고 더 튼튼해 보입니다. 그래서 그들의 조롱하는 소리와 천지를 진동하는 고함소리를 듣고 난 다음 이스라엘 백성이 진에 돌아와서 과연 저 성이 무너질 것인가? 저 성을 정복할 수 있을까? 그것을 생각하고, 또 기도하고, 하나님의 말씀을 생각하고 염려와 근심을 그들은 극복을 해야 되었습니다. 그렇지 않았다면 사흘째는 돌지 않았을 것입니다. 그러나 또 일어나서 사흘째 그 성을 도는데 가만히 보니깐 분위기가 절대로 무너질 것 같지가 않습니다.

사흘째 돌고 와서 진에 와서 그들은 또 염려합니다. 전체적인 분위기를 볼 때 무너질 아무런 징조도 보이지 않은, 그래서 그들은 또다시 거기서 염려하고 근심하며 기도해서 하나님이 하신다는 믿음이 충만해져 그 분위기를 극복한 것입니다. 나흘째 돌 때는 또 그들에게 심한 의심이 다가왔습니다. 이렇게 돈다고 성이 무너진 전에 경험이 없는데 그런 사례가 없는데 이 성이 과연 무너질까? 그래서 그들은 정신적인 그 회오리바람을 또다시 기도하고, 하나님을 믿고 나흘째 극복해야만 되는 것입니다.

  그러고 난 다음 닷새째는 또 돌면서 그들은 생각하기를 우리가 믿는 하나님은 모든 것이 너무나 비이성적인 것이 아닌가, 비과학적인 것이 아니가, 어떻게 이런 튼튼한 성에 저절로 무너질 수가 있느냐, 그래서 이성적인 공격을 당하고도 그들은 그것을 또 기도하고, 하나님을 믿는 믿음을 가지고 또 극복해야만 하는 것입니다. 엿새째는 아무리해도 아무 느낌이나 징조가 없는데 이건 과연 우리가 헛수고하는 것이 아닌가, 지금까지 여섯 번째 도는 대도 아무 징조가 없지 않느냐, 이거 헛수고 아닌가, 그런 마음에 불안과 공포가 있었을 것입니다. 그들을 또다시 진에 와서 기도하고 그것을 극복해야만 되는 것입니다. 불안해하는 백성들에게 여호수아가 하나님께서 분명하게 여리고성을 무너지게 하시니 믿음을 가지고 순종하자고 담대하게 말했을 것입니다. 일주일 째 이제 도는데 그들을 끝까지 말씀을 믿어볼만한가, 정말 눈엔 아무 증거 안보이고 귀에는 아무소리 안 들리고 손에는 잡히는 것 없는데 말씀만 믿고 돌아도 될 것인가, 그러한 마음의 회오리바람을 그들은 기도와 믿음으로 극복을 해야만 했을 것입니다. 그래서 마지막 7일 날 일곱 바퀴를 돌고 난 다음, 그들은 믿음이 완성되었습니다. 모든 의심과 불안을 극복하고 이제 해냈다는 성취감으로 마음속에 깊은 평안의 믿음에 도달했을 때, 그들의 고함소리는 천지를 진동하는 고함소리가 되었고, 그 믿음의 소리에 하나님께선 말씀하셨습니다.

"네 믿음대로 될지어다." 순식간에 여리고 성이 무너진 것입니다. 히브리서10장 38절에 보면 "오직 나의 의인은 믿음으로 말미암아 살리라 또한 뒤로 물러가면 내 마음이 저를 기뻐하지 아니하리라"말씀한 것입니다.

히브리서11장1절로 2절에 "믿음은 바라는 것들의 실상이요, 보지 못하는 것들의 증거라고"말한 것입니다. 이러므로 그들이 완전한 믿음에 도착할 때까지 하나님은 일주일 동안 여리고 성을 돌고, 그 모든 시련을 극복할 수 있는 그러한 시험을 해 보신 것입니다. 하나님께서 믿음을 보시고 기적을 행하신다는 것을 체험하게 하십니다. 우리가 시험에 통과되려면 이제는 믿음에 완전히 서서 눈에 아무증거 안보이고 귀에는 아무 소리 안 들리고 손엔 잡히는 것 없어도 단호히 믿고 나설 수 있는 그런 믿음의 자세까지 도달해야 되는 것입니다.

또한 우리의 기도는 왜 7일 동안이나 걸리나 하면은 마귀의 배후 세력을 완전히 묶어버려야 되는 것입니다. 마태복음 18장 18절에 "진실로 너희에게 이르노니 무엇이든지 너희가 땅에서 매면 하늘에서도 매일 것이요, 무엇이든지 땅에서 풀면 하늘에서도 풀리리라"고 말한 것입니다. 이스라엘 백성이 여리고 성을 한 바퀴 돌 때 벌써 밧줄이 여리고 성을 묶은 것입니다. 두 바퀴 돌 때 벌써 두 번째 칭칭 감는 것입니다. 세 바퀴 돌 때 세 번 믿음으로 마귀의 진을 감은 것입니다. 네 바퀴 돌 때 네 번 칭칭 감았습니다. 다섯 바퀴 돌 때 다섯 번째 감았습니다. 여섯 바퀴 돌 때 여섯 번 감았습니다. 일곱 바퀴 돌 때 일곱 번째 감으면서 일곱 번을 다시 칭칭 감는데 여리고 성에 있는 사람들을 입만 떡 벌리고 아무 것도 모르고 있었습니다. 영안이 열리지 않았기 때문입니다. 마지막 고함친 것은 칭칭 감은 그 믿음의 밧줄로 잡아당긴 것입니다.

땅에서 매면 하늘에서 매일 것이요. 땅에서 마귀를 완전히 대적해서 묶어서 고함치니 여리고 성이 무너져 버리고 마는 것입니다. 하나님의 말씀에 온전한 순종은 마귀하고 대적인 것입니다. 마귀는 끝까지 결사적으로 저항합니다. 거기에 대해서 우리는 끝까지 대적해야 됩니다. 일곱 번 도는 것은 "완전히 대적하라. 절대로 물러가지 마라. 한번 마귀하고 붙었으면 끝까지 대적하라." 그래서 완전히 마귀에게 대적하면 마귀는 마지막에 여리고 성 무너지듯이 무너져 버리고 마는 것입니다.

그뿐 아니라, 또한 우리가 일곱 번 행하는 것은 완전히 하나님께 재물이 되는 것입니다. 내 생각이 완전하게 없어진 재물을 되는 것입니다. 구약시대는 짐승을 잡아서 죽여서 피를 흘려 제사를 드렸지만은 우리들은 산 제물로 드려야 됩니다. 재물이란 죽어야 되는 것이기 때문에 자기 고집이 죽고 자기중심이 죽고, 인본주의가 죽고, 불순종이 죽고, 완전히 하나님, 그 발 앞에 내 자신을 내어놓고 온전히 순종하는 것을 말하는 것입니다. 우리가 하나님께 현실 문제를 해결 받으려면 이처럼 하나님께 자기를 드려서 완전히 순종하는 그러한 삶에 들어가야만 되는 것입니다. 그렇지 않고서 자기중심으로 서서 고집대로 자기 마음대로 살면서 하나님께 해결을 받으려고 하는 것은 잘못된 것입니다. 이러므로 살든지 죽든지 흥하든지 망하든지 성하든지 쇠하든지 주님 뜻대로 하시옵소서, 나는 주의 것입니다. 온전한 순종이 있어야만 되는 것입니다.

그렇기 때문에 일곱 번 여리고를 돈다는 것을 완전한 믿음에 도달하고 완전히 하나님께 앞에서 마귀를 대적하고 완전히 자기를 산 제물로 드릴 때까지 하나님께서 기다리시는 것입니다. 이러한 과정이 지나가면 성이 무너집니다. 문제의 성이 무너집니다. 고통의 짐이 무너지는 것입니다. 생활고가 무너지는 것입니다. 마귀의 진이 훼파되는 것입니다. 하나님의 말씀에 순종하고 맡기니 하나님께서 여리고 성을 무너뜨린 것입니다.

둘째, 엘리야의 기도를 응답하신다. 열왕기상18장에 보면 3년 6개월 동안 이스라엘이 우상을 섬김으로 하나님이 진노하사 비를 내리지 않았습니다. 그때 엘리야가 아합 왕에게 도전장을 던졌습니다. 아합 왕과 그 안에 이세벨이 데리고 온 바알의 선지자 450인, 아세라 선지자400인을 갈멜산으로 모아와서 우리 시합하자. 불로 응답하는 신을 참 하나님으로 섬기자, 그래서 그들은 두 제단을 쌓고 송아지를 각을 떠 얹고 시험을 했는데 바알의 제사장들이 오정이 되도록 부르짖어 기도해도 불이 임하지 않았었습니다. 그러나 오후 소제 드릴 때 엘리야가 하나님 앞에 기도하매 하늘에서 불이 떨어져서 재물을 불태우셨습니다. 하나님은 이렇게 말로만 하시는 분이 아니고, 보이고 역사하셔서 인정하고 감탄하게 하시는 분입니다.

그래서 모든 이스라엘 백성이 거기에 엎드려서 여호와 그는 참 하나님이라고 고백을 했습니다. 여기에서 엘리야는 바알 선지자 450명을 잡아서 기손 시내 가에 내려가 칼로써 그들 복을 다 쳐서 죽였습니다. 그리고 난 다음에 그는 갈멜산에 올라가서 3년 6개월 동안 안온 메마른 땅에 비가 오도록 기도를 했습니다. 그는 기도를 할 때 한 번한 것이 아닙니다. 한번 기도하고 자기의 종을 산꼭대기에 올라가서 징조가 보이냐고 하니까 안 보인다고 그랬습니다. 두 번째 기도하고 또 보냈습니다. 세 번째 기도하고 또 보냈습니다. 네 번째 기도하고 또 보냈습니다. 아무 징조가 없습니다. 다섯 번째 기도하고 또 보냈습니다. 아무 징조가 없습니다. 여섯째 기도하고 또 보냈습니다. 아무 징조가 없습니다. 일곱 번째 기도하고 보내니깐 저 바닷가에 손바닥만 한 구름이 뜬 징조가 보인 것입니다.

여기에 엘리야는 결사적인 기도입니다. 성경에 보면 얼마나 그가 간절히 부르짖었던지 이 허리가 굽어져서 머리가 다리 사이로 들어가 버렸다고 말한 것입니다. 우리도 기도하면 너무나 간절히 기도하면 배가 그냥 딱 등에 붙어버립니다. 엘리야가 얼마나 고함 쳤던지 새우같이 오그라져 가지고서 머리가 다리 사이로 들어가 버리고 말았었습니다. 그는 기도할 때 한번 기도할 때 그의 맘속에 시험이 다가왔습니다. 가뭄으로 눈에 보이는 모든 것이 메말랐는데도 네가 기도한다고 비가 오겠는가, 그러나 그것을 기도로써 그는 극복했습니다.

그 다음에 자기 종이 와서 아무 것도 안보입니다. 그러니깐 또 마음속에 의심이 들어옵니다. 햇빛이 불같이 내려 쬐이는데도 네가 믿겠는가, 그러나 그것을 또 극복하고 그는 부르짖고 종을 보냈는데 또 아무 것도 안 보인다고 하니깐 그 다음 맘속에 하늘이 녹같이 푸른데 너 그래도 믿어서 뭐가 되겠는가, 그러나 그것은 또 자기가 기도로써 그것을 극복하고 또 부르짖어 기도하고 종을 보냈는데 내려와서 또 아무 흔적도 없습니다. 그러자 그 마음속에 또 마귀의 시험이 다가왔습니다. 야~ 이 사람아 3년 6개월 가뭄이 갑자기 해결되겠는가, 웃기는 소리하지 마라. 그러나 그것을 또 극복하고 그는 부르짖어 기도하고 종을 보냈는데 또 와서 아무 징조도 안 보인다고 말합니다.

그러니까 마음속에 또 마귀가 와서 속삭입니다. 기도로 비가 온다는 것은 비이성적인 것이 아닌가, 기도로서 무슨 비가 오는가, 그러나 그것을 또 극복하고 그는 하나님께 부르짖었습니다. 그리고 종에게 보냈더니 종이 와서 아무 것도 안 보인다고 그럽니다. 그러니까 마귀가 와서 또 속삭입니다. 전에도 그런 경험이 없는데 네가 요사이 기도한다고 갑자기 그런 일이 일어나겠는가! 웃기는 소리하지 마라. 그러나 그는 그것을 또 기도로서 극복을 했었습니다. 종을 위에 보냈었습니다. 그러나 그가 또 아무 것도 안 보인다고 그럽니다. 그래서 일곱 번째 그는 기도하면서 하는데 마귀는 웃습니다. "아무 징조도 없을 것이다. 너 기도해도 아무 징조도 없을 거야!" 그러나 엘리야는 그 모든 마귀의 비웃음과 그 모든 마음의 의심을 극복하고 일곱 번째 기도하고 종을 보내니깐 종이 저 바다 끝에 손바닥만 한 구름이 떠올랐다고 말한 것입니다. 그것을 보자 엘리야는 뛸 듯이 기뻤습니다. 그는 아합에게 말하기를 빨리 먹고 마시고 병거를 타고 이스라엘로 빨리 들어가십시오. 큰비의 소리가 들린다고 말한 것입니다. 그러자 즉시로 손바닥만 한 구름장은 온 하늘을 덮는 먹장구름이 되고, 그리고 3년 6개월 만에 하늘에서 폭우가 쏟아졌습니다.

이러므로 엘리야는 온전한 믿음에 도달할 때까지 마음에 조그마한 의심도 없을 때까지 기도를 계속해서 그 모든 것을 극복하고 마음에 완전한 믿음이 점령할 때까지 뒤로 물러가지 않았었습니다. 하나님은 일곱 번 시험했습니다. 일곱 번이라는 것은 완전한 믿음이 들어올 때까지 하나님께서는 시험해 보는 것입니다. 쉽게 뒤로 물러가면 안 됩니다. 그는 기도할 때 바로 비를 막고 있는 공중에 권세 잡은 원수마귀와 대결한 것입니다. 그의 기도가 상달하려고 할 때 원수마귀가 막습니다. 그러나 하나님은 하나님의 뜻에 따르는 마음에 합한 자의 기도에 응답하십니다. 엘리야와 같이 불이 내리고, 귀신들을 쫓아내고, 비가오기를 기다리니 3년 6개월 동안 비가 오지 않던 롯과 같은 하늘에 구름이 생기고 비가 오는 것입니다.

셋째, 빚을 해결한 선지생도 부인. 열왕기하 4장 1절로 7절에 기록된 사건입니다. 엘리사 선지자가 선지 학교를 경영하고 있었는데 그 학생 중에 한 사람이 죽었습니다. 그러자 그 학생의 아내와 두 아들이 채주에게 빚을 갚지 못함으로 그 채주가 그 아들 둘을 잡아서 팔려고 했었습니다. 과부가 하나님의 사람인 엘리사 선지자에게 와서 눈물로 호소했었습니다. "우리 남편이 살아있을 때에 여호와를 잘 섬겼는데 세상을 뜨고 난 다음 이제 채주가 와서 아이 둘을 잡아다가 종으로 팔려고 하는데 어떻게 해서든 나를 도와주시옵소서." 그때에 엘리사가 물었습니다. "너희 집에 무엇이 있는지 내게 고하라." 우리 집에는 기름 한 병 밖에는 아무 것도 없습니다. 그러면 가서 "온 이웃의 그릇을 구하되 많이 구하라. 그리고 문을 닫고 그 그릇에 기름을 부어 넣어라." 그 과부가 집에 가서 엘리사의 말대로 자기 아이들과 함께 그릇을 잔뜩 빌려서 집에 갔다가 놓고 문을 닫고 기름 병으로 부으니 그릇에 기름이 가득 가득해집니다. 또 옮겨 놓고 또 붓고, 또 옮겨 놓고 또 붓고, 마지막으로 얘야 그릇 가져와라. 어머니 이제 그릇이 없습니다. 그릇이 없다고 하자 기름이 그치고 말았습니다. 그래서 그 기름을 팔아 빚을 갚고 나머지로써 그들이 생활할 수가 있었다는 것입니다.

이 이야기를 통해서 우리가 깨달아 알아야 할 것은 하나님께서는 우리의 현실 문제의 해답이 되신다는 것을 알아야 되는 것입니다. 어떤 사람들은 말하기를 하나님은 우리의 물질적인 현실 생활에 관하여는 무관심하시다고 가르칩니다. 그것은 크게 잘못된 것입니다. 왜냐하면 현재 우리가 살고 있는 이 물질적인 우주와 만물은 하나님이 직접 지으셨습니다. 하나님은 자녀들의 현실문제의 해답이 되십니다. 그러면 우리가 오늘 물질적으로 경제적으로 고통과 좌절과 절망에 처했을 때에 어떻게 해야 될 것입니까? 이것은 우리 하나님을 먼저 찾아야만 되는 것입니다. 하나님만이 현실문제의 해결자이시니 다른 데 가서 방황하지 말고 하나님을 찾아야만 합니다. 하나님께 어떻게 해야 하는지 질문해야 합니다.

이와 같이 우리가 경제적으로 물질적으로 궁핍할 때에는 하나님께 나와서 부르짖어 기도하면 하나님께서 문제를 해결할 비밀을 알려주십니다. 알려주신 비밀대로 순종하면 문제가 기적같이 해결이 되는 것입니다. 우리가 현실문제로 곤고하고 어려울 때에 하나님을 찾아야 되는 것입니다. 하나님께 부르짖어야 됩니다. "주여! 이 어려움에서 건져 주소서"라고 외쳐야 되는 것입니다. 하나님이 능치 못할 일이 어디에 있습니까? 하나님은 죽은 자를 살리시며 없는 것을 있게 만드신 하나님이신 것입니다.

우리가 어려움을 처할 때에 하나님의 음성에 귀를 기울여야 되는 것입니다. 하나님께서 우리에게 묻는 것은 네 집에 무엇이 있는지 내게 고하라고 주님께서 물으시는 것입니다. "너희 집에 무엇이 있는 가 그것을 내게 고하라" 하나님의 도우심은 내게 없는 것을 다른 곳에서 빌려 와서 도우심이 아닌 것입니다.

하나님이 우리에게 묻는 것은 네 집에 무엇이 있는지 말씀했지? 얼마나 많은 것을 다른 사람에게 빌려 왔느냐? 그것에 복을 주겠다. 그렇게 말씀하지 않았습니다. 많든 적든 자신에게 있는 것으로 복을 주시겠다고 말씀한 것입니다. 선지자의 생도의 과부도 집에 있는 기름 한 병으로 하나님께서 복을 주셨습니다. "그 과부에게 가서 돈을 많이 빌려라. 이웃에 빚을 많이 내어서 살아라." 그렇게 말하지 않았습니다. "네 집에 무엇이 있는 것을 고하라." 기름 한 병이 있습니다. 그것으로 주님이 축복해 주셔서 빚을 다 갚고 먹고 살게 해 주셨습니다. 항상 문제가 있는 곳에 하나님의 해결방법도 있습니다.

꿈이 있어야 합니다. 선지자의 생도의 과부가 엘리사의 말을 순수하게 믿고 이웃으로부터 그릇을 많이 빌렸습니다. 그 많은 그릇에 기름이 가득 찰 것을 꿈꾸었습니다. 조그마한 그릇에 기름 한 병 밖에 없는데 선지자 엘리사가 빈 그릇을 많이 빌려 와서 그곳에 기름을 부으라고 했습니다. 웃기는 소리 아닙니까? 그 많은 대야, 큰 독 빌려 와서 조그마한 병의 기름으로 기름 붓는다고 거기에 기름이 가득 찰 턱이 있습니까? 그런데도 불구하고 성도의 과부는 엘리사의 말을 듣고 믿고 그대로 되는 꿈을 가졌습니다. 부푼 꿈을 가졌습니다. 그래서 실천한 결과로 기름을 가득히 얻어서 빚을 갚고 살아갈 수가 있었습니다.

우리는 현재 있는 문제를 가지고 절망해서는 안 됩니다. 우리에게 아무 것도 없고 채무가 많다고 이젠 죽었다고 생각하면 안 됩니다. 우리에게 무엇이 있는가를 알아야 합니다. 우리에게는 하나님이 계신 것입니다. 물질이 있는 것이 아니라, 하나님이 계십니다. 하나님이 계시면 우리가 하나님께 기도하여 하나님 말씀을 따라 순종할 때에 현실문제는 기적같이 해결이 되는 것입니다. 현실 문제는 자신의 문제가 아니라, 하나님의 문제라는 믿음 또한 중요합니다.

하나님께서는 현실 문제를 통하여 성도들을 온전하게 순종하는 믿음의 사람으로 만들어 가십니다. 하나님께서 크리스천들을 통하여 이 땅에 하나님의 나라를 건설해야 하기 때문입니다. 하나님의 말씀을 듣고 온전하게 순종할 때 이 땅의 마귀 귀신이 물러가기 때문입니다. 인간적인 요소가 조금이라고 섞이면 온전한 하나님의 역사가 일어나지 않아 하나님의 뜻을 수행할 수가 없습니다. 그래서 성도들을 온전하게 순종하는 훈련을 시키시는 것입니다. 의지하는 것은 하나님의 뜻에 온전하게 순종하는 것이요, 맡기는 것은 하나님께서 기적적으로 문제를 해결하시는 것입니다. 하나님은 절대로 성도들이 자신의 생각대로 행동하지 못하게 하십니다.

성경에 나오는 아브라함이나 이삭이나 야곱이나 모세나 다윗의 경우를 보면 이해가 되는 것입니다. 하나님은 하나님의 말씀에 온전하게 순종하는 사람이 될 때까지 체험하며 훈련하게 하십니다. 그리하여 하나님의 말씀에 온전하게 순종하는 사람을 통하여 하나님의 일을 진행하십니다. 순종하는 사람으로 훈련하는 매개체가 현실문제입니다. 현실문제에 봉착할 때마다 하나님께 해결방법을 받아서 해결하는 습관을 들여야 성령의 인도로 이 땅에서 천국을 누리는 삶을 살수가 있습니다.

3부 영적으로 바꾸시는 하나님

11장 자신을 보는 눈을 열어주시는 하나님

(계3:17-18)"네가 말하기를 나는 부자라 부요하여 부족한 것이 없다 하나 네 곤고한 것과 가련한 것과 가난한 것과 눈 먼 것과 벌거벗은 것을 알지 못하는 도다. 내가 너를 권하노니 내게서 불로 연단한 금을 사서 부요하게 하고 흰 옷을 사서 입어 벌거벗은 수치를 보이지 않게 하고 안약을 사서 눈에 발라 보게 하라"

예수를 믿고 성령으로 세례 받고 신앙생활을 계속하다가 보면 성령님은 자신을 보게 하십니다. 자신을 정확하게 보는 눈이 열려야 합니다. 이 세상에서 가장 어려운 일이 있다면 자기 자신을 정확하게 보는 일일 것입니다. 속사람은 접어두고라도 자신의 겉모습을 정확하게 보는 일도 어려운 일입니다. 아무리 정확한 거울로 자신의 모습을 비춰 본다 해도 사실은 정확한 모습은 아닙니다. 거울에 비춰진 모습은 반대의 모습이기 때문입니다. 거울은 왼쪽과 오른쪽을 바꾸어서 반대의 모습으로 비추어 줍니다. 거울 앞에서 오른손을 번쩍 들었습니다. 그랬더니 거울에 비친 또 하나의 나는 왼손을 번쩍 들고 있었습니다.

그렇게 보면 사람은 일생동안 자기 자신을 한 번도 제대로 못 보고 사는 것 같습니다. 다른 사람은 생긴 그대로 정확히 보고 방향도 틀림없이 정확하게 보는데 가장 가까이 있는 '나'라는 존재는 모습조차 제대로 보지 못하며 사는 것입니다. 자신을 정확히 보는 거울이 있습니다. 그것은 겸손의 거울입니다. 겸손해지면 제대로 보입니다. 자신의 모습이 정확하게 보입니다. 겸손해지면 눈이 부드러워집니다. 부드러운 눈으로 보면 자기가 바로 보입니다. 성령으로 자신을 겸손하게 바라보면 '괴로움'이 '기쁨'으로 회복되고, '원망하는 마음'이 '감사하는 마음'으로 회복됩니다. 자신을 볼 수 있는 눈을 가졌다면 복입니다.

열심히 말씀과 성령의 역사를 일으켜서 자신이 자신을 보게 하시기를 바랍니다. 그리고 자신의 부족을 자신이 깨닫게 해야 합니다. 그래야 치유가 빨리됩니다. 지도자들은 본인이 본인의 상태를 보고 고칠 때까지 인내하며 기다리시기를 바랍니다. 하나님도 우리가 자신을 정확히 보고 고치기를 인내하시며 기다리신다는 것을 믿으시기 바랍니다. 성도는 내안에 계신 성령께서 나를 성도 만든다는 것을 아는 성도가 영안이 열린 성도입니다.

그래서 목사님이 성도를 만드는 것이 아니라, 성도 안에 계신 성령이 깨닫게 하면서 성도를 만들어 가는 것입니다(요일 2:27). 일부 목사님들이 사모님을 자신이 가르쳐서 사모 만들려고 하고, 또 사모님이 목사님을 가르쳐서 목사님을 만들려고 합니다. 그러나 바로 알아야 합니다. 사모님 안에 계신 성령님이 사모님을 만들어가고, 목사님을 만들어 간다는 것을 알고 행하고 있다면 영안이 열린 것입니다.

그럼 말씀의 빛으로 내가 영안이 바르게 열렸는가, 분별을 하려면 어떻게 해야 할까요? 먼저 나의 영적인 상태가 보여야합니다. 바울 사도는 고린도 후서 13장 5절에서"너희는 믿음 안에 있는가 너희 자신을 시험하고 너희 자신을 확증하라 예수 그리스도께서 너희 안에 계신 줄을 너희가 스스로 알지 못하느냐 그렇지 않으면 너희는 버림 받은 자니라"말합니다. 그리고 요한은 요한계시록 3장 17절로 18절에서"네가 말하기를 나는 부자라 부요하여 부족한 것이 없다 하나 네 곤고한 것과 가련한 것과 가난한 것과 눈 먼 것과 벌거벗은 것을 알지 못하는도다. 내가 너를 권하노니 내게서 불로 연단한 금을 사서 부요하게 하고 흰 옷을 사서 입어 벌거벗은 수치를 보이지 않게 하고 안약을 사서 눈에 발라 보게 하라"말합니다. 무엇보다도 영안이 열린자는 자신의 영적인 상태를 정확히 보는 자입니다.

첫째, 현재 자신이 천국 영생을 누리고 있는 것이 분별된다. 예수를 '믿는다'하면서도 천국의 축복과 영생을 누리지 못하고 육신적인 생각과 믿음으로 살아가는 사람들을 소경이라 합니다. 성경은 우리에게 무엇을 말해주고 있는가? 바로 살아서 누리는 영생천국의 축복을 말해주고 있는데, 이 신령한 천국의 축복을 현세적으로 실제로 누리며 살지 못하는 자를 영안이 열리지 못한 소경이라 합니다."이르시되 하나님 나라의 비밀을 아는 것이 너희에게는 허락되었으나 다른 사람에게는 비유로 하나니 이는 그들로 보아도 보지 못하고 들어도 깨닫지 못하게 하려 함이라"(눅8:10)."또 여기 있다 저기 있다고도 못하리니 하나님의 나라는 너희 안에 있느니라"(눅17:21).

영안을 열어 바르게 보고, 이 땅에서도 심령 천국을 이루며 복되고 평안한 믿음생활을 영위하시기를 바랍니다. 하나님의 은혜의 손길을 느끼는 것이 분별됩니다. 성경에서 성령을 하나님의 손길이라 설명하고 있습니다. 성령을 바로 이해하게 됨으로 하나님의 역사를 바로 이해하게 되는 비밀이 있습니다. "오직 하나님이 성령으로 이것을 우리에게 보이셨으니 성령은 모든 것 곧 하나님의 깊은 것까지도 통달하시느니라."(고전 2:10).

그러므로 성령을 통하여 역사하시는 하나님의 손길을 헤아리지 못하는 것은 성령의 역사나 나타남(은사)을 제대로 알지 못하는 자로서 영적으로는 소경이라 합니다. 영안을 열어 내가 성령의 인도를 받고 살아가고 있는지, 아니면 내 생각과 의지를 가지고, 육신적인 믿음 생활을 하고 있는 지 볼 수 있는 성도가 되시기를 바랍니다. "그러나 내가 하나님의 성령을 힘입어 귀신을 쫓아내는 것이면 하나님의 나라가 이미 너희에게 임하였느니라"(마12:28).

하나님이 사람을 통하여 역사하시는 신령한 사역은 성령을 통하여 하시기 때문에 성령을 통하여 하나님의 손길(성령)로 성경이 성경을 해석하고 있음을 볼 수 있습니다. 내 영 안에 계신 성령께서 말씀을 영으로 해석하게 한다는 것입니다. 왜냐하면 말씀은 영이기 때문입니다. 하나님의 말씀은 영이니 육으로는 해석할 수도 없고 비밀을 깨달을 수도 없는 것입니다. 오직 성령의 감동하심을 받아야 깨닫고 해석하여 비밀을 알 수가 있는 것입니다. "예언은 언제든지 사람의 뜻으로 낸 것이 아니요 오직 성령의 감동하심을 받은 사람들이 하나님께 받아 말한 것임이라."
(벧후 1:21). 이것을 알고 행하는 자는 영안이 열린 성도입니다.

둘째, 심령으로 예수를 보지 못하는 자가 아닌가 분별된다.
아래 성경본문에서 부활 후에 제자들 앞에 나타나신 예수님을
제자들은 알아보지 못했으나 제자들은 마음이 열려서 성경을
깨닫게 됨으로 예수님을 알아보는 것을 봅니다. 예수님의 겉모
습이 아니라, 예수님의 참 모습을 알지 못하는 것을 의미합니
다. 이것은 예수를 만나보고 있지만, 심령이 깨닫지 못하면 예
수를 심령으로 알 수 없어, 보고 있어도 보지 못하는 소경을 뜻
하고 있습니다. 그래서 성경을 보아도 성경의 영적 의미를 헤아
리지 못하여 '하나님의 말씀'을 보지 못하는 것을 영적인 소경이
라고 하는 것입니다.

"그 날에 그들 중 둘이 예루살렘에서 이십오 리 되는 엠마오라
하는 마을로 가면서 이 모든 된 일을 서로 이야기하더라. 그들이
서로 이야기하며 문의할 때에 예수께서 가까이 이르러 그들과
동행하시나 그들의 눈이 가리워져서 그인 줄 알아보지 못하거늘
예수께서 이르시되 너희가 길 가면서 서로 주고받고 하는 이야
기가 무엇이냐 하시니 두 사람이 슬픈 빛을 띠고 머물러서더라.
그 한 사람인 글로바라 하는 자가 대답하여 이르되 당신이 예루
살렘에 체류하면서도 요즘 거기서 된 일을 혼자만 알지 못하느
냐 이르시되 무슨 일이냐 이르되 나사렛 예수의 일이니 그는 하
나님과 모든 백성 앞에서 말과 일에 능하신 선지자이거늘 우리
대제사장들과 관리들이 사형 판결에 넘겨 주어 십자가에 못 박

앉느니라. 우리는 이 사람이 이스라엘을 속량할 자라고 바랐노라 이뿐 아니라 이 일이 일어난 지가 사흘째요"(눅24:13-21).

이 사건의 의미는 성경의 말씀에 관한 성경 구절이나 내용을 해석하여 이성적으로 알게 되었다고 '하나님의 말씀'을 알 수가 있는 것이 아니라는 것입니다. 성경 말씀의 의미를 심령이 깨닫게 되어 심령이'말씀'을 헤아리게 되는 것을 의미합니다. 그러므로 성경을 연구하여 성경을 많이 알고 있다고 영안이 열리는 것이 아닙니다. 성경 속의 말씀을 헤아려서 말씀의 속성인 빛을 통하여 깨닫게 되고, 말씀과 성령으로 잠자거나 죽어있는 심령이 새롭게 소성해야 소경을 면하게 됩니다. 말씀과 성령의 역사로 잠을 자고 있는 영을 깨우시기를 바랍니다.

내가 육신적인 신앙인이 아닌가 분별됩니다. 기복적인 신앙만 생각하는 자도 축복의 말씀만 전하는 자도 성공적인 축복만을 전하는 자도 영안이 열리지 않는 자입니다. 보이는 성공과 보이는 소망과 보이는 성전만을 봄으로 보이지 않는 신령한 영적 축복은 보이지 않는 것입니다. 보이지 않는 소망과 보이지 않는 영생과 보이지 않는 마음 성전을 더 중요시 할 줄 아는 자가 영안이 열린 자입니다. 많은 성도들이 기사와 표적 등, 보이는 역사만 좋아하고 추종하는 성도들이 있습니다.

그러나 영안이 열린 성도는 보이는 기사와 표적만 보는 것이 아니라, 그 기사와 표적 속에 역사하는 성령의 역사를 볼 줄 알고 분별하고 따라가는 성도가 영안이 열린 성도입니다. 보이지 않는 하나님의 역사를 마음의 눈으로 보고 따라가는 자들이 되기를 바랍니다."이러므로 하나님이 미혹의 역사를 그들에게 보내사 거짓 것을 믿게 하심은 진리를 믿지 않고 불의를 좋아하는 모든 자들로 하여금 심판을 받게 하려 하심이라."(살후 2:11-12)."예수께서 이르시되 너희는 표적과 기사를 보지 못하면 도무지 믿지 아니하리라"(요4:48)

영안으로 보이지 않는 하나님의 나라를 바라보아야 합니다. 즉 아브라함이 조카 롯을 보낼 때 자네가 제일 좋은 곳을 택하라, 네가 동으로 가면 나는 서로 갈 것이요, 네가 북으로 가면 나는 남으로 갈 것이다. 이것은 아브라함은 영안이 열려 어디로 가든지 하나님만 있으면 된다는 믿음이 있었다는 것입니다. 세상의 보이는 것을 보고 쫓아가면 롯이 소돔을 선택하여 망한 것같이 망합니다. 보이지 않는 하나님을 선택하시고 하나님만을 따라가시기를 바랍니다. 우리 안에 하나님만 모시면 만사가 다 이루어집니다. 하나님만이 축복이고 권세이고 능력이십니다.

셋째, 하나님의 의와 자신의 의를 분별한다. 하나님의 의를 자기의 의와 분별하지 못하기 때문에 자기의 뜻을 이루기 위하여 하나님의 일을 합니다. 또 자기의 낯을 세우기 위하여 헌신하고, 자신의 영달을 위하여 하나님의 일을 하는 자를 소경이라 합니다. 결과적으로 하나님을 대적하게 되니 이는 하나님을 알지 못하는 소경입니다. 성도는 하나님의 영광을 위하여 일을 해야 합니다. 우리의 옛 사람은 십자가에서 죽고 예수로 다시 태어나 하늘의 일을 하는 성도들이기 때문입니다. 그러므로 모든 일을 예수 이름으로 해야 되는 것입니다."만일 누가 말하려면 하나님의 말씀을 하는 것 같이 하고 누가 봉사하려면 하나님이 공급하시는 힘으로 하는 것 같이 하라 이는 범사에 예수 그리스도로 말미암아 하나님이 영광을 받으시게 하려 함이니 그에게 영광과 권능이 세세에 무궁하도록 있느니라 아멘"(벧전 4:11).

성도는 하나님의 영광을 위하여 자신을 희생할 수 있는 성도가 진정한 영안이 열린 성도입니다. 무엇을 하든지 예수 이름으로 하고 하나님에게 영광을 돌리시기를 바랍니다.

영안이 열리면 나의 죄나 허물을 보지 못하는 것을 자신이 압니다. 자신의 허물을 보지 못하면 한치 앞도 내다볼 수 없습니다. 남을 비방하거나 판단하는 자는 아직 영안이 열리지 않은 것을 단적으로 나타내고 있습니다. 그것은 바로 자신이 의롭다고 생각하고 있기 때문입니다. 자신의 죄를 깨달음으로 예수님(말씀)을 발견하게 되는데, 자신의 죄나 허물로 눈이 가려져 있으니 영적인 소경입니다. 예수님은 의인을 부르러 오신 것이 아니라 죄인을 부르러 오셨습니다."너는 네 눈 속에 있는 들보는 보지 못하면서 어찌하여 형제에게 말하기를 형제여 나로 네 눈 속에 있는 티를 빼게 하라 할 수 있느냐 외식하는 자여 먼저 네 눈 속에서 들보를 빼라 그 후에야 네가 밝히 보고 형제의 눈 속에 있는 티를 빼리라"(눅6:42)."너희는 가서 내가 긍휼을 원하고 제사를 원하지 아니하노라 하신 뜻이 무엇인지 배우라 나는 의인을 부르러 온 것이 아니요 죄인을 부르러 왔노라 하시니라"(마9:13). 사람은 완벽할 수가 없습니다. 사람은 육이기 때문입니다. 완전한 하나인 하나님이 오셔서 심령에 거해야 사람이 완전하게 성도가 되는 것입니다. 그러므로 사람을 사람의 눈으로는 평가할 수가 없습니다. 오직 나를 창조하신 하나님만이 사람을 판단하고 평가할 수가 있는 것입니다. 성령으로 충만하여 자신의 부족을 정확하게 볼 줄 아는 영안이 열리기를 바랍니다.

넷째, 하나님의 영광과 사명과 능력이 분별된다. 자신의 사명을 깨닫지 못하거나 하나님께서 주신 영광과 성도들에게 주신 능력이 얼마나 큰 능력을 주셨는가를 알지 못하는 자는 영적 소경입니다. 사명을 깨달은 자는 달려 갈 바를 알고 달려가게 됩니다. 그러나 사명을 인식하지 못하는 자는 자신의 위치를 헤아리지 못하고 있기 때문에 앞을 보지 못하고 있는 것입니다. 자신의 유명세를 내세우고 하나님의 영광을 구하지 아니하면 영안이 열리지 않습니다.

"너희가 서로 영광을 취하고 유일하신 하나님께로부터 오는 영광은 구하지 아니하니 어찌 나를 믿을 수 있느냐"(엡1:17). "우리 주 예수 그리스도의 하나님, 영광의 아버지께서 지혜와 계시의 영을 너희에게 주사 하나님을 알게 하시고"(요5:44). 그래서 성도는 말씀과 성령으로 심령을 치유하여 성령으로 충만한 가운데 성령으로 자신의 사명을 바로알고 순종하는 성도가 되어야 합니다. 날마다 성령님에게 지혜와 계시의 영을 주시어 밝히 보고 성령님을 따라가게 해달라고 기도하시기를 바랍니다.

다섯째, 성경에서 영적 원리를 헤아리게 된다. 성경에는 예배 드리는 법, 기도하는 법, 말씀 듣는 법, 말씀 전하는 법, 은혜 받는 법, 그리고 능력 받는 법, 가난을 청산하는 법, 상처와 질병을 치유 받는 법, 영적 전쟁하는 법이 있습니다. 이 법을 달리 말하면 구약은 율법이며, 신약에서는 말씀이라 하고, 진리로 가는 길이라고도 하며, 영적 원리라고 합니다. 성령의 법은 성령이 역사하는 영적 원리요, 죄와 사망의 법은 죄와 사망이 역사하는 영적 원리를 의미합니다. 하나님은 하나님의 속성대로 역사하며 사단은 사단의 속성대로 역사합니다. 이러한 영적 원리들을 헤아려야 '말씀'이 보입니다. 제 경험으로는 영적인 세계가 열려야 말씀의 비밀이 바르게 보입니다. 무조건 기도하거나 막연하게 영성 훈련하는 것이 아니라, 이 영적 원리를 헤아려서 예배드리고 기도하고 경건에 이르는 영성 훈련을 해야 합니다. 이 영적 원리를 알고 이를 쫓아 기도하고 이를 쫓아 말씀 전하고, 이를 쫓아 신앙 생활하는 것이 진리임을 알지 못하는 것을 소경이라 합니다. "내 눈을 열어서 주의 율법에서 놀라운 것을 보게 하소서"(시119:18). "예수께서 대답하여 이르시되 너희가 성경도, 하나님의 능력도 알지 못하는 고로 오해하였도다"(마22:29).

영안을 열어 말씀 안에서 영적인 원리를 발견하여 삶에 적용하시기를 바랍니다. 진정한 성도는 영안으로 말씀을 보고 말씀 안에서 영적인 원리와 비밀을 보고 적용하며 순종하는 성도입니다. 자신이 성경의 말씀대로 행하는 자인가 아닌가 분별이 됩니다. "율법의 교훈을 받아 하나님의 뜻을 알고 지극히 선한 것을 분간하며 맹인의 길을 인도하는 자요 어둠에 있는 자의 빛이요"(롬2:18-19)

성경에 대한 해박한 지식을 소유하고 성경을 가르친다고 해도 행함이 없는 자를 소경이라 합니다. 믿는다 하면서도 믿음으로 살지 아니하는 자도 소경입니다. 믿음으로 살지 않는 것이 죄라는 것은 바로 영적 소경이라는 것입니다. 심령을 감찰하는 투시가 열리고 환상이 보이고 예언을 한다 하더라도 성령으로 난 믿음으로 살지 않는 자는 소경입니다. 말씀을 많이 안다고 내가 영안이 열리고 다 되었다고 생각한다면 스스로 착각하는 것입니다. 날마다 자신의 부족을 깨닫고 성령의 도우심을 구하는 성도가 진정한 영안이 열린 성도입니다. 그리고 성령으로 심령에 말씀을 새기고 행하는 성도가 영안이 열린 성도입니다.

　여섯째, 성령으로 기도하는 가가 분별된다. 기도의 영적 원리는 기도를 쉬게 되면 타락한 인간의 속성이 다시 머리를 들게 되고 넘어지게 됨으로 영안이 열린 자는 성령으로 기도하게 됩니다. 성경을 가르치고 말씀을 전한다 해도, 그리고 뜨겁게 믿는다 해도, 교회 일에 열심을 낸다고 해도, 또한 이러한 영적 원리를 안다 해도, 성령으로 기도하지 않는 자는 영적 소경입니다. 이렇게 기도하지 않던 소경이 어느날 말씀과 성령의 역사로 영안이 열려서 자신이 지금 타락한 인간의 성품을 드러내고 있다는 것을 진정으로 깨닫고 있다면 기도 할 것입니다. 그러므로 기도하지 아니하는 자는 심령이 메말라 가고 있다는 것을 알지 못하는 사람이기 때문에 '하나님의 말씀'을 진정으로 알고 있지 못하는 것입니다. 그리고 영과 진리로 기도한다는 것과, 어떻게 기도하라는 것이라는 것을 알지 못하기 때문에, 기도의 영적 원리를 알지 못한다고 하는 것입니다. 이것은 바로 말씀을 알지 못한다는 것을 의미합니다. 말씀을 알지 못하는 자가 말씀 안에서 영으로 기도할 수 없는 것은 당연한 것입니다.

기도는 머리로 생각으로 하는 것이 아니라, 성령으로 충만하여 영으로 하는 기도가 응답이 되고, 심령이 성령으로 변하는 것입니다. 그래서 기도를 많이 하면 할수록 심령이 변해야 맞는 것입니다. 육신의 생각으로 기도하기 때문에 하나님의 응답을 받지 못하고 심령이 변하지 못하므로 영과 진리로 기도하지 못하는 자는 소경입니다. 왜냐하면 하나님은 영이시기 때문입니다. "이러므로 너희는 장차 올 이 모든 일을 능히 피하고 인자 앞에 서도록 항상 기도하며 깨어 있으라 하시니라"(눅21:36). 우리가 인자 앞에 서는 날이 오늘이 될지도 모릅니다. 항상 깨어 성령으로 기도하는 성도가 진정으로 영안이 열린 성도입니다.

일곱째, 환경을 통해 역사하는 하나님의 손길을 본다. 주위 환경 속에서 어디를 보아도 하나님의 손길이 있습니다. 오늘날의 내가 존재하고 있는 것도 하나님의 은혜입니다. 고난 속에서도 사망의 음침한 골짜기 속에서도 하나님의 손길이 있습니다. 자신이 지나온 세월의 뒤를 한번 돌아보시기를 바랍니다. 하나님의 손길과 도우심과 은혜가 보이게 될 것입니다. 그리고 축복만이 아니라, 또 반대로 하나님은 사랑하는 자에게는 시험을 통하여 강권적으로 기도하게 하십니다.

이 기도를 통하여 영성의 체질을 만들어 가시고, 이 기도를 통하여 영적 생명을 자라게 하십니다. 그래서 보다 신령한 몸으로 변화시키시고, 영안을 보다 더 활짝 열어 가시는 것입니다.

오히려 하나님은 고난 속에 있고, 약한 자와 멸시받고 천대받거나 비난 속에 외로운 자에게 더 관심과 애정을 가지고 역사하십니다. "주께서 그 사랑하시는 자를 징계하시고 그가 받아들이시는 아들마다 채찍질하심이라 하였으니, 너희가 참음은 징계를 받기 위함이라 하나님이 아들과 같이 너희를 대우하시나니 어찌 아버지가 징계하지 않는 아들이 있으리요"(히12:6-7). "내가 주께 대하여 귀로 듣기만 하였사오나 이제는 눈으로 주를 뵈옵나이다."(욥42:5). 주님의 일을 하면서 당하는 고난을 달게 받으시기를 바랍니다. 하나님은 나를 고난을 통하여 연단하시고 순금같이 사용하신다는 것을 믿으시기 바랍니다. 절대 하나님은 연단되고 단련되지 않으면 사용하지 않으십니다. 이것을 알고 주님을 위한 고난은 달게 받아들이고, 인내할 줄 아는 성도가 영안이 열린 성도입니다.

여덟째, 영적인 존재들을 보지 못하는 자가 아닌가 분별된다. 말씀을 가리고 있고, 말씀을 대적하고, 성령을 훼방하고 있는 이들의 실체와 정체를 알지 못하는 것입니다. 그리고 신앙을 혈과 육의 것으로만 생각하는 자는 진정 영의 눈이 열리지 않은 육신에 속한 성도인 것입니다. 말씀의 속성인 생명과 빛이 있으면 성령역사를 훼방하는 통치자와 권세와 공중권세 잡은 자와 어둠의 주관자와 하늘에 있는 악한 영들과 적그리스도의 영들과 666의 세력들을 볼 수 있는 영안이 열립니다. 인간의 모든 문제의 첫째 원인은 죄입니다. 그다음 죄를 타고 들어와 죄 뒤에 역사하고 있는 마귀입니다. 그래서 영안이 열린자는 모든 문제의 뒤에는 마귀가 있다는 것을 아는 자입니다.

그리고 이 마귀를 몰아내야 문제가 해결될 수 있다는 것을 알고 능력을 받아 영적전쟁을 하는 자입니다. 마귀는 인간의 힘으로는 어찌할 수 없는 강한 놈입니다. 반드시 성령 하나님의 역사와 예수 이름이 있어야 떠나가는 것입니다. 이것을 알고 성령의 능력을 사모하고 성령을 충만하게 하려고 하는 자는 영안이 열린 자입니다. 그리고 예수 이름으로 대적하여 마귀, 귀신을 몰아내는 자는 영안이 열린 자입니다(엡6:11-13).

영적인 전쟁은 혈과 육의 싸움이 아닙니다. 영안을 열어 영적인 세력들을 분별하고 성령의 권세로 싸우는 것이 영적인 전쟁입니다. 그래서 사람을 미워하면 안 됩니다. 그 뒤에서 역사하는 악한 영을 보고 대적하고 영적으로 싸워야 하는 것입니다. 영적인 전쟁은 혈과 육의 싸움이 아니라는 것을 알고 행하는 성도가 영안이 열린 성도입니다. 하나님의 영으로 말씀을 알고, 바른 영성훈련으로 영안을 열어 하나님을 깊이 있게 섬깁시다. 말씀으로 자신을 볼 수 있는 눈이 열리시기를 바랍니다. 모든 것을 살아있는 말씀으로 진단하고 처방하는 영적인 성도가 되시기 바랍니다. 더 많은 것은 "영안을 밝게 여는 비결" 책을 참고하시기 바랍니다.

12장 자신의 초라함을 느끼게 하시는 하나님

(고후 12:7~10)"여러 계시를 받은 것이 지극히 크므로 너무 자만하지 않게 하시려고 내 육체에 가시 곧 사탄의 사자를 주셨으니 이는 나를 쳐서 너무 자만하지 않게 하려 하심이라 이것이 내게서 떠나가게 하기 위하여 내가 세 번 주께 간구하였더니 나에게 이르시기를 내 은혜가 네게 족하도다 이는 내 능력이 약한 데서 온전하여짐이라 하신지라 그러므로 도리어 크게 기뻐함으로 나의 여러 약한 것들에 대하여 자랑하리니 이는 그리스도의 능력이 내게 머물게 하려 함이라 그러므로 내가 그리스도를 위하여 약한 것들과 능욕과 궁핍과 박해와 곤고를 기뻐하노니 이는 내가 약한 그 때에 강함이라"

하나님은 현실문제를 통하여 하나님을 의지하는 훈련을 하십니다. 훈련목적이 자신이 얼마나 부족하고 초라한 사람인가를 스스로 깨닫게 하는 것입니다. 자신의 힘으로 아무것도 할 수 없다는 것을 깨달아 알게 하기 위해서입니다. 자신의 힘으로 아무것도 할 수 없으니 성령하나님을 의지하게 하기 위해서 훈련하시는 것입니다. 요셉이 그랬습니다. 죽음의 웅덩이에 떨어뜨리기도 했고 노예로 팔려 인간 이하의 취급을 받기도 했으며 억울하게 감옥에 갇히기도 하였습니다. 하나님께서는 그를 이미 430년 전에 아브라함에게 예언한 하나님의 뜻을 성취하는 주인

공으로 만들기 위해 애굽에 가게 만들어 인생 밑바닥을 통과하는 훈련을 시켰습니다(창 15:13-14). 모세도 마찬가지입니다. 요셉 때 가서 애굽에 정착한 이스라엘 민족을 이끄는 민족 지도자로 세우기 전에 밑바닥 훈련을 시켰습니다. 화려한 애굽의 왕자로서 훈련을 받던 그가 하루아침에 도망자가 되어 미디안 광야의 목동으로 40년 동안 인생 밑바닥 훈련을 받았습니다.

다윗도 마찬가지입니다. 사무엘을 통해 기름 부음을 받았지만 13여 년 동안 자신을 죽이려는 사울을 피해 도망자 신세가 되어 인생 밑바닥 훈련을 받았습니다. 이 훈련을 통해 왕으로서의 자질을 갖춘 훌륭한 왕이 되었습니다. 요나도 욥도, 다니엘도, 예레미야도, 룻도, 에스도도 인생 밑바닥 훈련을 통과시켜 하나님은 훌륭한 하나님의 사람으로 한 시대 쓰셨습니다. 오늘 나오는 바울도 마찬가지입니다. 하나님께서는 인생의 밑바닥을 바울을 훈련시키는 장소로 사용하십니다.

저도 하나님에게 불림을 받아 훈련을 받으면서 제 자신의 초라함을 스스로 깨달았습니다. 2000년도 11월로 기억이 납니다. 제가 하도 힘이 들어 새벽에 사모 외에 아무도 오지 않은 새벽기도 시간에 하나님에게 기도를 드렸습니다. 하나님 어떻게 해야 합니까? 어떻게 해야 합니까? 하고 물어보니까, 소리가 들리는 음성으로 앞으로는 영성이다. 21세기에는 영성이다. 영성! 영성! 영성! 그래서 영성이라 영성은 내가 신대원 다닐 때 조직신학 교수님이 이단이라고 했습니다. 그때 가정 사역을 하시는 교수님이 치유에 관한 책을 나누어 주셨는데 다 돌려주라고 해서 돌려 준 생각이 났습니다.

　여기서 한 가지 알고 지나갑니다. 우리가 영적으로 깊이 들어가지 못하게 하는 것이 세 가지가 있습니다. 첫째 마음의 상처입니다. 상처는 태아에서부터 현재까지의 모든 비정상적인 사건사고로 당한 마음의 응어리를 말합니다. 이 상처에 영적인 것이 침입하여 우리를 영적으로 깊이 들어가지 못하도록 방해 합니다. 둘째는 자신의 잘못된 자아입니다. 자아는 지금까지 세상을 살아오면서 보고 들은 모든 것입니다. 학교에서 배운 것이 자아가 되기도 합니다. 교회에서 터득한 내용이 자아로 작용하기도 합니다. 교회의 헌법이 자아가 되기도 합니다. 잘못된 말씀 공부도 자아로 작용할 수 있습니다. 셋째는 가계의 혈통을 타고 대물림되며 역사하는 영적인 문제입니다. 세대의 죄악이 자손 3-4대까지 영향을 미칩니다. 그래서 하나님이 이 세 가지를 부수어 뜨리기 위하여 연단하고 단련하시는 것입니다.

　그래서 그때 교수님의 말씀이 저의 머리에 남아 자아가 된 것입니다. 그러나 저는 제가 직접 알아보겠다하고 인터넷을 들어가 영성이라고 쳤더니 한 영성원이 나왔습니다. 그래서 자료들을 하루 종일 읽어 보니 제 수준으로는 이단성을 발견할 수가 없었습니다. 그래서 그곳에 전화를 했습니다. 여성분이 전화를 받는데 아주 친절하게 안내하여 주었습니다. 매주 목요일 날 여전도 회관에서 집회가 있다는 것입니다. 그래서 사모를 대동하고 같습니다. 저는 어디를 가면 꼭 사모를 대동합니다. 왜냐하면 우리 사모가 저보다 분별력이 좋다고 생각했기 때문에 분별해 보라고 데리고 갑니다. 또 제가 혼자 어디 갔다가 오면 대답해주기가 아주 복잡해지기 때문이기도 합니다.

그러나 지금은 그렇지 않습니다. 제가 영적인 일에 관심을 가지고 몰입하고 집중한 결과입니다. 그래서 먼저 된 자로서 나중 되고 나중 된 자로서 먼저 될 자가 많다는 예수님의 말씀이 맞습니다(마19:30). 그래서 목요일 날 가서 강의를 들었습니다. 그랬더니 우리 사모의 반응이 아주 좋았습니다. 자기가 듣고 싶은 말씀이었는데 여기서 듣는 다고 아주 좋아했습니다. 집회가 끝나고 상담하실 분들은 상담하러 오시라고 하면서 앞에 있는 건물 이층으로 오라고 했습니다.

그래서 가슴도 답답하고 어찌할 바를 잘 모를 때라 순서를 기다리다가 목사님의 상담을 들어보니까 저보고 마음이 아주 답답하다고 하셨습니다. 맞습니다. 어떻게 해야 합니까? 여기 있는 테이프를 빌려다가 계속 보면서 영성의 눈을 뜨라고 하셨습니다. 그래서 사모에게 테 잎을 빌려 가지고 해서 한 보따리를 들고 와서 그것을 보고 들었습니다. 처음에는 무슨 말인지를 모르다가 차츰 들리고 익숙하게 되어 갔습니다.

목요일 날 계속 다니다가 그곳에서 11월 마지막 주에 3박 4일 집회가 있다고 해서 그곳에 가서 3박 4일 집회를 참석했습니다. 참석해서 목사님 강의를 들으니까, 제가 지금까지 마귀 귀신 짓을 한 것이 보이기 시작했습니다. 그래서 회개도 많이 했습니다. 그때 저는 신유은사가 강하게 나타날 때라 거기오신 목사님들의 질병안수도 해드렸습니다. 허리가 아파서 몇 달 고생을 하시다가 오신 목사님이 저의 예수 이름으로 기도한 기도에 깨끗하게 치유가 되었습니다. 소문이 나자 이 목사님 저 목사님이 기도를 해달라고 해서 기도를 해드렸습니다. 그리고 수요일날이 되었습니다. 이날은 상담과 예언기도를 받는 날입니다. 목사님은 상담하시면서 은사를 알려주시고, 목사님 장녀인 젊은 사모님은 예언을 해주었습니다.

먼저 목사님에게 들어갔더니 저보고 방언기도를 해보라고 하시더니 제 어깨에 손을 얹으시더니 이렇게 말씀을 하시는 것입니다. 목사님 목사님은 말만 선포하면 이루어지는 권능을 받았습니다. 그런데 성령께서 지금 슬퍼하십니다. 예~ 성령께서 성령의 감동에 순종하지 않는다고 한번만 더 감동에 순종하지 않으면 떠나신다고 하십니다. 성령의 감동에 순종하세요. 몇 번 불순종을 하셨습니다. 성령께만 순종하면 성령께서 역사를 일으키며 아주 크게 사용하신답니다. 그러고는 되었다고 나가라고 해서 나왔습니다. 그러자 갑자기 이 말씀이 생각났습니다. "무릇 하나님의 영으로 인도함을 받는 사람은 곧 하나님의 아들이라"(롬 8:14). 성령의 인도를 받아야 하나님의 자녀라는 것입니다.

또 이 말씀이 생각났습니다. "이와 같이 성령도 우리 연약함을 도우시나니 우리가 마땅히 빌바를 알지 못하나 오직 성령이 말할 수 없는 탄식으로 우리를 위하여 친히 간구하시느니라"(롬8:26). 성령의 인도를 따르라는 것입니다. 제가 성령의 감동에 순종을 하지 않았다니 이게 무슨 말인가 하고 곰곰이 생각을 해보니까, 생각이 났습니다. 우리 성도가 몇 명 되지 않은데 저보고 부흥회를 안도하라는 것을 두 번 거역을 했습니다. 왜냐고요. 부흥회 한다고 해봤자 한두 명 올 것이 환한 일인데 그래도 제가 누구인데 두 명 놓고 부흥회를 한단 말인가 하고 하지 않았습니다. 제가 부교역자 시절에도 부흥집회를 잘 인도 했습니다. 성도들이 막 울고 하면서 은혜들을 받았다고 했습니다. 그래서 성령의 감동에 불순종한 사실을 인정하고 앞으로 철저하게 순종하겠습니다. 하고 회개를 했습니다.

이제 젊은 사모님에게 들어갈 순서가 되어 사모님에게 갔습니다. 사모님 역시 저보고 방언기도를 해보라고 하더니 함께 기도하며 방언을 하다가 되었습니다. 하시더니 목사님 정말 열심히 하십니다. 예! 아주 열심히 합니다. 목사 되고 처음 열심히 한다는 말을 들으니까 기분이 좋았습니다. 그러더니 하는 말이 목사님은 고기를 잡으러 다니는 것이 아니고, 뒤에서 고기를 쫓고 다니십니다. 예! 그것이 무슨 이야기 입니까? 한 참 한심하다는 눈으로 제 얼굴을 보더니만, 이렇게 말하는 것이었습니다. 지금 생각하니 그때 저는 목사는 되었지만 정말로 영적인 무지한이 따로 없었습니다. 그 목사를 하나님이 영성을 알게 하시여 십 수 년 동안 연단하시면서 훈련하시어 지금의 수준으로 올려놓으신 하나님께 영광을 돌립니다.

사모님이 하시는 말이 누가복음 5장에 보면 예수님이 베드로를 부르신 장면이 있지요, 그때 베드로가 저녁내내 동안 고기를 잡았지만 고기를 잡았습니까? 예 한 마리도 못 잡았지요, 목사님도 마찬가지입니다. 목사님의 인간적인 수단과 방법을 동원하여 열심히 고기를 잡으러 몰고 다녔지만 거의 허탕을 치셨습니다. 이제 베드로 같이 기도하여 주님의 음성을 듣고 고기를 앞에서 막아서 잡아보세요. 그래서 아~ 하나님의 음성을 들어야 되고, 성령의 인도에 순종해야 하는구나 하고, 그때부터 무조건 기도하다가 감동이 오면 병원에도 가서 전도하고 아파트도 가서 전도하였습니다. 그 집회에 참석한 후 성령의 인도의 중요성을 알고 성령의 인도를 받는 사람이 되려고 노력하였습니다.

차츰 영성에 눈을 뜨기 시작했습니다. 그곳에서 영성에 대하여 조금 눈을 뜨니 책들도 사서 읽게 되었습니다. 그리고 신유에 대하여 관심도 많이 가지게 되었습니다. 그래서 병원전도를 열심히 하였습니다. 일주일에 5일 아침 10시부터 오후 4시 반까지 약 3년간 다녔습니다. 이즈음에 새벽기도를 하는데 성도들이 한명도 오지를 않았습니다. 그래서 하나님 성도들 좀 보내주세요 하고 항변을 하다가 깜박 졸았습니다. 그런데 꿈속에서 교회를 보니까 성도들이 많이 와서 예배를 드리려고 기다리고 있지를 않습니까, 그래서 놀라가지고 예배를 드리려고 성경을 찾으니까 강대상 위에 성경이 한 권도 없었습니다. 당시 강대상에는 성경이 세 권이 있었는데 한 권도 보이지를 않았습니다. 다급해져서 이곳저곳을 다 찾아봤으나 종이쪽지만 나오고 성경이 없었습니다. 꿈을 깨고 난 다음에 저는 정신이 번쩍 들었습니다.

하나님이 성도들을 보내려고 해도 자네가 말씀이 없으니 어떻게 보내겠느냐는 하나님의 응답입니다. 그래서 그때부터 성경을 읽기를 시작했고 말씀세미나도 참석하고 세미나 교재도 만들고 하여 말씀을 찾아 준비하기 시작하였습니다. 지금 생각하면 그때 그렇게 저의 상태를 보여주지 않았더라면 저는 착각을 하고 목회를 했을 것입니다. 왜냐하면 부교역자도 3년이나 하면서 대 심방도 다녔습니다. 그때마다 성도들이 말씀에 은혜를 받았습니다. 그래서 착각은 자유라는 것입니다.

첫째, 초라함을 깨닫게 하시는 하나님. 역사상 예수님의 제자 중에 가장 위대한 제자가 바울입니다. 그러나 바울은 교만해질 소지를 많이 가지고 있습니다. 우선 가문으로 보면 가문이 엄청나게 좋아요. 팔일 만에 할례를 받은 자로서 이스라엘의 족속이요, 베냐민 지파의 사람이요, 히브리인 중의 히브리인이요, 율법으로는 바리새인이요 흠이 없는 사람이었습니다. 또한 당시 모든 백성에게 존경을 받는 가말리엘 제자이며 율법에 흠이 없고 이처럼 그는 훌륭한 가문과 철학과 문학과 뜨거운 신앙을 가진 위대한 인물이었습니다. 장래가 촉망 되는 유대인이었습니다.

게다가 예수님을 믿고 난 다음에는 하나님의 계시를 엄청나게 받았습니다. 그러므로 하나님은, 바울을 자만하지 않게 하려고 그에게 가시를 주셔서 극렬하게 꺾으셨습니다. 성경은 말하기를 사탄의 사자가 자기를 습격해 와서 바울이 너무 고통스러워서 세 번 사탄의 사자를 물리쳐 달라고 하니까 세 번째 하나님 말씀하기를 "내 은혜가 네게 족하도다! 이는 내 능력이 약한 데서 온전하여짐이라" 그렇게 응답했습니다. 네가 사탄의 공격을 받아서 약하지만은 네가 약할 때 내 은혜가 더 강하다. 지금의 상태를 만족하게 여기라는 것입니다.

그 바울이 자기 몸의 치료를 위해서 세 번 하나님께 기도해서 거절당했습니다. 네가 약한 줄을 알아야 하나님에게 기도해서 일을 할 수 있다는 것입니다. 바울이라는 위대한 종이 하나님께 기도하면 언제나 응답받는 사람이 자기 병에 대해서는 응답을 받지 못했습니다. 왜 하나님이 사탄의 사자를 주어서 바울을 밤낮 괴롭게 만들었냐하면 자만하거나 교만하지 않도록 하기 위해서 그런 것입니다. 몹시 고통스럽고 괴로운데 다른 곳에 관심을 둘 수 있는 정신적인 여유가 없습니다. 내가 고통스러워 견딜 수가 없는데 고린도후서 12장 7절로 8절에 "여러 계시를 받은 것이 지극히 크므로 너무 자만하지 않게 하시려고 내 육체에 가시 곧 사탄의 사자를 주셨으니 이는 나를 쳐서 너무 자만하지 않게 하려 하심이라 이것이 내게서 떠나가게 하기 위하여 내가 세 번 주께 간구하였더니" 하나님이 내 은혜가 네게 족하다고 대답을 했습니다. 잠언서 16장 18절에 "교만은 패망의 선봉이요 거만한 마음은 넘어짐의 앞잡이니라" 좀 성공한 사람이 넘어지는 가장 큰 이유는 교만입니다. 교만보다 두려운 것이 없습니다. 고난당한 자는 기도할 것이요, 고난당할 때 더 기도하고 깨어지는 것입니다. 그래야 자신의 능력과 기교를 버리고 하나님을 의지하기 때문입니다.

둘째, 하나님을 더욱 의지하게 하기 위하여. 고난은 더욱더 하나님을 의지하게 하기 위하여 오는 것입니다. 고난당하는 것은 더 기도해라! 더 하나님을 의지해라! 지금도 기도했지만 더 기도해라! 더 의지하라! 야고보서 5장 13절에 "너희 중에 고난당하는 자가 있느냐 그는 기도할 것이요" 고린도후서 1장 9절에 "이는 우리로 자기를 의지하지 말고 오직 죽은 자를 다시 살리시는 하나님만 의지하게 하심이라"고 했습니다. 되지 않는 내 힘으로 하려고 하지 말고 하나님의 힘으로 하려고 하라는 신호입니다. 존 번연(John Bunyan)은 "시험과 고난은 우리가 하나님을 찾게 한다."고 말했습니다. 시험과 고난이 다가오면 우리가 하나님을 찾아요. 마틴 루터는 "시련이 없고 모든 것이 순조로울 때가 가장 위험한 시련이다. 왜냐하면 그때 인간은 하나님을 망각하고자 하는 유혹을 받게 되기 때문이다."라고 말한 것입니다. 시련 없을 때가 가장 무서운 시련이에요. 시련이 있을 때에는 늘 하나님을 찾고 깨어지는데 시련이 없으면 하나님을 잊어버릴 위험이 있다는 것입니다. 열 가지 시련보다 시련 없는 삶이 더 위험한 것은 평안하다. 평안하다. 할 때 하나님을 잊어버리기가 쉽기 때문인 것입니다.

C. S 루이스(Clive Staples Lewis)는 이렇게 말했습니다. "왜 고난이 있는가, 그것은 대부분의 사람들이 큰일을 당하기 전까지는 하나님의 음성에 대해 무관심하기 때문이다. 고난은 이런 인생을 향하여 하나님의 뜻을 전달하는 확성기이다." 고난은 우리에게 정신을 번쩍 차리라는 하나님의 확성기입니다. 우리의 연약과 고난 때문에 우리는 더욱 기도하고 더욱 하나님의 은혜를 의지하려고 해야 됩니다.

그러므로 하나님께서는 우리가 더욱 부르짖고 기도하여 하나님의 은혜 안에 머물도록 우리에게 고난의 가시를 주는 것입니다. 우리가 하나님을 저버리고 나가지 못하게 하기 위해서…. 삶의 힘을 얻는 스위치를 내게서 뽑아서 예수님께만 꼽도록 하는 것입니다. 고난당하기 전에는 삶의 스위치를 내게 꼽아 놓아요. 그러나 고난당하면 내가 고난을 견딜 수 있는 힘이 없기 때문에 이 스위치를 뽑아 가지고서 예수님께 스위치를 꼽아야 되는 것입니다. 나는 전기가 너무 약해요. 예수님이라는 강한 전기에 스위치를 꼽아서 큰 에너지를 얻어야 되는 것입니다.

시편 121편 1절로 2절에 "내가 산을 향하여 눈을 들리라 나의 도움이 어디서 올까 나의 도움은 천지를 지으신 여호와에게서로다" 하나님만이 나의 진정한 도움이 되시는 것입니다. "예수 그리스도는 어제나 오늘이나 영원토록 동일"하십니다(히

13:8). 옛날에 그리스도께서 인생 가운데 오셔서 인간을 도우신 주님은 지금도 똑같이 우리를 도와주시기 위해서 우리 곁에 와 계신 것입니다. 고린도전서 15장 10절에 "내가 나 된 것은 하나님의 은혜로 된 것이니 내게 주신 그의 은혜가 헛되지 아니하여 내가 모든 사도보다 더 많이 수고하였으나 내가 한 것이 아니요 오직 나와 함께 하신 하나님의 은혜로라"

얼마나 좋은 것을 깨달았습니까? '내가 나 된 것은 하나님의 은혜로 된 것이다.' 바울선생은 굉장한 사도입니다. 대 신학자요, 대사도요, 하나님의 권능 있는 종입니다. 그러나 바울은 말하기를 내가 나 된 것은 내가 잘나서 된 것이 아니라, 내 속에 들어온 하나님의 은혜가 나를 이렇게 만들었다. 하나님의 은혜가 이렇게 만들었다. 나는 아무것도 아니다. 나는 이렇게 될 수 없다. 내 속에 들어온 하나님의 은혜가 그렇게 만들었다. 그것을 어떻게 깨달았느냐. 고난을 당해서 괴로움 속에서 자기의 무능력을 깨닫고, 하나님의 은혜만이 자기를 지금까지 일으켜 세워줄 수 있다는 것을 깨닫게 된 것입니다.

셋째, 하나님에게 기도하도록 하기 위해. 그러면 바울이 나를 약하게 한 원수가 어떤 것이라고 말했습니까? 성경 고린도후서 12장 10절에 "그러므로 내가 그리스도를 위하여 약한 것들과 능욕과 궁핍과 박해와 곤고를 기뻐하노니 이는 내가 약한 그 때에 강함이라" 바울을 약하게 하는 것들이 어떤 것이냐. 제일 첫째가 약한 것입니다. 바울은 몸이 약했어요. 몸이 약했기 때문에 이게 자기에게 다가온 큰 가시였습니다. 몸이 약하니까 하나님께 끊임없이 의지해야 되고 기도해야 되었습니다. 고린도후서 10장 10절에 "그들의 말이 그의 편지들은 무게가 있고 힘이 있으나 그를 몸으로 대할 때는 약하고 그 말도 시원하지 않다" 실제 바울을 만나보면 너무 허약하고 말도 더듬거리고 그런데 그 편지를 보면 장엄하고 힘이 있다. 몸으로 대할 때는 약한데 편지를 보면 강하다. 바울은 그것이 그를 약하게 하는 고난 중에 첫째인 것입니다. 약한 것이 하나님을 의지하게 했다는 것입니다. 그 다음은 능욕입니다. 업신여기며 욕을 보는 것입니다. 가는 곳마다 바울을 능욕했습니다. 업신여기고 욕보였습니다. 마귀가 따라다니면서 그렇게 만들었습니다. 고린도후서 11장 23절에 "그들이 그리스도의 일꾼이냐 정신없는 말을 하거니와 나는 더욱 그러하도다. 내가 수고를 넘치도록 하고 옥에 갇히기도 더 많이 하고 매도 수없이 맞고 여러 번 죽을 뻔"을 당했다. 그러므로 가는 곳마다 업신여김을 당하고 욕보임을 당했었습니다.

　마태복음 5장 11절로 12절에는 "나로 말미암아 너희를 욕하고 박해하고 거짓으로 너희를 거슬러 모든 악한 말을 할 때에는 너희에게 복이 있나니 기뻐하고 즐거워하라 하늘에서 너희의 상이 큼이라" 이 세상에서 복음전하다가 능욕 당하는 사람은 하늘에서 상이 큽니다. 그 다음에 바울은 욕됨이라고 말한 것입니다. 욕됨이란 궁핍을 말하는 것입니다.

고린도후서 11장 27절에 "또 수고하며 애쓰고 여러 번 자지 못하고 주리며 목마르고 여러 번 굶고 춥고 헐벗었노라" 복음을 전하러 정처 없이 돌아다니니까 어디 한곳에 오래 있어야 먹기도 하고 입기도 하고 쉬기도 하겠는데 자꾸 돌아다니니까 그러지 못하지 않습니까? 수고하고 애쓰고 못자고 주리고 목마르고 굶고 헐벗은 생활 이것이 매일 고난이 됩니다. 그때마다 기도를 해야 돼요. 자지 못할 때, 주리며 목마르고 춥고 배고플 때 하나님 물을 주시옵소서. 음식을 주시옵소서. 쉴 수 있도록 해주시옵소서. 하나님께 기도해서 하나님의 도움을 받아가지고서 살았습니다. 베드로전서 4장 14절에 "너희가 그리스도의 이름으로 치욕을 당하면 복 있는 자로다 영광의 영 곧 하나님의 영이 너희 위에 계심이라"

그 다음에 바울에게 다가오는 것은 박해였습니다. 힘이나 권력 따위로 약한 사람을 괴롭게 하고 해를 입히는 것이 박해인데, 고린도후서 11장 24절로 25절에 "유대인들에게 사십에 하나 감한 매를 다섯 번 맞았으며 세 번 태장으로 맞고 한 번 돌로 맞고 세 번 파선하고 일주야를 깊은 바다에서 지냈으며"

참 바울선생은 고통을 많이 당했습니다. 복음을 전하기 위해서 그가 당한 고통은 쓰디쓴 고통인 것입니다. 사십에 하나 감한 매를 다섯 번 맞았습니다. 그러니 등허리에 성한 흔적이 없습니다. 세 번 태장으로 맞고 한번 돌로 맞아 죽은 줄 알고 동구 밖으로 끌어 내버려진 적이 있습니다. 세 번 파선당하고 밤

낮을 바다에 떠있었습니다. 마태복음 5장 44절과 10절에 "너희 원수를 사랑하며 너희를 박해하는 자를 위하여 기도하라"고 했는데, 이 박해를 당할 때 원수를 위해서 기도한다는 것 큰 짐입니다. 가시와 엉겅퀴입니다. 힘든 일인 것입니다. "의를 위하여 박해를 받은 자는 복이 있나니 천국이 그들의 것임이라" 박해의 결과 천국이 그들 것이지만 박해를 이겨나가는 것 참으로 힘듭니다. 그 다음 곤고입니다. 형편이 처지가 곤란하고 고생스러운 것이 곤고인 것인데요. 고린도후서 11장 26절에 "여러 번 여행하면서 강의 위험과 강도의 위험과 동족의 위험과 이방인의 위험과 시내의 위험과 광야의 위험과 바다의 위험과 거짓 형제 중의 위험을 당하고" 가는 곳마다 위험 안한 데가 없어요. 바울 선생이 복음을 전할 때는 요즈음 같이 문명한 시대가 아닌 미개한 시대였습니다. 강을 건너가는데도 교량이 없으니까 떠내려갈 위험을 당하고, 가는 곳마다 강도들이 득실거리고, 유대인들은 바울을 언제나 잡아 죽이려고 하고, 이방인들은 복음을 못 전하게 위협을 하고, 시내의 위험을 당하고, 광야에 가면 광야의 위험이 있고, 바다에 가면 바다의 위험이 있고 거짓 형제 중에 위험을 당하고….

로마서 8장 35절로 37절에 "누가 우리를 그리스도의 사랑에서 끊으리요 환난이나 곤고나 박해나 기근이나 적신이나 위험이나 칼이랴 그러나 이 모든 일에 우리를 사랑하시는 이로 말미암아 우리가 넉넉히 이기느니라" 바울이 그렇게 큰 어려움을 겪고 난 다음에도 그리스도에 대한 사랑을 끊을 수 없는 것을 체험했기 때문에 이런 말을 담대하게 말할 수가 있는 것입니다. 우리가 온 세상 모든 것 다 가져도 내가 하나님을 중심에 모셔놓지 않으면 언제나 허전한 것이 있습니다. 생명의 말씀과 성령으로 충만하지 않으면 언제나 마음이 허전한 것입니다. 사람은 영적인 존재이기 때문입니다. 아무리 큰 부자도 그 마음 중심에 허전한 것이 있고 아무리 권력자도 마음에 허전함이 있습니다.

아무리 훌륭한 남편을 모시고 살고, 천하 절세미인을 데리고 살아도 마음이 허전합니다. 어떻게 압니까? 솔로몬보고 물어보면 압니다. 솔로몬 어떻습디까? 솔로몬은 마누라를 천명을 거느렸습니다. 한명이면 충분할 것 같은데 천명을 거느렸습니다. 그렇다고 만족했습니까? 만족 안했습니다. 온갖 호화찬란한 궁전을 짓고 호의호식해도 나중에 뭐라고 했습니까? 헛되고, 헛되고, 또 헛되고, 헛되니 모든 것이 헛되도다. 우리 마음속에 하나님을 중심에 모시고 하나님이 계시지 않으면 모든 것이 헛된 것입니다. 그러므로 누가 우리를 그리스도의 사랑에서 끊으리오. 아무리 환난이 다가오고 곤고하고 박해나 기근이나 적신이나 위험이나 칼이 와도 우리가 예수님을 사랑하면 그리스도의 사랑으로 인하여 이 모든 것을 극복하고 넉넉히 이길 수가 있다는 것입니다. 자신의 초라함을 느끼는 것은 축복입니다. 자신을 보는 눈을 여실 분은 "영안을 밝게 여는 비결"책을 활용하기 바랍니다.

13장 하나님께 몰입 집중하게 하시는 하나님

(시 62:5)"나의 영혼아 잠잠히 하나님만 바라라 무릇 나의
소망이 그로부터 나오는도다"

하나님은 하나님께만 집중하시를 원하십니다. 레위기 11장
에 보면 먹을 수 있는 짐승과 먹을 수 없는 짐승이 있습니다. 먹
을 수 있는 짐승은 하나같이 앞만 보고 우는 짐승입니다. 예를
든다면 "곧 그 중에 메뚜기 종류와 베짱이 종류와 귀뚜라미 종류
와 팥중이 종류는 너희가 먹으려니와(레 11:22)" 귀뚜라미는 좌
로나 우로나 치우치지 않고 앞만 보고 뛰어갑니다. 그리고 잘 웁
니다. 이와 같이 하나님은 하나님만 바라보고 늘 깨어서 하나님
께 기도하는 성도를 좋아하십니다. 하나님께서 좋아하시는 꽃
중에는 살구꽃입니다. 살구꽃은 이스라엘에서 제일먼저 피는 꽃
이라는 것입니다. 제일 먼저 꽃을 피우려니 잠을 자지 않고 봄날
이 오기만 기다리기 때문에 하나님께서 좋아하시는 것입니다.

우리는 우리가 바라보는 대상에 따라 삶이 달라지는 것입니
다. 나를 바라보면 나 같은 인간이 됩니다. 환경을 바라보면 환
경과 같은 인간이 됩니다. 하나님을 바라보면 하나님과 같은 영
적인 사람이 되고 마는 것입니다. 사람은 그 무엇을 바라보는가
가 그 마음을 점령하게 되는 것입니다.

하나님은 우리 크리스천들이 현실 문제를 하나님의 방법으로
해결하게 하시면서 하나님만 바라보게 하십니다. 하나님만 바라

봐야 됩니다. 그래서 하나님은 하나님만 바라보는 사람을 좋아하십니다. "눈에는 아무 증거 안보이고 귀에는 아무 소리 안 들리고 손에는 잡히는 것 없어도 천지와 만물을 지으시고 우리를 구원하신 하나님만 바라봅시다." 모세는 그런 사람이었습니다. 3백만 이스라엘 백성을 거느리고 애굽을 떠나 나오는데 바로 왕이 대 군대를 동원하여 질풍같이 따라오므로 피할 곳이 없습니다. 군대도 없고 무기도 없는데 어떻게 하는 것입니까? 이스라엘 백성이 아우성을 치는 것입니다. "모세야! 어디 장지가 없어서 우리를 광야로 데려와서 죽게 하느냐? 항복하고 돌아가자!" 그러나 모세는 오직 그 담장 너머 계신 하나님만 바라본 것입니다. 애굽의 병거와 군대들을 뛰어 넘어서 천지와 만물을 지으신 하나님을 바라보았던 것입니다.

출애굽기 14장 13절로 14절을 보겠습니다. "모세가 백성에게 이르되 너희는 두려워하지 말고 가만히 서서 여호와께서 오늘 너희를 위하여 행하시는 구원을 보라 너희가 오늘 본 애굽 사람을 영원히 다시 보지 아니하리라. 여호와께서 너희를 위하여 싸우시리니 너희는 가만히 있을지니라" 너희는 동요하지 말고 하나님만 바라보라는 것입니다. 애굽 군대도 바라보지 말고 병거도 바라보지 말고 환경도 바라보지 말고 너희를 구원하신 하나님만 바라보라는 것입니다. 그러면 하나님께서 건져 주신다. 이 믿음이 참 믿음인 것입니다. 나를 바라보면 모든 일에 내가 한계가 있어서 더 이상 나가지 못해요. 나와 환경을 동시에 바라보면 의심이 생겨서 불안해서 살아갈 도리가 없어요. 나도 바라보지 말고 나와 환경을 번갈아 바라보지 말고 오직 주님만 바라보는 것입니다. 하나님의 약속의 말씀을 듣고 보고 생각하고 말씀 위에 서서 나가는 것입니다. 이것은 힘든 일이지만 그렇게 할 때 기적이 나타나는 것입니다. 하나님만 바라보고 하나님을 우리가 잘 깨달아 알고 말씀을 알고 하나님 안에서 꿈과 희망을 가지는 것입니다. 환경에는 꿈과 희망이 없기 때문에, 아무리 현실 문제가 크고 고난이 강해도 "하나님 안에서 할 수 있다. 하면 된다. 해보자." 꿈과 희망을 가지고 믿는 것입니다. 도저히 의지할 곳이 없는데 하나님 앞에서 기적이 일어날 것을 믿고 담대하게 하나님이 우리와 같이 계시므로 하나님만 바라본다고 우리가 외쳐야 되는 것입니다.

시편 123편 1절로 2절에 "하늘에 계시는 주여 내가 눈을 들어 주께 향하나이다. 상전의 손을 바라보는 종들의 눈 같이, 여주인의 손을 바라보는 여종의 눈 같이 우리의 눈이 여호와 우리 하나님을 바라보며 우리에게 은혜를 베풀어 주시기를 기다리나이다" 종이 주인의 손만 바라보는 것입니다. 다른 것 바라보면 목이 날아갑니다. 주인이 무엇을 시킬지 모르니까 여종이 주모의 손만 바라보는 것입니다. 그처럼 우리가 하나님만 바라보아야 되는 것입니다. 현실문제가 아무리 크더라도 하나님만 바라보면서 하나님께 기도하면 기발한 방법을 알려주십니다. 알려주시는 대로 순종하면 기적 같이 문제가 해결이 되는 것입니다.

우리가 세상에 취해서 있다가 하나님을 바라보고, 하나님을 바라보다가 세상에 취해 있고, 그러면 하나님이 말씀할 때 귀를 기울여 들을 수가 없게 되는 것입니다. 하나님만 알고 하나님 안에서 우리는 모든 꿈과 환상과 믿음을 가지고 나가야 되는 것입니다. 담대한 신앙을 갖고서 우리는 하나님만 의지한다고 외쳐야 되는 것입니다. 하나님을 바라보는 것은 앤드류 머레이 목사님이 이런 말을 했습니다. "우리가 하나님을 바라보면 만사가 형통하게 된다."고 말한 것입니다. 하나님을 마음속에 간직하고 하나님 안에서 내 꿈과 환상을 갖고 믿음을 갖고 하나님만 의지한다고 입으로 시인하면서 모시고 있으면 하나님이 우리 가슴속에서 역사하기 시작하는 것입니다. 하나님은 환경에서부터 역사하는 것이 아니라, 가슴속에서부터 역사하기 시작하는 것입니다. 내 가슴이 텅 비었으면 환경에서 아무리 하나님을 찾아도 찾을 수가 없는 것입니다. 하나님은 가슴속에 와서 마음을 점령하고 난 다음에 그곳에서 환경을 다스리는 것입니다. 그렇기 때문에 가슴속에 하나님을 꽉 모시고 하나님의 뜻을 따라서 생각하고 꿈꾸고 말하면 하나님이 믿음을 통해서 역사하는 것입니다.

미국의 노먼 빈센트 필 목사님은 "낙심과 불안 가운데 소망을 하나님께 둔다면 반드시 인생의 성공을 경험할 것이다."라고 말한 것입니다. 낙심과 절망을 바라보지 말고 하나님을 바라보아서 하나님이 마음을 점령하게 해야 되는 것입니다. 우리는 눈을 들어 결코 우리를 버리지 아니하시고 떠나지 아니하시는 영원하신 하나님을 바라보고, 이 하나님을 마음속에 주인으로 모셔야 되는 것입니다. 이것이 바라봄의 법칙의 중요한 것입니다. 나를 바라보고 있으면 나 밖에 안보여요. 내가 뭘 할 수 있습니까? 뭘

할 수 있어요? 지혜와 총명과 모략과 재능과 지식이 하나님처럼 탁월하지 못하기 때문에 자신보다 큰 것은 감당을 못합니다. 자연스럽게 자기 수준의 삶을 살 수밖에 없습니다. 하나님과 환경은 이것보고 저것 보고 저것 보고 이것 보고 저것 보면 나중에는 눈이 어지러워지고 집중된 믿음을 가지지 못합니다. 하나님은 영이시기 때문에 몰입하고 집중해야 하나님의 지혜를 알 수 있는 것입니다. "오직 하나님만 바라본다. 환경을 바라보지 않는다. 바람이 불고 파도가 쳐도 하나님만 바라본다." 그러면 그 하나님이 마음속을 점령하게 되는 것입니다.

무엇을 바라보든지 바라보는 것이 우리 마음을 점령하는 것입니다. 컴퓨터를 끊임없이 바라보고 있으면 컴퓨터가 마음을 꽉 채우게 되고, 게임을 늘 바라보고 있으면 게임이 마음속을 꽉 채우게 되고, 잡지의 스토리만 자꾸 생각하면 잡지가 내 마음을 꽉 점령하게 되고, 하나님 말씀을 늘 생각하고 바라보면 말씀이 마음을 점령하게 되는 것입니다. 마음에 무엇이 점령하는가가 중요한 것입니다. 자신의 마음을 하나님이 점령하도록 하나님께만 집중해야 합니다. "지킬만한 것보다 네 마음을 지켜라. 생명의 근원이 이에서 난다"고 말한 것입니다.

그렇기 때문에 우리가 하나님을 바라보는 것은 하나님으로 말미암아 마음이 점령당하는 것을 말하는 것입니다. 바라봄의 법칙이 그렇게 중요한 것입니다. 우리가 아무런 믿음이 안 생기는 것도 하나님을 바라보아 마음이 하나님께 점령되면 믿음이 생겨나는 것입니다. 우리는 눈을 들어 결코 우리를 버리지 아니하시고 떠나지 아니하시는 하나님을 바라보고 영원한 하나님이 나와 같이 계신 것을 의지해야 되는 것입니다. 히브리서 13장 5절로 8절에 "그가 친히 말씀하시기를 내가 결코 너희를 버리지 아니하고 너희를 떠나지 아니하리라 하셨느니라. 그러므로 우리가 담대히 말하되 주는 나를 돕는 이시니 내가 무서워하지 아니하겠노라 사람이 내게 어찌하리요, 하노라. 하나님의 말씀을 너희에게 일러 주고 너희를 인도하던 자들을 생각하며 그들의 행실의 결말을 주의하여 보고 그들의 믿음을 본 받으라 예수 그리스도는 어제나 오늘이나 영원토록 동일하시니라" 예수님은 죽었다가 부활하시므로 말미암아 부활 이후에는 시간과 공간을 초월해서 옛날이나 오늘이나 내일이나 똑같이 우리와 같이 계신 것입니다. 그러므로 우리는 눈을 들어 언제나 십자가를 바라보아야 되는 것입니다. 우리가 십자가를 바라보고 십자가의 진리가 우리 마음을 점령하면 그것이 우리 생활에 나타나게 되는 것입니다.

우리는 믿음의 주요 또 온전케 하시는 예수님을 힘차게 바라보고 갈보리 십자가를 바라보고 십자가를 통해서 우리 마음이 점령을 당해야 되는 것입니다. 히브리서 12장 2절에 "믿음의 주요 또 온전하게 하시는 이인 예수를 바라보자 그는 그 앞에 있는 기쁨을 위하여 십자가를 참으사 부끄러움을 개의치 아니하시더니 하나님 보좌 우편에 앉으셨느니라"

십자가를 바라보고 십자가의 의미를 마음속에 되새겨야 되는 것입니다. 십자가를 바라보고 무슨 꿈을 꾸는 것입니까? 십자가를 바라보면 마음속에 용서의 꿈을 꾸게 되는 것입니다. 십자가를 바라보면 거룩하고 성령 충만의 꿈을 꾸게 되고, 십자가를 바라보면 치료받고 건강하게 되는 꿈을 꾸게 되고, 십자가를 바라보면 저주에서 해방되어 아브라함의 축복을 받는 꿈을 꾸게 되고, 십자가를 바라보면 사망과 음부를 극복하고 영생복락을 얻는 꿈을 마음속에 그리게 되는 것입니다.

마태복음 8장 23~34절에 보면 갈릴리 호수에서 풍랑을 만난 예수님의 제자들의 이야기가 기록되어 있습니다. 예수님께서 가다라 지방에 군대 귀신들린 자를 구원하시러 갈릴리 호수를 배를 타고 건너가고 있었습니다. 갈릴리 호수에 이르러 제자들의 가슴속에 세상을 향한 사랑이 들어오자 예수님과는 멀어졌습니다. 그들은 세상의 부귀, 영화, 공명을 생각하고, 그 이야기에 꽃을 피우는 동안에 예수님은 홀로 대화의 상대가 없이 계시다가 주무시고 만 것입니다. 예수님과 제자들이 각각 다른 세계에 처하게 된 것입니다. 예수님은 하늘나라에서 오셔서 하늘나라의 일을 말씀하는데, 제자들은 세상에 속하여서 세상나라 이야기를 하고, 세상 생각을 하므로 하늘나라와 세상나라가 함께 있을 수가 없어 거기에 간격이 생길 수밖에 없었습니다. 제자들이 주님을 중심으로 주님과 대화하고 주님의 말씀에 귀를 기울일 때는 하늘나라가 그들 속에 와있었지만, 예수님과 멀리 떨어지고 예수님의 말씀에 귀를 기울이지 아니하고 예수님과 대화를 그치자 세상나라가 들어오고 세상이 그 마음속에 들어와서 세상의 대화를 하니 예수님과의 거리가 멀어져 버리고 만 것입니다. 같은 배에 타고 있어도 주님과 대화하며 주님께 집중하지 않으면 세상이 들어오고, 마귀가 역사하는 것입니다.

우리도 예수님으로부터 멀어질 수 있다는 것을 우리가 늘 마음 속에 기억해야 되는 것입니다. 무엇이 세상으로 우리를 이끌고 가는지 아십니까? 우리의 마음속에 탐욕이 들어오면 탐욕이 우리와 주님 사이를 갈라놓고 마는 것입니다. 세상이 만일 우리 마음 속에 들어오면 그 세상 틈을 통해서 풍랑도 함께 들어오는 것입니다. 하나님과 우리 사이에 세상이 들어오면 세상의 주인 된 마귀가 따라 들어오는 것입니다. 탐욕이 들어오고 교만이 들어오고 불신앙이 들어오고 불순종이 들어오면 하나님과 우리 사이에 거리를 두게 되는 것입니다. 주님과 우리 사이에 간격을 두게 되고 그 빈틈을 통해서 세상이 밀물처럼 몰려 들어오면 그 밀물을 타고 사탄이 들어오는 것입니다. 예수님과 제자들이 배를 타고 갈릴리 호수를 지나가는데 예수님과의 교제가 끊어졌습니다.

예수님은 팔을 베개하고 주무셨습니다. 그 틈에 사탄이 들어 왔습니다. 마귀는 그 배를 뒤엎어서 예수님과 제자들을 멸망시키려고 한 것입니다. 그래서 한낮에 하늘에 먹구름이 끼고 천둥 번개가 치고 거센 바람이 불어와서 갈릴리 호수에 거대한 풍랑이 일어나게 된 것입니다. 이 풍랑을 제자들이 잠재워 보려고 무수히 애를 썼습니다. 물을 퍼내고 돛을 감아 들이고 온갖 일을 다 해도 배는 물에 가라앉고 있었습니다. 우리의 인생에 하나님과 간격이 벌어져서 풍랑이 일어났을 때 하나님 없이 우리 스스로 문제를 해결하려고 발버둥을 쳐도 소용이 없습니다.

마귀가 일으키는 세상의 풍랑은 인간의 힘으로 다스릴 수 없습니다. 오직 주님을 찾아야 풍랑이 잠잠해질 수가 있는 것입니다. 어떻게 풍랑을 잠재워야 되겠습니까? 회개하는 길밖에 없습니다. 큰 풍랑이 일어나 배가 침몰할 위기에 처하자 그때야 제자들은 예수님이 배에 같이 탄 것을 알았습니다. 그전에는 세상에 들어와서 예수님이 함께 계신 것조차 의식하지 못했습니다. 풍랑이 들어와서 죽게 되자 예수님이 함께 배에 타고 있고 예수님이 주무시고 있는 것을 깨닫게 되고, 예수님께 가까이 나가서 주님을 깨웠습니다. "주여! 주여! 우리가 죽게 되었습니다." 그들은 비로소 주님 없이 살 수 없는 그들의 형편을 깨닫고 회개하고 돌아선 것입니다. 부귀, 영화, 공명 다 가져도 물에 빠져 죽어버리면 무슨 소용이 있겠습니까? 무엇보다 귀한 것이 예수님의 신앙이라는 것을 그들은 다시 한 번 마음속에 깊이 깨닫게 된 것입니다. 탐욕과 교만과 불신앙과 불순종을 떠나고 버려야 예수님을 깨울 수가 있는 것입니다. 예수님과 우리 사이에 무엇이 틈을 내었습니까? 바로 탐욕과 교만과 불신앙과 불순종이 그 틈을 내었는데 그 틈을 없애 버리기 위해서는 회개해야 되는 것입니다. 탐욕을 회개하고 교만을 회개하고 불신앙을 회개하고 불순종을 회개하고 주님께 손들고 나와야 되는 것입니다.

주무시는 주님을 깨우니 주님께서는 바다를 향해서 '고요하라. 잠잠하라'고 꾸짖었습니다. 물을 보고 꾸짖습니까? 살아있어 듣고 있는 존재를 향해서 꾸짖고 계시는 것입니다. 풍랑을 일으킨 배후에 마귀를 보고 주님이 꾸짖으신 것입니다. '고요하라. 잠잠하라.' 바람과 바다를 꾸짖었다고 성경에 말했습니다. 주님께서 꾸짖은 것은 바람과 파도의 배후에 있는 원수 마귀를 꾸짖으신 것입니다. 풍랑은 귀신이 일으킨 것입니다. 결국에는 예수님이 풍랑도 잠잠케 하시고 군대마귀도 쫓아내신 것입니다.

요한 1서 3장 8절에 "죄를 짓는 자는 마귀에게 속하나니 마귀는 처음부터 범죄함이니라 하나님의 아들이 나타나신 것은 마귀의 일을 멸하려 하심이니라" 베드로전서 5장 8절로 9절에 "근신하라 깨어라 너희 대적 마귀가 우는 사자 같이 두루 다니며 삼킬 자를 찾나니 너희는 믿음을 굳게 하여 저를 대적하라. 이는 세상에 있는 너희 형제들도 동일한 고난을 당하는 줄을 앎이니라"고 말씀한 것입니다. 우리가 회개하고 돌아오면 우리 가정에서 귀신을 쫓아내야 가정이 평안해 지는 것입니다. 교회에서 귀신을 쫓아내야 교회가 잠잠해지지요. 직장에서 사회에서 귀신을 쫓아내어야 조용해지는 것입니다. 귀신은 예수께서 오시면 쫓겨나가는 역사가 일어납니다.

주님이 우리에게 와서 회개하라. 천국이 가까왔다 하시고 가장 먼저 하신일이 귀신을 쫓아내는 일을 하신 것입니다. 모든 인생의 불행과 풍랑은 마음이 세상으로 행할 때 귀신이 가져오는 것입니다. 귀신이 도적질하고 죽이고 멸망시키는 일을 하는 것입니다. 주님께서 오신 것은 귀신을 쫓아내고 우리에게 평안을 주시기 위해서 오신 것입니다. 그러므로 우리가 탐욕을 회개하고 교만을 회개하고 불순종과 불신앙을 회개하고 주님과 우리 사이에 막힌 담을 헐어 버리고 주무시는 주님을 깨워 일이키면 주님은 우리 가운데 오셔서 도적질하고 죽이고 멸망시키는 마귀와 귀신들을 일격에 내어 쫓아주시는 것입니다.

우리 개인의 삶 속에 우리의 가정에 우리의 사회, 국가에 주님을 주무시게 해 놓고 주님을 그대로 두면 풍랑은 사라지지 않습니다. "저가 나를 사랑한즉 내가 저를 건지리라. 저가 내 이름을 안즉 내가 저를 높이리라. 저가 내게 간구하리니 내가 응답하리라. 저희 환난 때에 저와 같이하여 저를 건지고 영화롭게 하리라." 주님께서 우리 가운데 깨어나시면 주께서 모든 문제를 해결해 주시는 것입니다.

하나님의 말씀을 믿고 세상을 바라보지 않아야 기적이 일어나는 것입니다. 마태복음 14장 28-29절에 보면 베드로가 주님께 말씀을 구했습니다. 그냥 주님이 물위로 걸어오니까 베드로가 주님이라고 생각하고 어림 짐작으로 물속에 뛰어 들어간 것은 아닙니다. 파도가 치고 바람이 불고 캄캄한데 어디 감히 모험하고 들어갔다가 살아남겠습니까? 그는 확실히 의지할 수 있는 말씀을 구한 것입니다. 베드로는 '주시어든 나로 물위로 걸어오게 하소서.' 마태복음 14장 28절로 29절에 "베드로가 대답하여 이르되 주여 만일 주님이시거든 나를 명하사 물 위로 오라 하소서 오라 하시니 베드로가 배에서 내려 물 위로 걸어서 예수께로 가되" 하나님께 집중해서 음성을 들어야 합니다.

우리가 기도해서 이 기록된 말씀 속에서 성령이 우리에게 들리도록 하실 때 그것이 내게 주시는 레마가 되는 것입니다. 기록된 말씀은 그냥 기록된 말씀으로 읽는 것이고 듣는 것이 아닙니다. 보는 것하고 듣는 것하고 다른 것입니다. 성경을 읽을 때 성령이 우리에게 직접 마음속에 들리게 하시면, 그것은 읽은 말씀이 아니고 들은 말씀이 되는 것입니다. 그럴 때 그것이 레마가 되는 것입니다. 예수님께서 물위로 걸어올 때 베드로가 마음속에 '아~ 성경을 보니까 이스라엘 백성이 홍해를 육지같이 건넜다 하더라. 나도 예수께 가자.' 그렇게 했더라면 물에 빠져 죽었습니다. 베드로는 '주여! 기록한 말씀대로 하는 것이 아니라, 내게 직접 말씀하여 주시옵소서. 지금 내게 말씀하여 주시옵소서.' 그는 눈으로 본 말씀을 가지고 행한 것이 아니라, 들은 말씀을 가지고 나간 것입니다. 믿음은 감각과 환경을 또 극복해야 되는 것입니다. 내가 믿었다고 해서 바람도 안 불고 파도도 안치는 것이 아닙니다. 환경은 변하지 않습니다. 바람은 여전히 불고 파도는 여전히 쳤습니다만 주님께 집중하며 나가는 것입니다. 주님께 집중하고 나가도 환경이 가만히 있지를 않습니다. 우리는 믿음으로써 환경과 싸워야 되는 것입니다.

히브리서 12장 2절에 "믿음의 주요 또 온전하게 하시는 이인 예수를 바라보자" 풍랑 속에서도 예수님을 바라보고 마음에 평안을 유지해야 되는 것입니다. 의심과 두려움이 들어오면 환경과 감각에 지고 마는 것입니다. 환경과 감각은 우리에게 말합니다. "너 믿은 것 헛된 것이다. 믿었지만, 아직 바람이 불지 않느냐. 믿었지만, 아직 파도가 치지 않느냐. 파도 소리를 들어보라. 저 물보라를 보라. 저 바람 소리를 들어 보라"고 말하는 것입니다. 환경과 감각은 현실을 가지고 우리에게 끊임없이 의심하게 하고 두려워하게 하는 것입니다. 그래서 하나님은 풍랑을 바라보지 말고 하나님께 집중하라고 말씀하시는 것입니다. 말씀에 굳건히 서서 들려오는 바람과 파도소리를 무시하고 나아갈 수 있어야 되는 것입니다. 그래서 하나님은 크리스천들이 세상을 바라보지 않고 하나님께 집중하기를 원하시는 것입니다. 주님께 집중하며 현실의 문제가 해결될 때까지 기다려야 합니다. 없는 것을 있는 것같이 고백해야 되는 것입니다. 그렇게 하면 믿음이 이기게 되는 것입니다. 야고보서 1장 6절로 7절에 "오직 믿음으로 구하고 조금도 의심하지 말라 의심하는 자는 마치 바람에 밀려 요동하는 바다 물결 같으니 이런 사람은 무엇이든지 주께 얻기를 생각하지 말라"고 말한 것입니다. 믿음의 주요 온전하게 하시는 이인 예수님을 바라보고 하나님께 감사하고 찬미하면, 우리는 하나님과 함께 있게 되며 행복으로 가는 문이 열리게 되는 것입니다. 매사에 모든 일에 감사하면 모든 염려와 근심과 걱정도 감사의 힘에 의해서 사라져버리고 마는 것입니다. 우리의 눈이 영원하신 하나님을 바라보고 하나님이 마음속에 꽉 들어차고 하나님을 감사할 때에, 탄식이 변하여 기쁨이 되고, 재 대신에 화관을 쓰게 되는 놀라운 구원을 체험하게 될 것인 것입니다.

고난과 역경 가운데에서도 믿음의 주요 온전케 하시는 예수님을 바라보고 예수님을 의지하고 감사하는 성도가 되셔야 하는 것입니다. 그러면 생활에 변화를 가져올 수 있는 것입니다. 우리들은 신앙생활을 하면서 하나님께 집중해야 합니다. 우리들이 살아가는 세상의 삶의 모든 근원이 하나님께로부터 비롯되고, 우리들에게 필요한 모든 영적인 에너지가 하나님께로부터 공급

되기 때문입니다. 현실문제의 해답이 하나님께 있기 때문입니다. 반대로 하나님께 집중하기를 게을리 하게 되면 우리들의 마음은 세상의 것에 흔들리기 시작하고 흔들리기 시작한 우리들의 마음은 요동하여 현실의 문제와 고난이 강해집니다.

하나님께 집중해야 하는 것은 때와 시기가 따로 지정되어 있지 않습니다. 항상 하나님께 집중해야 하는 것은 잠시 쉬는 시간이나 여유를 부릴 시간도 없습니다. 왜냐하면, 마귀가 하나님께 집중하지 않고 쉬는 틈을 타서 역사하려고 하기 때문입니다. 하나님께 집중할 때 우리들은 하나님의 보호하심으로 마귀의 공격으로부터 피할 수가 있습니다.

하나님께 집중할 때 우리들은 하나님에 대한 아는 지식이 생기고 하나님의 은혜로 하나님과 깊은 사귐의 시간을 갖게 됩니다. 하나님께 집중할 때 하나님을 더 사랑하게 되고 하나님을 그 어느 때보다 더 사모하게 됩니다. 하나님께 집중할 때 그 어느 때보다 영적인 에너지를 공급받고 공급받은 영적인 에너지를 통해 강력한 영적인 파워를 발휘할 수 있습니다.

하나님께 집중함으로써 하나님이 허락하신 지혜와 지식으로 우리들은 험난한 이 세상을 하나님의 인도하심을 따라 살아갈 수 있습니다. 하나님께 집중한다는 것은 단순히 주일날 교회에 나와 자리만을 채우는 것을 의미하는 것은 아닙니다. 하나님께 집중한다는 것은 우리들의 생각이나 마음이 하나님께 바로 세워져 있다는 것입니다. 하나님만이 인생의 소망과 꿈이 되신다는 것입니다.

14장 시행착오를 겪게 하시는 하나님

(시 36:11-12)"교만한 자의 발이 내게 이르지 못하게 하시며 악인들의 손이 나를 쫓아내지 못하게 하소서, 악을 행하는 자들이 거기서 넘어졌으니 엎드러지고 다시 일어날 수 없으리이다"

하나님은 일꾼을 부르시고 성령으로 인도하고 훈련하십니다. 훈련하시되 하나님을 의지하게 하기 위해서 시행착오를 겪게 하십니다. 현실의 문제를 자신의 힘으로 세상 방법으로 해결하려다가 시행착오를 통하여 체험하게 하십니다. 아브라함도 자신의 생각으로 이스마엘을 생산하여 고통을 당하는 시행착오를 겪었습니다. 모세도 자기 힘으로 동족을 구하려다 광야로 도망가는 시행착오를 겪었습니다. 모두 하나님의 뜻을 따르지 않고, 자기의 생각을 가지고 일을 했기 때문에 당한 고난입니다. 이 고난을 통해서 자신의 뜻대로 행하지 않고, 하나님의 뜻을 알고 행해야 한다는 것을 체험하게 합니다. 시행착오의 체험을 통하여 하나님의 도움이 없이는 한시도 세상을 살아갈 수가 없다는 것을 깨닫게 하십니다.

저 역시도 하나님의 도움이 없이는 목회를 할 수가 없다는 것을 깨닫게 하셨습니다. 2001년도 어느 날이었습니다. 제가 이렇게 능력도 있고 열심히 해도 교회가 성장하지 않아 하루는 전도하고 돌아와 하나님에게 저 목사 못하겠다고 하소연을 하며 기도했더니 하나님이 위로를 하여 주셨습니다. 하나님 저를 아마도 잘 못 부르신 것입니다.

그리고 그때 환상 중에 만나게 한 십자가에 달린 주님도 거짓이구요, 저 지금도 건강하고 힘이 있습니다. 세상으로 내 보내 주셔서 세상일을 하면서 장로가 되어 하나님을 섬기게 하여 주세요. 이거 가장 체면이 무엇입니까? 전도를 아무리 해도 온다고 하기만 하고 한명도 오지 않으니 이제 내말은 다 거짓으로 판명이 나고 있습니다. 저를 도와주세요. 어떻게 합니까? 계속 그렇게 하소연을 하다가 깊은 경지에 들어갔습니다. 그때 저는 한창 내 적치유를 받으면서 깊은 기도에 이를 줄을 알았습니다. 한참 하소연을 하는데 갑자기 제 속에서 찬양이 올라오는 것입니다.

1절. 죄짐 맡은 우리 구주 어찌 좋은 친군지 걱정 근심 무거운 짐 우리 주께 맡기세 주께 고함 없는 고로 복을 얻지 못하네 사람들이 어찌하여 아뢸 줄을 모를까

2절. 시험 걱정 모든 괴롬 없는 사람 누군가 부질없이 낙심 말고 기도 드려 아뢰세 이런 진실하신 친구 찾아볼 수 있을까 우리 약함 아시오니 어찌 아니 아뢸까

3절. 근심 걱정 무거운 짐 아니 진 자 누군가 피난처는 우리 예수 주께 기도드리세 세상 친구 멸시하고 너를 조롱하여도 예수 품에 안기어서 참된 위로 받겠네….

아멘 까지 불러주었습니다. 그 찬양을 들으니까 가슴이 시원하고 정말 날아갈 것 같았습니다. 그래서 이것이 찬송인가 복음

송인가 하여 찾아서 자랑을 하려고 우선 찬송가부터 들고 찾았습니다. 1장부터 한 구절 한 구절 읽으면서 찾아갔습니다. 그러다 마침내 찾아냈습니다. 찬송가 369장 죄짐 맡은 우리 구주였습니다. 찬송을 읽어보고 부르고 읽어보고 부르니까, 결론이 내가 전부다 하려니까 힘이 드는 것이었습니다. 그래서 이제 주님에게 맡기고 열심히 전도하고 치유 받고 능력받자, 하나님이 나와 함께 하시면서 찬양으로 위로를 해주니 얼마나 감사합니까?

그런데 한편으로는 하나님의 사랑을 깨닫게 되었습니다. 나는 하지 못한다고 떼를 쓰는데 나 같으면 발길질을 하면서 너 같은 놈 없어도 내일 할 수 있다, 가라 하겠습니다만 하나님은 위로하여 주셨습니다. 정말 주님의 마음은 깊고도 넓습니다. 주님의 은혜 감사합니다. 우리는 이와 같이 시행착오를 겪으면서 자라는 것입니다. 고난을 통하여 하나님을 찾게 되고 하나님 없이 살아갈 수가 없다는 것을 알게 하십니다.

이 모든 것은 성령으로 되는 것입니다. 그러므로 성령으로 세례를 받고 성령의 인도를 받아야 합니다. 성령은 눈을 뜨게 해서 자기 자신의 나약한 모습을 깊이 들여다보게 하십니다. 이 눈이 열리기 전에 자신을 보면 모두 자기위주로 보게 됩니다. 그래서 교만하고 자만하고 큰소리치게 됩니다. 무엇이든지 잘할 수 있다고 합니다. 남의 흉만 보게 됩니다. 자신을 보는 눈이 아직 뜨여지지 않아서 그렇습니다. 그런데 성령이 뜨게 하신 눈으로 자신을 보면 자신의 무능이 보이고 무지가 보이고 죄가 보입니다.

그리고 그렇게 무능하면서도 교만한 자기 자신의 모습을 보게 됩니다. 그래서 우리가 그 앞에 무릎을 꿇고 나는 죄인입니다 하고 고백하게 되는 것입니다. 그것이 성령이 하시는 일입니다. 사람들은 전도할 때 "우리는 죄인입니다"하고 말하면 "내가 왜 죄인이냐"하고 말하는 분들이 있습니다. 이는 눈이 뜨이지 않아서 그렇습니다. 그러다 진정 성령의 감화로 나를 보는 눈이 뜨이면 비로소 자신이 죄인임을 고백하게 됩니다. 그렇게 해서 신앙의 고백이 나오는 것입니다. 베드로는 호언장담하던 사람입니다. 그 말은 그만큼 그는 자만했다는 말입니다. 베드로는 그런 기질을 타고난 사람입니다. 그래서 언제나 호언장담을 했습니다. 그리고 곧 바로 그는 실수하고 실패합니다. 그런데 베드로가 부활하신 예수를 만나고 나서 비로소 그는 자신을 보는 눈이 활짝 뜨였습니다. 그 뜨인 눈으로 자신을 보니까 말할 수 없을 정도로 자신의 초라함을 발견하게 되었습니다. 그래서 그때 예수께 대답하기를 "나는 죄인입니다, 나를 떠나소서"하고 고백했습니다.

또 사도바울을 보십시오. 바울도 예수를 만나기 전에 얼마나 기고만장했습니까. 그래서 유대교에 충성하기 위해서 얼마나 그리스도인들을 핍박하는데 앞장섰습니까. 그때까지만 해도 바울은 자신이 가장 의로운 사람으로 생각했습니다. 그러다 그가 마침내 부활하신 예수를 만나게 됩니다. 그때 사도바울이 이 신비의 눈을 뜨게 됩니다. 그리고 그 뜬 눈으로 세상을 바라봄니다. 그리고 자신을 바라봅니다. 바라보니까 이것은 말이 아닙니다. 지금까지 살아온 자신의 모습이 엉망입니다. 말이 아니었습니다.

그래서 바울은 지금까지 추구하던 모든 것을 다 버리고 예수의 제자가 되어 예수를 핍박하던 사람이 이제는 성령의 인도를 받으며 예수를 전하는 사람으로 일생을 바칩니다. 그리스도인은 먼저 이 눈을 뜨는 것이 중요합니다. 그러면 자기 자신을 그대로 들여다 볼 수 있습니다. 보면 "나는 죄인입니다"하는 고백을 하게 됩니다. 저는 할 수 있는 것이 없습니다. 하나님 없이는 한시도 살아갈 수가 없습니다. 그렇게 해서 사람이 되고 진실한 신앙인이 되는 것입니다. 자신의 힘만으로는 세상을 살아갈 수 없다는 것을 깨닫게 하십니다. 에델바이스는 고산지대의 작은 꽃이지만 이른 봄, 아직 눈이 덮여 있는 추위 속에서도 꽃 봉오리를 맺는 것입니다. 현대인들이 좋아하는 난(蘭)도 너무 따뜻한 곳에 놔두면 꽃이 피지 않고, 약간 추워야 아름다운 꽃이 핀다고 합니다. 그렇습니다. 고귀한 꽃일수록 역경을 온상으로 삼는다는 교훈입니다.

본 시편은 다윗의 시로서, 악인들이 난무하는 어두운 현실과 하나님의 사랑에 감격한 밝은 사실을 대조적으로 보여 줍니다. 본 시편에 나타난 교훈의 중심은 무엇이 보배로운 삶인가를 알리는 것입니다. 이는 가치론에 관한 문제입니다. 그러나 이 시간은 악인들로 인한 고난과 고난 뒤에 오는 축복을 중점으로 말쓰드리고자 합니다.

산비탈 바위 위쪽에 큼직한 소나무 한 그루가 서있었습니다. 그런데 그 윗쪽의 바위가 조금씩 밀려 내려와 그 소나무는 큼직한 두 바위 사이에 끼었습니다. 오랜 세월이 흘러 그 소나무의 그루터기 부분에 큰 이형이 생겼습니다. 바위로 눌린 부분은 거의 구멍이 날 정도로 얇아졌고 뿌리들은 바위를 둘러싸서 참으로 기묘한 모양이 되었습니다. 산사태가 나서 그 바위들이 다 무너졌고 소나무도 뽑히게 되었는데, 소나무의 그루터기를 본 일꾼들이 그 부분을 장식가에게 보냈습니다. 그 부분은 결국 고급 장식품이 되어 상상할 수 없을 만큼의 고가로 팔리게 되었습니다. 소나무가 바위 사이에서 짓눌릴 때는 아픔이 컸지만 나중에는 희귀한 장식품이 되었습니다. 그리고 고가에 팔려 귀한 가정의 안방에 들어간 것입니다.

하나님은 우리를 하나님이 원하시는 특수한 형태로 만드시기 위하여 때로는 가난이나 불치의 병이라는 바위로 짓누르시고 때로는 실패와 번민으로 아픔을 주실 때도 있습니다. 이런 일이 있어야 우리는 천국의 진귀한 존재가 되는 것입니다. 그러기에 성도들이 아픔을 당할 때는 그 아픔만을 생각하지 말고 그 이후를 생각하며 기뻐해야 합니다. 하늘나라에서 가장 크게 노래할 사람은 이 땅에서 가장 큰 고난을 겪었던 사람일 것입니다. 그 때에는 모두 그들을 부러워할 것입니다. "우리가 그와 함께 영광을 받기 위하여 고난도 함께 받아야 할 것이니라"(롬8:17).

꽃의 수명을 연장하려면 꽃줄기를 일직선이 아니라 대각선으로 잘라야 합니다. 그러면 물을 흡수하는 면적이 훨씬 넓어져서 싱싱한 꽃을 오랫동안 볼 수 있습니다. 병에 약한 꽃나무는 줄기를 대각선으로 자르고 그 자리를 불로 태웁니다. 불로 태우면 물을 흡수하는 힘이 강해지고 나무의 부패도 막아 주기 때문입니다. 병든 꽃에 가위를 대지 않으면 그 꽃은 곧 시들어 버리고 주변의 꽃들에게도 병을 옮기게 됩니다. 그래서 노련한 정원사는 꽃나무에 가위질을 해야 할 때를 압니다.

하나님이 사람을 훈련하는 방법도 마찬가지입니다. 하나님은 한 인간을 성숙한 인격체로 만들기 위해 줄기를 자르는 아픔을 주십니다. 그것이 부족할 경우에는 불에 태우는 따끔한 고난도 주십니다. 역경은 사람을 강하게 만듭니다. 역경 없는 인생은 건조합니다. 바다에 적당한 파도가 있어야 윈드서핑을 즐길 수 있습니다. 그러므로 오늘의 고난은 필요한 아픔일 뿐입니다. 고난이 두려워 피하려는 사람에게 역경은 거대한 파도처럼 두렵게만 느껴지는 법입니다. "너희는 믿음을 굳게 하여 저를 대적하라 이는 세상에 있는 너희 형제들도 동일한 고난을 당하는 줄을 앎이니라"(벧전5:9).

우리에게 고난이 있다는 것은 우리가 살아있다는 증거입니다. 죽은 사람에게는 번민이나 고난이 없기 때문입니다. 더욱이 다른 사람들보다 좀 더 값진 삶을 살아가려는 신앙인에게는 더 많은 십자가와 시련의 아픔이 있습니다. 십자가의 고난은 우리의 삶을 하나님께로 이끕니다. 우리의 고난의 아픔은 하나님을 발견하는 길이 됩니다. 십자가 없이는 구원의 사건도 일어나지 않습니다. 기독교의 진리는 십자가 없이는 면류관도 없다는 것입니다. 주님은 우리의 아픈 상처를 싸매어 주고, 낫게 하실 것입니다. 따라서 크리스천이 받는 고난의 아픔은 결단코 그의 구원에 해로운 것이 아니고 도리어 유익한 것입니다. "고난 당한 것이 내게 유익이라 이로 말미암아 내가 주의 율례들을 배우게 되었나이다"(시119: 71).

본문 1, 2절을 보겠습니다. "악인의 죄가 그의 마음속으로 이르기를 그의 눈에는 하나님을 두려워하는 빛이 없다 하니 그가 스스로 자랑하기를 자기의 죄악은 드러나지 아니하고 미워함을 받지도 아니하리라 함이로다" 악인들의 생활방식은 늘 죄악을 꾀하고 악을 좋아합니다. 악을 행하는 사람은 죄악의 속삭임에 속아서 죄를 범하게 됩니다. 왜냐하면 하나님이 그의 행동을 보시며, 그를 심판하실 것을 알고는 죄를 범할 수가 없기 때문입니다. 죄악의 유혹을 쫓는 사람은 참 지혜를 버리고, 선한 길을 떠나게 됩니다. 뱀은 여인에게 선악을 알게 하는 나무의 과실을 먹으면 지혜롭게 되어 하나님처럼 된다고 속삭였습니다. 여인이 뱀의 말을 듣고 그 열매를 먹은 결과 그녀는 자신의 벌거벗은 수치밖에는 발견하지 못했습니다. 악인들은 입만 열면 사기와 속임수뿐이니 지혜를 깨우쳐 잘 살기는 아예 글러버렸습니다. 그들은 그 침상에서 죄악을 꾀하며 스스로 불선한 길에 서고 악을 싫어하지 아니합니다. 즉 잠자리에 들어도 악한 짓만 궁리하고 나쁜 길에 버티고 서서 악을 고집합니다.

본문 5, 6절을 보겠습니다. "여호와여 주의 인자하심이 하늘에 있고 주의 진실하심이 공중에 사무쳤으며 주의 의는 하나님의 산들과 같고 주의 심판은 큰 바다와 같으니이다. 여호와여 주는 사람과 짐승을 구하여 주시나이다" 악인들의 죄악이 난무합니다. 그러나 하나님께서는 온 우주를 다스리십니다. 주의 인자하심과 성실하심이 온 우주에 가득합니다. 공의로우신 하나님께서 사람과 짐승을 보호하십니다.

깊은 바다를 항해하는 배는 암초에 부딪힐 염려가 없습니다. 얼른 생각하면 배는 육지 근방 얕은 물로 항해해야 안전할 것처럼 생각됩니다. 그러나 노련한 항해사는 그렇지 않다고 합니다. 바다는 깊을수록 그 항해가 안전하다고 합니다. 깊은 바다에는 암초가 없고 장애물도 없습니다. 얕은 물에는 모래 바닥도 만나고 암초도 있고, 그밖에 장애물도 있어서 위험한 경우도 있지만 깊은 바다를 항해할 때에는 그런 위험성이 전혀 없습니다. 하나님의 판단도 마찬가지입니다. 하나님께서 우리에게 고난을 당하게 하실 때에 그것은 우리가 인생을 항해하는 중에 가장 안전한 항해가 될 수 있는 때입니다.

우리가 고난 중에서 낮아지면 교만해질 두려움이 없습니다. 하나님의 장중에서 겸손하게 될 때 유혹의 물결을 이겨낼 수가 있는 것입니다. 모든 일이 번성하고 복잡할 때는 하나님의 말씀을 조용히 들을 수 있는 여유조차 없지만 실패의 잔을 마시거나 병으로 자리에 눕게 되었을 때 하나님의 세미한 말씀과 음성을 듣게 됩니다. 사실 사람들이 성공하고, 모든 일이 번영할 때가 위험할 때입니다. 재산이 영적생활을 방해하고 자만심을 가져오며 세속적인 경향을 가져올 때 이것이 두려운 것입니다. 사람들은 부자가 되고 재물의 여유가 생길 때 자제하는 일을 잘 하지 못합니다. 그래서 방종에 빠집니다. 그러나 환난 중에 있는 사람은 자신의 모든 문제를 가지고 하나님 앞에 나아가게 마련입니다.

그들이 알고 싶은 것은 영원한 사랑에 관한 것이고, 믿음에 관한 것이고, 하나님나라와 영생에 관한 것입니다. 이런 사람은 세상을 살 때 사람들이 보기에는 초라하게 보이고 보잘 것 없게 보일지라도 그는 고상한 생을 앙모하며 사는 사람입니다. 이렇게 깊은 바다를 항해하면 안전한 항해가 될 뿐 아니라 발전을 가져옵니다. "고난당하기 전에는 내가 그릇 행하였더니 이제는 주의 말씀을 지키나이다."(시119: 67).

큰 바다에는 많은 보화가 감추어져 있습니다. 거기에는 진주도 있을 것이고 오래 전에 잃어버린 많은 보화들이 쌓여 있을 것입니다. 마찬가지로 우리가 겪는 환난 속에 지혜가 있고 사랑과 믿음의 보화가 있습니다. 하나님께서는 믿음의 보화가 크면 클수록 그것을 얻게 하기 위해 큰 시련을 주시는 것입니다. "시험을 참는 자는 복이 있나니 이는 시련을 견디어 낸 자가 주께서 자기를 사랑하는 자들에게 약속하신 생명의 면류관을 얻을 것이기 때문이라"(약1: 12).

우리가 당하는 고난이란 우리를 하나님께로 인도하는 불병거와 같은 것입니다. 우리가 당하는 고난이 파도를 스치면서 우리의 영혼을 깨끗하게 씻어주실 것입니다. 폭풍우가 바닷가의 더러운 곳을 씻어 항구를 깨끗이 하는 것처럼 우리가 당하는 고난의 폭풍을 통해서 더러워진 우리 심령을 말끔히 씻어 주는 역할을 할 것입니다."나의 가는 길을 오직 그가 아시나니 그가 나를 단련하신 후에는 내가 순금 같이 나오리라"(욥23: 10).

본문 7- 9절을 함께 보겠습니다."하나님이여 주의 인자하심이 어찌 그리 보배로우신지요 사람들이 주의 날개 그늘 아래에 피하나이다 그들이 주의 집에 있는 살진 것으로 풍족할 것이라 주께서 주의 복락의 강물을 마시게 하시리이다 진실로 생명의 원천이 주께 있사오니 주의 빛 안에서 우리가 빛을 보리이다" 성도들에게 주시는 하나님의 풍성한 축복이 있습니다. 주의 인자하심을 보배로 알고 주의 날개 아래 피하는 인생이 복이 있습니다. 주님께서는 그 풍성함으로 채우십니다. 누구든지 하나님께 피하는 자들은 그 인자와 성실하심을 체험할 수 있습니다.

본 절에서 시편기자는 주의 집에 거하며 살아가는 인생의 행복을 노래하고 있습니다. 그것은 마치 살진 것을 먹고 복락의 강수로 마시우는 인생이라 하였습니다. 복락이란 본래 에덴에서 나온 말입니다. 하나님이 처음 우리를 두시고자 하셨던 바로 그 동산에서 누릴 기쁨을 말한 것입니다. 기쁨의 강물로 해갈하는 인생-얼마나 부요하고 넉넉한 삶의 그림인지요! 복락의 강수로 해갈하는 인생은 무엇보다 삶의 초점을 생명의 근원이신 하나님께 두고 살아갑니다. 불공평하고 부조리한 세상을 바라볼 때 그 누구도 그 어느 곳에서도 참된 만족을 누릴 수는 없습니다. 그러나 그의 삶의 주소를 주의 집에 두고 늘 주를 묵상하는 자는 그의 환경과 상관없이 만족함을 경험할 수 있습니다. 그분의 인자와 성실, 그리고 그의 의로우신 판단을 믿기 때문입니다.

가장 보편적인 삶의 불만족은 악인의 존재와 악인의 득세에서 비롯됩니다. 악인의 죄악이 은폐되는 세상 그리고 악인이 오히려 환영받는 세상에서 우리는 진정한 삶의 용기를 상실합니다. 때로 인생의 길에서 만나는 악인은 오히려 우리의 선과 호의, 친절까지 왜곡하여 우리를 궁지에 몰아넣고 자신의 악을 정당화하려 합니다. 그리고 이런 악인들은 죽지도 않고 오래 오래 이 땅에서 활개 치며 살아갑니다.

그러나 이런 때의 하나님은 당장에 악인을 심판하시기보다 오히려 하나님의 백성에게 달려 오셔서 그를 품어주시고 주의 날개아래 쉬게 하십니다. 충분히 먹게 하시고 마시우게 하십니다. 악인에게서 보호하십니다. 변함없는 당신의 사랑을 확인시켜 주십니다. 계속적으로 그의 인자하심을 베풀어 주십니다. 그리고 악인은 악인의 때에 반드시 엎드러질 것이라고 말씀하십니다. 그때 우리는 다시 복락의 강수로 해갈하게 됩니다.

9절의 생명의 원천이 주님께 있다는 말은 이 세상의 모든 생명을 하나님께서 보호하고 지키신다는 뜻입니다. 여름 날 오후에 쉽게 볼 수 있는 하루살이가 만 하루도 못 되는 시간을 살다 죽지만 그들 나름대로 빠른 번식 과정을 통해 생명의 끈을 이어 나가는 것을 과학이 입증하고 있습니다. 또한 우리가 자주 먹는 배만 보아도 하나님께서 생명의 보존을 위해 베푸신 깊은 섭리를 느낄 수 있습니다. 배는 모양이 둥글어서 나무에서 떨어지면 조금 먼 곳으로 굴러가 싹이 틀 수 있게 되어 있습니다.

또한 껍질은 물은 드나들지 못해도 공기는 통하는 특수한 구조로 되어 있고, 배의 살 부분은 충격을 흡수해 주는 역할을 해서 씨방에 있는 씨앗을 보존해 줍니다. 씨방 주변은 신맛이 나서 사람들이 배를 먹을 때도 씨 부분만은 먹지 않도록 보호 조치가 되어 있는 것을 확인할 수 있습니다.

하물며 하나님의 형상으로 창조된 우리 인간들에게는 얼마나 의미 있는 사랑의 계획을 마련해 놓으셨겠습니까? 예수님은 산상수훈에서 믿음이 적은 현대인들을 이렇게 꾸짖고 계십니다.'오늘 있다가 내일 아궁이에 던지우는 들풀도 하나님이 이렇게 입히시거든 하물며 너희일까 보냐 믿음이 적은 자들아'(마 6:30).

본문 10- 12절을 함께 보겠습니다. "주를 아는 자들에게 주의 인자하심을 계속 베푸시며 마음이 정직한 자에게 주의 공의를 베푸소서 교만한 자의 발이 내게 이르지 못하게 하시며 악인들의 손이 나를 쫓아내지 못하게 하소서 악을 행하는 자들이 거기서 넘어졌으니 엎드러지고 다시 일어날 수 없으리이다" 시인은 주님의 인자하심을 간구합니다. 주의 인자와 의를 갈망합니다. 그리고 시인은 악인의 영향권에서 벗어나기를 기도드립니다. 또한 시인은 주님께 계속해서 자신에게 신실한 사랑과 의를 부어주시기를 간구합니다."정직한 자의 성실은 자기를 인도하거나와 사악한 자의 패역은 자기를 망하게 하느니라"(잠11:3).

정직한 자는 바르고 곧게 사는 사람입니다. 그의 라이프스타일은 성실입니다. 그는 시간과 장소에 따라 가치관을 바꾸지 않습니다. 그는 일관성 있게 자기 길을 걷는 사람입니다. 이런 사람은 예측 가능한 인생을 살아갑니다. 따라서 누구나 그를 믿을 수 있고 쉽게 따라 갈수 있습니다. 이런 사람은 주변 사람들을 편안하게 합니다. 그런데 사악한 자는 비뚤어지고 굽은 사람입니다. 그의 라이프스타일은 패역입니다. 그는 시간과 장소에 따라 가치관을 바꾸는 사람입니다. 그는 술수와 모략에 인생의 성공을 의지합니다. 이런 사람의 인생은 예측 불가능합니다. 누구도 그를 신뢰하기 어렵습니다. 이런 사람이 리더가 되면 주변은 불안해 지고 그 공동체는 늘 혼란스럽습니다. 정직한 자가 누리는 최대의 축복은 자기가 가야 할 길로 인도함을 받는 다는 사실입니다. 정도를 걷는 사람의 결국에는 정직하신 하나님의 구원이 기다립니다. 그러나 사악한 자의 마지막에는 멸망이 기다립니다.

왜냐하면 그는 스스로 가지 말아야 할 길을 선택하며 살았기 때문입니다. 그는 곧 공의로운 하나님의 심판을 만나야 합니다. 무엇이 한 사람을 정직한 사람으로 만들고 무엇이 또 한 사람을 사악한 사람으로 만드는 것일까요? 첫째는 믿음의 차이입니다. 정직한 사람은 정직한 결말을 믿었고, 사악한 사람은 악한 의도를 믿었던 것입니다. 그리고 다음은 습관입니다. 정직한 사람은 정직을 습관으로 만들었고, 사악한 사람은 술수를 습관삼아 살아온 것입니다. "나의 방패는 마음이 정직한 자를 구원하시는 하나님께 있도다"(시7:10). 책을 읽는 분 가운데 고난당하시는 분이 계십니까? 당신의 고통스러운 그 소리가 하나님께 나아가는 기회가 될 것입니다. 하나님을 주인으로 인정하는 계기가 될 것입니다. 무엇이든지 하나님에게 문의하여 지혜를 받아 해결할 것입니다. 하나님의 지혜를 받아 일을 하니 잘된다는 것을 깨닫게 될 것입니다. 그러면서 믿음이 자랄 것입니다. 하나님은 특별하신 방법으로 우리에게 은총을 베푸셨습니다. 우리는 고난의 깊은 바다 속에서 보화를 찾아내야 합니다. 가장 큰 고난이 가장 큰 축복을 가져온다는 사실을 기억합시다. 부디 당신의 고난과 슬픔이 하나님의 은혜로 찬송과 기쁨으로 변하시기를 축원합니다.

자신이 영적인 사람으로 바뀌려면 성령의 인도를 받으면서 노력해야 합니다. 제가 집필한 책들을 보면 좀더 빨리 영적으로 바뀔 것입니다. 충만한 교회 홈페이지 www.ka0675.com 에 들어가시면 저세하게 보실 수 있습니다.

15장 잘되지 않는 이유를 알게 하시는 하나님

(약1:14-15)"오직 각 사람이 시험을 받는 것은 자기 욕심
에 끌려 미혹됨이니, 욕심이 잉태한즉 죄를 낳고 죄가 장성한
즉 사망을 낳느니라"

하나님은 우리를 잘되게 하시려고 예수를 믿게 하셨습니다. 하나님의 뜻은 예수를 믿는 성도가 이 땅에서 영과 진리로 예배를 드리며 마음의 천국을 이루고 삶에서 아브라함의 복을 받아 누리며 살다가 영원한 천국에 입성하는 것입니다. 그런데 어떤 성도는 하는 것마다 잘되고, 어떤 성도는 하는 것마다 안 됩니다. 이유가 무엇일까요? 그것은 영적인 문제입니다. 성령으로 현실 문제를 해결하면서 하나님과의 관계가 열렸는가, 아닌가의 차이에서 나타나는 현상입니다. 하나님과 관계가 열리지 않으니 사단의 집요한 방해가 있다는 것입니다. 이를 방지하기 위하여 하나님은 자신을 준비하는 시간을 갖기를 원하십니다. 하나님의 부름을 받고 교회에 나와서 자신을 준비하는 것입니다. 준비라는 것은 과거를 말씀과 성령으로 자신을 정리하여 에덴동산에서의 영성으로 화복하는 것입니다. 하나님과 관계를 열라는 것입니다.

창세기에 나오는 요셉을 보면 알 수가 있습니다. 요셉이 장차 애굽의 국무총리가 된다는 것을 몰랐습니다. 꿈을 꾸게 했을 뿐이지 장차 애굽의 국무총리가 된다는 것을 몰랐습니다. 하나

님만 알고 계셨습니다. 하나님께서 애굽의 국무총리가 될 것을 아시고 요셉을 훈련하신 것입니다. 훈련이 바로 보디발의 집에서 10년간 종살이를 하는 것입니다. 10년간 종살이로 끝난 것이 아니라, 보디발의 아내의 모함을 받아 감옥에 들어가 3년을 지내게 합니다. 이렇게 종살이 10년 감옥생활 3년을 하면서 요셉을 훈련하십니다. 훈련하시고 때가 되니 바로 궁에 들어가도록 상황을 조성하십니다. 바로 왕이 꿈을 꾸었는데 해석할 자가 없었습니다. 그때 감옥에서 만났던 술 맡은 관원장의 소개로 바로 왕을 만납니다. 사람의 인연을 통하여 하나님의 역사가 일어납니다. 이때까지고 요셉은 국무총리가 된다는 것을 모릅니다. 꿈을 해석해주자 바로 왕이 감동하여 애굽의 총리가 됩니다.

하나님께서는 성도를 불러서 훈련하시고 반드시 시험을 하십니다. 하나님의 말씀대로 순종하는지 순종하지 않는지 믿음을 시험하십니다. 사람이 아무리 달콤한 말로 유혹을 해도 속지 않고 하나님의 말씀을 따르는지 시험하십니다. 하나님의 시험에 통과해야 하나님께 선물을 받으면서 세상을 살아갈 수가 있습니다. 성령의 인도를 받으면서 생명의 말씀을 순수하게 삶에 적용하여 하나님의 시험을 통과하기를 바랍니다. 성도가 예수를 믿고 교회생활을 함에도 불구하고 되는 것이 하나도 없는 이유는 이렇습니다.

첫째, 하나님의 말씀에 순종하지 않아서 당합니다. 하나님의 말씀에 순종하지 않으면 하나님과 관계가 멀어집니다. 하나님과 관계가 없는 사람이 됩니다. 예수를 믿은 성도라도 하나님의 은혜를 받으면서 살아가려면 말씀에 순종해야 합니다. 하나님께서는 요한복음 14장 21절에서 "나의 계명을 지키는 자라야 나를 사랑하는 자니 나를 사랑하는 자는 내 아버지께 사랑을 받을 것이요. 나도 그를 사랑하여 그에게 나를 나타내리라" 하나님의 말씀에 순종하지 않으니 자신이 하는 일에 하나님의 보호가 없는 것입니다. 마귀와 귀신이 역사하니 되는 것이 하나도 없게 되는 것입니다.

창세기 1-2장에 잘 나타나 있습니다. 하나님께서 엿새 동안 홀로 일하셔서 천지를 지으신 장면을 우리는 잘 볼 수 있습니다. 첫째 날 주님께서 어둠을 변하여 빛으로 만드실 때에 그 옆에 아담은 없었습니다. 이튿날 하나님께서 하늘위에 물과 하늘 아래 물로 나누어지고 궁창이 생겨나도록 만드실 때 하나님 곁에 아담은 없었습니다. 셋째 날에 천하의 물이 한곳으로 모이고 육지가 들어나고, 열매 맺는 나무와 풀이 돋아나게 할 때도 하나님 옆에 아담은 없었습니다. 넷째 날에 해와 달과 별들을 지으셔서 낮과 밤을 비추게 할 때도 아담은 그 곁에 없었습니다. 다섯째 날에 공중에 새들과 물속에 가지가지 물고기를 만드실 때도 아담은 그 곁에 없었습니다. 여섯째 날에 하나님께서 각종 짐승과 곤충들을 다 만드실 때도 눈을 닦고 봐도 아담은 그 곁에 없었습니다. 엿샛날 이제 마지막 날 하나님께서 하늘을 쳐다

보아도 있을 것을 다 지어 놓으시고 땅과 바다 밑을 보셔도 지을 것은 다 지으신 후에 하나님께서는 흙으로 사람을 빚으시고 그 코에 생기를 넣어주시니 사람이 생기게 되었습니다.

아담과 하와는 모든 만물을 하나님께서 지으시고 난 다음 제일 마지막에 지으셨습니다. 그러므로 하나님은 마지막 아담과 하와를 지으시고 이레째 쉬셨습니다. 이 사실을 보면 일의 시작도 하나님께서 일의 성취도 하나님 즉, 완성도 하나님께서 홀로 하신 사실을 우린 잘 볼 수 있습니다. 아담과 하와는 맨 나중 지음을 받았습니다. 아담과 하와가 할 일은 하나님께서 이미 다 이루어 놓으신 일을 즐거워하고, 하나님의 말씀에 순종하고 믿고 예배드리며 누리는 일밖에는 다른 할 일이 없었습니다. 아담과 하와가 하나님께 나와서 이런 질문을 했다고 합시다.

"하나님 우리가 지음을 받고 오늘 첫째 날인데 우리가 할 일이 무엇입니까?", "나는 너희들 없이 엿새 동안 만물을 지어놓고 오늘 이레째 나의 안식일이다. 이날이 너희 이 세상에 태어난 첫날이다. 너희 할 일은 아무것도 없다. 너희는 하나님이 지으신 만물을 즐거워하고 기뻐하며 순종하고 믿고 예배하며 누리기만 하면 된다." 그렇게 말씀하실 것입니다.

아담은 하나님의 말씀에 순종해야 하나님께서 창조한 모든 것을 누릴 수가 있는 것입니다. 하나님은 아담에서 말씀을 주셨습니다. 창세기 2장 16-17절 "여호와 하나님이 그 사람에게 명하여 이르시되 동산 각종 나무의 열매는 네가 임의로 먹되,

선악을 알게 하는 나무의 열매는 먹지 말라 네가 먹는 날에는 반드시 죽으리라 하시니라" 그런데 뱀의 유혹에 속아 말씀에 순종하지 못했습니다. 순종하지 못하자 에덴을 떠나 고생의 길에 들어선 것입니다. 여호수아 7장에 보면 아간이라는 사람이 나옵니다. 하나님은 여리고성을 점령하면 "너희는 온전히 바치고 그 바친 것 중에서 어떤 것이든지 취하여 너희가 이스라엘 진영으로 바치는 것이 되게 하여 고통을 당하게 되지 아니하도록 오직 너희는 그 바친 물건에 손대지 말라. 은금과 동철 기구들은 다 여호와께 구별될 것이니 그것을 여호와의 곳간에 들일지니라." (수7:18-19). 말씀했습니다. 그런데 아간은 여리고성을 점령할 때 하나님의 말씀을 불순종하고 하나님의 것을 도적질했습니다. 이 일로 아이성 전투에서 실패합니다. 아이성 전투에서 실패한 여호수아가 하나님께 기도하니 하나님의 것을 도적질 했다고 하십니다. 여호와 앞에서 뽑으니 아간이 뽑혔습니다.

아간이 하는 말입니다. "내가 노략한 물건 중에 시날 산의 아름다운 외투 한 벌과 은 이백 세겔과 그 무게가 오십 세겔 되는 금덩이 하나를 보고 탐내어 가졌나이다 보소서 이제 그 물건들을 내 장막 가운데 땅 속에 감추었는데 은은 그 밑에 있나이다 하더라"(수 7:21). "여호수아가 이스라엘 모든 사람과 더불어 세라의 아들 아간을 잡고, 그 은과 그 외투와 그 금덩이와 그의 아들들과 그의 딸들과 그의 소들과 그의 나귀들과 그의 양들과 그의 장막과 그에게 속한 모든 것을 이끌고 아골 골짜기로 가서, 여호수아가 이르되 네가 어찌하여 우리를 괴롭게 하였느냐 여호와께서 오늘 너를 괴롭게 하시리라 하니, 온 이스라엘이 그를 돌로 치고 물건들도 돌로 치고 불사르고, 그 위에 돌무더기를 크게 쌓았더니 오늘까지 있더라. 여호와께서 그의 맹렬한 진노를 그치시니 그러므로 그 곳 이름을 오늘까지 아골 골짜기라 부르더라"(수 7:24-26). 말씀에 순종하지 않아 가족이 멸망을 당했습니다. 예수님은 마귀가 시험할 때 하나님의 말씀에 순종하여 마귀의 시험을 통과했습니다. 지금 성령이 역사하는 교회 시대를 살아가는 성도들에게 믿음의 본을 보이셨습니다. 성령의 인도를 받으며 말씀에 순종하면 하는 일에 성령의 역사가 일어나 잘 풀립니다.

둘째, 자기 생각대로 행동하기 때문입니다. 예수를 믿는 성도가 자기 생각대로 한다는 것은 마음에 하나님이 계시지 않는다는 증거입니다. 하나님께서 함께하시지 않으니 하는 일에 마귀가 역사하기 때문에 되는 것이 없는 것입니다. 창세기 13장 8절로 9절에 보면"아브라함이 롯에게 이르되 우리는 한 골육이라 나나 너나 내 목자나 네 목자나 서로 다투게 말자 네 앞에 온 땅이 있지 아니하냐 나를 떠나라 네가 좌하면 나는 우하고 네가 우하면 나는 좌하리라" 그러자 육신에 속한 롯이 자기의 생각대로 행동을 합니다. 창세기 13장 10-11저에 보면"이에 롯이 눈을 들어 요단 지역을 바라본즉 소알까지 온 땅에 물이 넉넉하니 여호와께서 소돔과 고모라를 멸하시기 전이었으므로 여호와의 동산 같고 애굽 땅과 같았더라. 그러므로 롯이 요단 온 지역을 택하고 동으로 옮기니 그들이 서로 떠난지라" 롯이 하나님께 물어보지 아니하고 자기의 생각과 마음대로 눈에 좋게 보이는 소돔 땅에 들어갔습니다. 롯이 육의 눈으로 볼 때 소돔과 고모라가 여호와의 동산처럼 좋아서 선택하여 들어간 곳인데 그곳에서 소돔과 고모라 사람들의 불법한 행실 때문에 의로운 심령이 상하고 말았다는 것입니다. 벧후 2장 8절 말씀을 보면 "이 의인이 저희 중에 거하여 날마다 저 불법한 행실을 보고 들음으로 그 의로운 심령을 상하니라"고 했습니다. 의인이라도 소돔과 고모라라는 장소가 롯의 가정을 완전 파괴해버린 것입니다. 소돔과 고모라가 유황불 심판을 받을 때 숟가락하나 제대로 가지고 나오지 못했으며…. 롯의 아내는 소금기둥이 되었으며…. 롯과 딸들은 근친상간까지 하게 됩니다. 의인이라도 자기 마음대로 선택하면 반드시 선택한 대가가 주어지는 것입니다.

다윗은 우리아의 아내 밧세바를 자기 마음대로 범합니다. 밧세바를 자신의 마음대로 범한 연고로 인하여 수많은 가정의 고통을 당합니다. 하나님께 물어보고 행하지 않은 일에는 반드시 고통을 따라오게 되어있습니다.

모세입니다. 바로 궁에서 자란 모세가 하루는 동족이 생각나 사건의 현장에서 애굽 사람이 히브리사람을 치는 것을 발견하고 주변에 아무도 없는 것을 보고 자기 동족을 구하려 애굽 사람을 죽여 모래 속에 감춥니다. 모세가 다음날 현장으로 다시 나가자 히브리동족 두 사람이 서로 싸우는 것을 보고 말리려하자, 그들은 모세가 애굽 사람을 죽인 것을 알고 그 일을 고발하려고 하므로 큰 위기를 느낀 모세는 미디안으로 도망을 갑니다. 하나님의 아브라함과 이삭과 야곱의 약속을 지키시기 위한 섭리와 계획하심에 따라 때를 기다려야 했으나, 모세는 자신의 생각과 자신의 힘으로 동족을 구하려 하다가 광야에 가서 40년간 훈련을 받으면서 스스로 아무것도 할 수 없는 나약함을 깨달았던 것입니다.

예수를 믿고 교회에 들어와 믿음 생활하는 성도들 역시 세상에서 환란과 풍파를 당하는 근본원인은 자기 생각을 가지고 마음대로 하는 것에서 발생을 합니다. 그러다가 모세와 같이 자기 스스로 아무것도 할 수 없다는 나약함을 깨닫게 됩니다. 자신을 알고 세상에서 매사를 행할 때 하나님의 말씀에 따라 행하고 순종하여 환란과 풍파를 당하지 않게 되는 것입니다.

셋째, 무엇을 하면 된다는 잘못된 믿음 때문입니다. 하나님은 마음 중심이 하나님께 행하기를 원하십니다. 하나님은 마음을 다하여 목숨을 다하여 하나님을 사랑하라고 하십니다. 하나님께서 사람을 창조하신 이유가 이렇습니다. 하나님은 사람을 하나님을 담는 그릇으로 지었습니다(롬 9:23). 사람은 마치 장갑이 손을 표현하고, 손의 움직임을 따라 움직이듯, 하나님을 안에 담아 그분을 따라 그분을 표현하도록 지어졌습니다(창

1:26). 그래서 하나님은 사람들이 마음중심으로 하나님을 예배하며, 하나님의 음성을 듣고 순종하며 살아가기를 원하십니다. 하나님은 사람에게 무엇을 해주기를 원하시는 것이 아니고, 하나님의 수족같이 움직여 주기를 원하시는 것입니다.

쉽게 표현한다면 하나님께서 하라는 대로 움직이기를 원하신다는 것입니다. 사도행전 17장 24-25절에서 "우주와 그 가운데 있는 만물을 지으신 하나님께서는 천지의 주재시니 손으로 지은 전에 계시지 아니하시고, 또 무엇이 부족한 것처럼, 사람의 손으로 섬김을 받으시는 것이 아니니, 이는 만민에게 생명과 호흡과 만물을 친히 주시는 이심이라" 하나님은 사람의 손으로 섬김을 받지 않는 분입니다. 하나님은 예수님을 믿는 자들에게 생명과 호흡과 만물을 친히 주신 하나님이십니다.

이제 답이 나왔습니다. 하나님을 위해서 무엇을 하려고 하지 말라는 것입니다. 하나님께서 하라는 대로 순종하라는 것입니다. 내가 무엇을 하면 하나님이 나를 돌보아 주신다가 아니라, 하나님께서 하라고 하는 대로 순종해야 된다는 것입니다. 하나님이 사람을 창조하신 이유가 사람으로 하여금 하나님을 표현하게 하려고 사람을 창조하신 것입니다. 하나님께서 사람을 만드신 목적은 창세기 1:26에 기록되었습니다. "하나님이 가라사대 우리의 형상을 따라 우리의 모양대로 우리가 사람을 만들고 그로 바다의 고기와 공중의 새와 육축과 온 땅과 땅에 기는 모든 것을 다스리게 하자 하시고" 하나님은 사람을 만드신 목적이 땅과 땅에 속한 생물을 다스리기 위한 것임을 알 수 있습니다.

그러나 인간의 타락으로 사람은 땅과 땅에 속한 모든 것을 정상적으로 다스릴 수 없게 되었습니다. 그러므로 사람에게 다스림을 받아야 할 피조물도 정상적인 다스림을 받지 못한 것입니다. 이것은 인간의 타락에 따라 그들도 같이 저주를 받았기 때문입니다(창 3:17). 그래서 우리가 해야 될 일은 마귀에게 빼앗긴 영역을 되찾아 오는 것이지, 무엇을 하면 하나님이 감동하셔서 원하는 것을 이루어 주시는 것이 아닙니다. 사람이 영이신 하나님을 감동시키려니 얼마나 힘이 들겠습니까? 하나님은 말씀과 성령으로 무장한 권능을 사용하는 군사가 되는 것입니다.

많은 목회자들이 성도들에게 헌금을 하게 하려고 마태복음 19장 27-30절을 애용합니다. 베드로가 예수님에게 이야기했습니다(마태 19:27~30). "보소서 우리가 모든 것을 버리고 주를 따랐사온대 그런즉 우리가 무엇을 얻으리이까?" 이에 예수께서 대답하셨습니다. "세상이 새롭게 되어 인자가 자기 영광의 보좌에 앉을 때에 나를 따르는 너희도 열두 보좌에 앉아 이스라엘 열두 지파를 심판하리라. 또 내 이름을 위하여 집이나 형제나 자매나 부모나 자식이나 전토를 버린 자마다 여러 배를 받고 또 영생을 상속하리라." 이를 설명하면 이렇습니다. '세상이 새롭게 되어'란 예수님이 부활하셔서 승천하시면 하나님의 영광스러운 보좌에 앉는다. 나(예수님)를 따른 "그대들도 열두 보좌에 앉아서, 이스라엘의 열두 지파를 심판할 것이다."이는 예수님을 따르면 이 땅에 하나님의 나라를 건설하다가 예수님이 재림하시면 열두 보좌에 앉아서, 이스라엘의 열두 지파를 심판할 것이라는 뜻입니다. "내 이름을 위하여 집이나 형제나 자매나 부모나 자식이나 전토를 버린 자마다 여러 배를 받고 또 영생을 상속하리라" 예를 든다면 혈통의 유산 상속을 포기하고('버린 자마다'라는 뜻은 세상에 마음이나 소망을 두지 않고) 예수님을 믿고 성령으로 거듭난 영의 사람이 되어 예수님을 주인으로 모시면 이 땅에서나 하늘에서 영생을 얻게 된다는 말입니다.

우리는 이 말씀을 바르게 이해해야 합니다. 예수님을 주인으로 모시는데 방해가 되어 전토와 혈육을 버린 자에게 여러 배로 돌려주고 영생을 선물로 준다는 말씀입니다. 아무런 조건이 없이 예수님을 주인으로 모시는데 방해가 되어서 전토를 버리고 혈육을 버린 사람을 말합니다. 더 깊게 설명하면 전토와 혈육으로 인하여 온전하게 영이신 예수님을 주인으로 모시는데 방해가 되어 버린 것을 말하는 것입니다. 만약에 예수님을 주인으로 모시기 위하여 자신을 준비하며 소유가 없어졌더라도, 예수님이 원하시는 심령으로 변화되면 여러 배로 돌려받고, 영생까지 소유한다는 말입니다. 육적인 상태에서 인간 생각과 조건을 가지면 하나님의 손이 움직이지 않습니다. 소유를 팔아서 하나님께 바쳤다고 바로 돌려받는 것이 아니라, 예수님이 원하시는 심령으로 변화되었을 때 돌려받게 됩니다.

마태복음 19장 20-22절에 부자 청년의 이야기가 나옵니다.

"가서 네 소유를 팔아 가난한 자들에게 주라"는 말의 영적인 뜻은 청년에게 땅에 것에 소망을 두지 말고 예수님을 쫓으라는 것입니다. 이 청년은 자신의 의로 충만한 사람이라는 뜻입니다. 한마디로 땅에 가진 것이 많은 사람입니다. 그런 땅의 것이 많은 상태로는 예수님을 마음 중심에 주인으로 모시고 따를 수가 없다는 것입니다. 그래서 소유를 버리고 마음 중심으로 예수님을 따르라는 말입니다. 하나님은 단지 우리의 행위가 아닌 마음 중심의 사랑을 받고 싶으신 것입니다. 마음 중심으로 예수님을 주인으로 모시고 따르라는 것입니다. 하나님을 중심에 모시기 위하여 내 것을 내려놓을 때 하늘의 보화인 그리스도가 우리 가슴속에 충만해지는 것입니다. 그런데 청년은 예수님의 말씀을 육으로 해석하여 가진 것이 아까워서 따르지를 못한 것입니다. 예수님의 말씀대로 순종했으면 돌려받을 수 있었습니다.

하나님은 이렇게 중심이 하나님의 것이 되기를 원하십니다. 그렇기 때문에 자신이 신학을 하여 목사를 하면 내 질병이 치유된다. 우리 가정 물질 고통이 해결된다. 사업의 어려움이 해결된다. 내가 소유를 팔아 하나님께 바치면 문제가 해결된다. 자신이 하나님을 열심히 섬기면 우리 자녀들이 잘된다. 자신이 열심히 기도하면 우리 딸의 질병이 치유된다. 이렇게 무엇을 하면 된다는 행위의 신앙은 잘못된 신앙으로 문제의 원인이 해결되지 않는 것입니다. 하나님은 영이십니다. 마음중심으로 영이신 하나님을 주인으로 모시는 신앙이 되어야 합니다. 무엇을 하면 나의 문제가 해결된다. 이는 잘못알고 오해한 신앙입니다.

자신이 말씀과 성령으로 장악이 되어 마음 중심이 하나님께 향하여 하나님의 음성을 듣고 순종해야 성령의 역사로 문제가 해결되기 시작을 합니다. 그러니까, 말씀과 성령으로 치유되어 하나님의 마음이 합한 심령이 되지 않으면 아무리 열심히 해도 하나님의 역사는 일어나지 않습니다. 하나님은 영이신 자신과 교통하여 하나님의 말씀을 듣고 순종하는 영적인 성도를 원하시는 것입니다. 자신을 만드는 시간을 갖아야 합니다. 즉, 땅의 사람이 하늘의 사람으로 바뀌는 시간을 가져서, 에덴동산에서의 영성을 회복하면 하나님의 축복을 받게 된다는 것입니다. 혈통의 문제가 해결이 되어 하나님의 음성을 듣고 순종할 수 있어야 합니다.

넷째, 방해하는 세력이 있기 때문입니다. 많은 성도들이 실패하는 이유가 있습니다. 자신에게 역사하면서 되는 것이 하나도 없게 하는 존재가 있다는 것을 망각하고 살아갑니다. 이 방해하는 영적인 존재가 떠나가지 않으면 방해하는 세력으로 인하여 무엇을 해도 되지 않는 것입니다. 예를 들어 설명하면 공무원으로 지내던 성도의 친가에서 '남묘호랭객교'를 믿어 영적 정신인 고통이 찾아왔습니다. 도저히 직장 생활을 할 수 없는 처지가 되었습니다. 어느 신령한 사람에게 찾아가서 상담을 했더니, 당신은 사명이 있는데 사명을 감당하지 않아 영육의 문제가 왔다는 것입니다. 신학을 하여 목사가 되어 사명을 감당하면 영적 정신적인 질병이 치유된다는 것입니다.

그래서 본인이 금식을 하면서 기도했더니 마음에 감동하기를 신학을 하여 목사를 하라는 감동이 자신을 주장했습니다. 그래서 직장을 그만두고 신학을 했습니다. 목사가 되었습니다. 목회가 되지 않습니다. 왜 사명을 감당하려는데 목회가 되지 않을까요? 조상들이 남묘호랭객교를 믿게 한 영적존재가 방해하기 때문에 목회가 되지 않는 것입니다. 이 분은 영적인 면에 무지하여 불필요한 고통을 당한 것입니다. 직장 생활을 못하게 영적 정신적인 고통을 받게 한 세력은 남묘호랭객교의 영입니다.

자신은 금식하며 기도하여 하나님의 응답을 받았다고 하는데 응답한 존재는 남묘호랭객교의 영입니다. 남묘호랭객교의 영이 잘 되지 못하게 방해하기 위하여 신학을 하여 목회를 하라고 응답한 것입니다. 자신은 하나님의 음성을 듣고 결정했다고 우기지만 영적으로 보면 귀신입니다.

이 분은 이를 인정하고 남묘호랭객교의 영과 싸워서 이겨야 목회가 됩니다. 절대로 남묘호랭객교의 영이 떠나가지 않으면 목회는 되지 않습니다. 이분이 직장생활을 할 때 자신이 직장 생활을 못하도록 영적 정신적인 문제를 일으킨 존재가 귀신이었다고 알았다면 말씀과 성령으로 치유 받아 남묘호랭객교의 영을 몰아냈으면 직장생활을 계속했을 것입니다. 이렇게 남묘호랭객교의 영이 역사하는 성도가 이 영적인 문제를 해결 받지 않고 "다른 일을 해도"되지 않습니다. 하는 것마다 실패합니다. 반드시 말씀과 성령으로 치유하여 심령에 천국이 이루어져야 무엇을 해도 잘되는 것입니다. 예수를 믿는 성도가 말씀과 성령의 역사로 심령이 장악되어 하나님의 나라가 되면 하나님께서 성령으로 역사하시기 때문에 잘되게 되어있습니다. 자신이 그릇이 되면 하나님께서 무엇을 하도록 인도하신다는 것입니다. 그렇기 때문에 무엇이 잘 안되면 다른 것을 하려고 하지 말고 지금 현재 안 되는 원인을 찾아서 해결해야 되는 것입니다. 자신을 하나님의 나라를 만들라는 것입니다. 본인이 깨달아 인정하고 관심을 가지고 바꾸려고 하고 성령이 역사해야 가능한 일입니다.

어떤 분이 개인 사업을 하다가 사업이 되지 않아 부도가 나서 도저히 할 수가 없었습니다. 어머니가 하시는 말씀이 할머니가 무당을 했다는 것입니다. 신령하다는 사람을 찾아가 예언을 들으니 목회 사명이 있으니 신학을 하여 목사가 되어야 한다는 것입니다. 그래서 철야하며 자신이 기도하니 목회를 하라는 감동이 왔습니다. 결론을 말씀드리면 이분이 목사가 되어 목회를 하면 목회역시 되지 않습니다. 왜 그럴까요? 혈통에 역사하는 무당의 영이 계속 역사하면서 잘못되게 하여 영육의 고통을 가하여 망하게(죽게) 하려고 역사하기 때문입니다.

이분은 신학교 가서 공부하여 목사가 되는 것이 우선이 아니고, 생명의 말씀과 성령의 역사로 자신의 혈통에 역사하는 악한 영의 역사를 치유를 받아야 합니다. 악한 영의 역사가 치유되면 목회 하지 않고 사업을 해도 잘됩니다. 무슨 사업이나 장사를 해도 늘 잘 되는 사람이 있고, 반대로 늘 안 되는 사람이 있습니다. 그 배경에는 우선 사단의 집요한 방해가 있다는 사실을 인식하기 바랍니다. 생명의 말씀과 성령의 역사로 하나님과 관계를 열어 방해하는 세력을 몰아내야 늘 잘되는 사람이 될 수 있습니다. 아브라함의 복을 누리려면 자신과 생업에 하나님의 나라가 이루어져 방해하는 세력이 떠나가야 무엇이든 잘 됩니다.

다섯째, 예수님을 누리지 못해서 당합니다. 예수를 믿고 성령으로 거듭난 성도는 영적인 존재입니다. 그런데 일부 목회자와 성도들이 영적이지 못합니다. 상식적으로 합리적으로 믿음생활을 합니다. 예수를 믿는 것과 교회에 헌금하는 것, 목회자가 되는 것, 이런 일들을 성령께서 하도록 인도하신다고 믿어버립니다. 성령님만이 그렇게 인도했다고 의심 없이 믿어버립니다. 알고 보면 아닙니다. 마귀와 귀신들도 음성을 들려주고, 미혹한다는 것입니다. 한마디로 말해서 귀신이 목회자가 되도록 감동하고, 예수를 믿게 하고, 교회에 헌금도 하게하고, 재산도 팔아서 교회에 바치게 한다는 것입니다. 그러나 되지 않습니다. 귀신이 방해하기 때문입니다. 그렇게 하여 점점 더 하나님과 멀어지게 만드는 것입니다.

그러나 성령의 역사가 일어나는 곳이나 집회는 악착같이 방해한다는 것입니다. 만약에 가려하면 부부간에 불화가 일어나게 합니다. 생각하지 못한 일이 일어나 가지 못하게 합니다. 만약에 들어갔다면 꾸벅꾸벅 졸게(필자가 많이 체험했습니다) 만들고, 마음에 강한 거부가 일어나게 하여 장소를 이탈하도록 역사한다는 것입니다. 영적인 면에 무지하고 순진하면 당한다는 것입니다. 주변에 보면 무당이 예수를 믿으라고 했다는 것입니다. 귀신이 어느 교회로 가라고 했다는 것입니다. 귀신이 그 교회는 가도 되고, 어느 교회는 가면 안 되다고 한다는 것입니다. 만약에 귀신이 가지 말라고 한 교회를 갔다가 오면 머리가 아프고 어지럽게 하는 고통을 가한다는 것입니다. 그러니 자신하고 맞지 않다고 가지 않는 것입니다. 어찌하든지 귀신은 합리를 이용하여 귀신에 대하여 무지하게 만들고 관심 밖으로 여기게 하여 떠나가지 않습니다.

사도행전에 16장 17-18절에 보면 "그가 바울과 우리를 따라와 소리 질러 이르되 이 사람들은 지극히 높은 하나님의 종으로서 구원의 길을 너희에게 전하는 자라며, 이같이 여러 날을 하는지라 바울이 심히 괴로워하여 돌이켜 그 귀신에게 이르되 예수 그리스도의 이름으로 내가 네게 명하노니 그에게서 나오라 하니 귀신이 즉시 나오니라" 귀신들의 방해를 방지하기 위하여 성령을 체험해야 합니다. 초대교회는 성령의 역사로 인하여 교회가 탄생했습니다. 바울도 아나니아가 안수하여 눈에서 비늘이 벗어진 다음에 사도로서 임무를 감당했습니다. 이런 귀신들의 영향에서 벗어나는 길은 성령의 역사밖에 없습니다. 생명의 말씀과 성령의 역사로 하나님과 교통하는 사람으로 바뀌어야 합니다. 그래서 초대교회로 돌아가자고 하는 것입니다.

4부 문제를 해결하시는 하나님

16장 성령의 인도를 받게 하시는 하나님

(롬8:13-14)"너희가 육신대로 살면 반드시 죽을 것이로되 영으로써 몸의 행실을 죽이면 살리니, 무릇 하나님의 영으로 인도함을 받는 그들은 곧 하나님의 아들이라."

하나님은 성도가 성령으로 세례를 받고 기도하면 성령으로 인도하시면서 현실문제를 해결하시면서 군사를 만들어 가십니다. 하나님은 성령의 인도를 받아 하나님의 뜻에 부합된 삶을 살아가라고 하십니다. 왜 우리가 성령의 인도를 받아야하나? 성령의 인도를 받지 않으면 하나님에게 쓰임 받지 못하고 방황만 할 수 있기 때문입니다. 또 잘못하면 하나님의 축복을 받지 못하고 인생을 고생 만하다가 마칠 수가 있기 때문입니다. 성령의 인도를 받는 삶이란 무엇입니까? 하나님의 아들 자녀이면 당연한 것입니다. "무릇 하나님의 영으로 인도함을 받는 그들은 곧 하나님의 아들이라"(롬 8:14). 하나님의 자녀는 성령의 인도를 받아야 합니다. 영적인 사역은 성령의 인도 없이는 불가능하기 때문입니다.

첫째, 성령의 인도함을 받아야 하나님의 아들이다. 우리가 깨달아야 할 것은 하나님의 성령으로 인도함을 받는 그들이 곧 하나님의 아들이라고 말한 것입니다. 이러므로 하나님의 아들이 된 사람이면 그 누구를 불문하고 성령의 인도를 받을 자격이 있고 권리가 있는 것입니다. 성도는 반드시 성령의 인도함을 받아야 합니다. 그런데 하나님의 성령의 인도를 어떻게 받을까요? 성령의 인도를 받으려면 우리의 모든 지성을 다 버리고, 이성을 다 버리고 성령으로 몽롱하게 되어서 '주여! 인도하여 주시옵소서' 마치 죽은 사람처럼 이렇게 해서 성령의 인도를 받는 것입니까? 대부분의 사람들은 성령의 인도를 받으려면 자기 지성도 버려야 됩니다. 자기 이성도 버려야 됩니다. 그래서 완전히 몽롱한 상태에 들어가야 성령의 인도를 받는 줄 알고 있는데 그러한 상태는 신비주의인 것입니다. 이것은 대단히 위험한 것입니다. 하나님께서 우리를 만드실 때 우리의 지성을 만들어 주셨습니다. 우리에게 지혜를 주시고 이성을 주신 것은 이걸 내버리라고 주신 것이 아닙니다. 우리의 지성과 이성은 사용하라고 주신 것입니다.

이러므로 하나님의 성령께서 우리를 인도하실 때 우리 속에 와서 계신 성령님은 가장 평범하게 성령님의 지성을 우리의 지성에 주셔서 깨달음을 통하여 인도하시는 것입니다. 이성의 기능이 성령의 지배를 받는 영의 상태에서 기도하거나 말씀을 묵상할 때 문제에 대한 해결방법을 깨닫게 하십니다. "이렇게 하라. 저렇게 하라." 성령은 우리의 지성을 무시하지 않습니다. 우리의 지성에 하나님께서 성령의 지성으로 깨닫게 해주셔서 깨달음을 통하여 성령이 인도해 주시는 것입니다.

그렇기 때문에 범사에 성령의 인도를 받으려면 성령님을 인정하고 환영하고 모셔드릴 뿐만 아니라 문제가 생겼을 때 "성령이여 내게 깨달음을 주시옵소서. 이것이냐 저것이냐 깨달음을 주시옵소서. 이 길이 옳으냐? 저 길이 옳으냐? 깨달음을 주시옵소서. 어느 것이 하나님의 뜻인지 깨달음을 주시옵소서." 깨달음을 바라고 성령으로 기도할 때 하나님의 성령께서 우리에게 빛을 비추어서 깨닫게 해주십니다. 그 깨달음대로 순종하고 걸어가면 성령의 인도를 받는 것이 되는 것입니다.

이러므로 대소사 성령의 인도를 받는 것이 그렇게 어렵지 않습니다. 저는 지금까지 목회를 해오면서 하나님께서 무슨 꿈이나 환상이나 음성으로 저에게 계시해 주신 것은 적습니다. 거의 모든 일이나 문제를 놓고 하나님께 엎드려서 성령의 인도를 간절히 바랄 때 성령께서 저의 마음에 깨달음, 감동을 주셨습니다. 그러므로 무슨 감동도 젖혀버리고 이성도 젖혀버리고, 그렇게 해서 무슨 몽롱한 입신 상태에서 계시를 받는 그런 것은 없습니다.

그런 것은 신비주의지 그것은 성령의 인도라고 볼 수 없는 것입니다. 하나님의 성령은 인격자이기 때문에 우리에게 인격적으로 인도하셔서 우리의 인격을 무시하지 않습니다. 우리가 기도할 때 성령께서 깨달음을 주셔서 이 길이 하나님의 길이라는 것을 알고 걸어가게 만들어 주시는 것입니다. 그러므로 누구든지 하나님의 성령 앞에서 성령의 인도를 받을 수가 있는 것입니다.

그 다음 성령께서는 또한 우리의 감정을 통하여 인도하시는 것입니다. 대소사에 하나님의 성령은 우리의 감정을 무시하지 않습니다. 어떠한 사람들은 "신앙 안에 들어오면 감정을 무시해 버려야 한다."이렇게 말합니다. 저는 그런 사람들 웃기는 소리를 한다고 생각합니다. 자신의 감정을 버린 사람은 사람이 아닙니다. 사람은 모두 다 감정을 가지고 삽니다. 다만 자신의 감정이 하나님의 감정에 화합을 하게 해야 합니다.

희노애락(喜怒哀樂)의 감정이 없는 사람은 목석이지 그게 어디 사람입니까? 우리의 생활에는 끝없는 감정 속에서 살아갑니다. 기뻐하고, 성내고, 슬퍼하고, 즐거워하는 이 감정, 희노애락(喜怒哀樂)의 감정, 이것을 어떻게 사람과 분리할 수 있는 것입니까? 신앙이라는 것은 찬송을 부르는 것도 감정이요, 감사하는 것도 감정이요, '아멘', '할렐루야'하는 것도 감정이요, 감정을 무시하고 이성만 가지고 신앙을 가질 수는 없는 것입니다.

하나님께서는 성령의 역사로써 우리 감정을 순화시킵니다. 성령은 감정을 가지고 계십니다. 그렇기 때문에 성령이 우리 감정을 통해서 인도하십니다. 성령이 우리의 감정을 성령의 감정과 화합하게 하는 것입니다. 감정이 감성이 되게 하십니다. 그래서 순종하게 하는 것입니다. 또한 어떠한 일을 위해서 기도할 때 안 될 일은 하나님의 성령께서 우리의 마음속에 거센 거부 반응을 일으키는 것입니다. 막 싫어지고 미워지고 불안해지고 그렇게 되는 것입니다. 거부 반응이 일어납니다. 저는 그럴 때가 많습니다.

어떠한 일을 하려고 할 때는 인간적으로 생각할 때 모두 좋다고들 하는데 기도를 하면 마음속에 거부 반응이 일어납니다. '싫다, 이거 하면 안 된다'이것은 아니다.' 마음에 거부가 옵니다. 그런 일에 과거에 제가 그럼에도 불구하고 인정에 끌려서 손을 대었다가 백전백패를 했습니다. 아주 그냥 큰 실망을 했습니다. 그러므로 하나님의 성령께서 우리 감정에 거부 반응을 일으켜서 불안해지고 싫어지고 미워지고, 크게 싫은 반응이 일어나는 것입니다.

우리가 기도할 때 그러한 거부 반응이 일어나면 이것은 하면 안 되는 것입니다. 그러나 성령께서 긍정적인 반응을 주실 때는 마음에 소원이 일어납니다. 성경의 빌립보서에도 하나님께서"자기의 기쁘신 뜻을 위하여 너희로 소원을 두고 행하게 하시나니." 하였습니다. 마음속의 뜨거운 소원이 일어나고, 거기에 보태져서 평안하고, 기쁨이 오고, 확신이 오고, 마음이 끌립니다. 기도할 때마다 그런 일이 일어납니다. 그러면 그 길을 택해야 됩니다.

그래서 하나님께서는 지성에 깨달음을 주시고 감정에는 거부 반응이나 긍정적인 반응을 통해서 하나님의 뜻을 보여 주십니다. 그 다음에 이제 우리는 결단을 내리게 되는 것입니다. 자아의 의지를 하나님께 굴복시켜 맡기면 주님의 뜻이 임하여서 성령으로 우리의 마음속에 선택의 결정을 내리게 되는 것입니다.

이것이 다 마음속에 결정되어서 하나님의 뜻을 알고, 우리가 일어나서 눈에는 아무 증거 안보이고 귀에는 아무 소리 안 들리고 손에는 잡히는 것 없어도, 조금도 좌우로 흔들리지 아니하고 앞으로 전진하며 나아갈 수 있는 그러한 힘이 생겨나는 것입니다. 이렇기 때문에 오늘 이 시간에 성령의 인도를 받는다고 해서 기상천외의 무엇을 바라고 어떤 신령한 사람이 되어야만 성령의 인도를 받는다고 생각하지 마십시오.

하나님의 성령은 바람같이 우리 가운데 역사하시며 지금 우리 속에 와 계시는 것입니다. 주님께서 말씀하시기를 "내가 너희를 고아와 같이 버려두지 아니하고 너희에게로 오리라. 내가 아버지께 구하겠으니 그가 또 다른 보혜사를 너희에게 주사 영원토록 너희와 함께 있게 하시리니"라고 말씀하신 것입니다. "성령은 너희 안에 거하실 것이라"고 말씀했으므로 오늘 이 시간에 우리 안에 계십니다. 바람을 보지 못해도 바람을 숨쉬고 사는 것처럼 성령을 보지 못해도 우리는 성령을 마시고 삽니다.

성령이 우리 속에 계셔서 우리의 지성을 통하여, 우리의 감정을 통하여, 우리의 의지의 결단을 통하여, 가장 평범한 가운데서 가장 조용한 가운데서 우리를 매일 매일 대소사에서 인도하기를 원하시고 계신 것입니다. 그렇기 때문에 우리가 하나님의 아들이면 오늘날 평범한 생활 가운데서 늘 성령의 인도를 기대하며 성령님의 인도를 받고 살아야 합니다. 그렇게 할 때 우리의 생애 속에 하나님의 뜻이 줄기차게 성취될 수 있을 것입니다.

둘째, 성령의 인도함을 받기 위해서는. 성령 안에서 기도하고, 성령 안에서 찬송하며, 성령 안에서 봉사하고, 성령 안에서 치유하며, 성령 안에서 사는 법을 배워야 합니다(빌3:3).

1) 성령 안에서 기도하는 생활을 통하여 성령의 인도를 받으라. 기도는 영혼의 호흡이요, 하나님과의 대화라고 합니다. 이것은 가장 깊숙한 곳에 거하는 영의 흐름이 외부적으로 흘러나오는 것입니다. 영력이 흘러나오고 영적 생명이 흘러나옴으로 영에 몰입됨으로 인하여 성령 안에서 기도할 수 있게 되는 것입니다. 영력은 우리 몸의 지성소인 영속에 임재 하여 계시는 하나님의 능력입니다. 우리가 지성소에 계시는 하나님을 만나기 위해서는

성령의 인도를 받는 깊은 영의 기도가 되어야합니다.

이 기도를 통하여 하나님으로부터 주어지는 각종 은혜와 능력과 응답을 받게 됩니다. 이러한 기도를 통하여 하나님으로부터 주어지는 생명이 우리의 심령을 거룩하게 만들어가고, 영적인 생명과 능력을 키워 나가는 것입니다. 열매가 맺어지고 영적인 지각이 예민해지고 영성이 개발되어집니다.

그러므로 성령 안에서 기도하는 훈련이 필요합니다. 우리의 간구는 마음의 소원이나 원하는 바를 구함으로 성령 안에서 기도하기가 심히 어렵습니다. 그러나 영으로 기도하고 마음으로 기도하면 성령 안에서 기도하기가 쉬워집니다. 성령에 몰입되어 아무런 자신의 생각이나 욕심도 없이 오로지 하나님으로부터 주어지는 것을 받게 되는 기회가 되기 때문에 영으로부터 주어지는 각종 은혜와 능력과 은사가 넘치게 됩니다.

영적인 기능과 지각이 발달됨으로 성령의 인도함을 따르는 성도가 됩니다. 성령 안에서 기도하기 위하여 성전 뜰에서 먼저 육신의 생각으로 기도하지만, 시간이 흐르고 마음이 안정이 되고, 생각이 주님의 사랑과 말씀을 묵상하면서 진지하고 순전한 마음으로 하나님의 성소에서 깊어지는 영의기도를 하게 됩니다.

그러나 하나님이 찾아오시는 경우에는 다르겠지만, 내가 하나님께 나아가는 경우가 대부분이기에 이때는 지성소로 나아가야 하는 것입니다. 마음으로 하나님을 부르면서 지성소에 계시는 하나님을 찾아 들어가야 합니다. 내 생각과 구하는 것까지 모두 저 버리고, 오로지 성령 안에 깊이 사로잡히는 경지에 들어가서,

기도 줄을 잡고, 시간도 의식하지 않는 깊은 경지에 몰입되어지는 상태에서 주님과 더불어 주거니 받거니 하거나, 성령님과 주거니 받거니 하는 기도는 성령의 인도함을 따르는 깊은 기도 훈련으로 숙달되는 것입니다.

2) 영으로 사는 삶을 통하여 성령의 인도를 받으라. 하나님은 데살로니가 전서 5장 17-18절에서 "항상 기뻐하라. 쉬지 말고 기도하라. 범사에 감사하라 이는 그리스도 예수 안에서 너희를 향하신 하나님의 뜻이니라." 고 말씀하십니다. 항상 영의 상태가 되게 하라는 것입니다. 영의 상태가 되어야 영이신 하나님과 교통할 수가 있기 때문입니다.

영으로 사는 삶은 ① 항상 기뻐하는 삶입니다. 육신대로 살지 않고 영으로서 몸의 행실을 죽이는 삶의 훈련(롬8:13-14)인데, 이것은 겉 사람이 분을 품거나 혈기를 내는 일을 당하더라도, 속 사람은 외부의 영향을 받지 아니하고 평안을 유지하며, 항상 기뻐하는 삶을 삽니다. 속칭 내 영을 지킨다는 말로 표현되고, 내 영이 훈련되어 강한 사람은 외부의 영향권에서 벗어나서, 환경을 초월하여, 안정된 심령으로 평안과 기쁨을 유지 할 수 있게 됩니다.

② 범사에 감사하며 사는 삶입니다. 원망하고 불평하면 혈기가 나오지만 범사에 감사하면서 살면 혈기가 죽어지고, 영적인 민감한 지각력이 생기게 되고, 직관의 민감한 반응의 느낌을 따르는 자기를 죽이는 훈련을 하게 되어, 영과 혼을 분별하게 됩니다(롬8:5-6).

③ 쉬지 않고 기도하는 삶입니다. 기도생활을 잠시라도 중단

하면 육이 발동하게 됩니다. 육을 죽이기 위해서는 기도 생활을 쉬지 말아야 하는데, 특별히 방언기도와 방언 통역을 통한(고전 14:14) 기도훈련은 영적으로 교통하는 가장 적극적인 방편입니다. 영으로 기도하며 마음으로 기도하는 이 방법이 영으로 교통하는 가장 빠른 지름길입니다. 이 기도는 깊은 기도에 몰입하여 대화하는 기도입니다. 기도할 때 영(속사람)의 기도에 익숙해지면 우리의 혼은 여러 가지 생각으로 세상의 일들을 하기에 바쁘고, 육신적인 일들에 바쁠지라도 우리의 속사람은 쉬지 않고 기도하는 삶을 살수가 있게 됩니다. 이러한 영적 삶을 통하여 영의 실체와 움직이는 느낌을 알 수 있고 지각 할 수 있어야 합니다. 이러한 지각이 성령의 능력과 은사로 나타나게 되며, 성령의 인도함을 따를 수 있게 됩니다.

3) 영육의 질고를 치유하는 사역을 통하여 성령의 인도를 받으라. 질병의 원인이 무엇일까? 어느 때에 성령이 역사하며 성령이 어떻게 역사하여 병을 고치는가? 안수하면 왜 병이 고쳐지며, 그리고 왜 넘어지는 사람이 생기고, 발작하는 사람이 생기는가? 귀신이 어떤 사람들에게 들어가고 어떻게 잠복되어 있는가? 등을 알려는 노력은 영적인 눈을 뜨게 만들고, 성령사역과 귀신의 사역을 분별하고 이해하게 되어 영적인 것이 무엇인가를 보다 더 현실적으로 경험하게 되고 영적인 기능이 발달되어집니다.

왜 이 사람을 하나님이 고치시지 않는가? 등을 기도하면 응답받는 여러 가지 현상을 통하여 성령사역에 대하여 관념적으로 이해하던 것을 실제적이고 구체적으로 이해하게 됩니다. 영적으로 변화되지 않는 것은 내 속에 임재하신 성령이 역사하고, 성령에 의하여 일어나는 여러 가지 현상들을 이해 할 수가 있어야 하는데, 이는 결코 지식이나 연구로는 되지 않는 일입니다. 실제 성령의 인도를 받으며 환자를 치유하면서 체험해야 알 수 있는 일입니다. 그러므로 성령의 역사를 통한 치유사역 보다, 더 구체적이며, 실제적이고 다양한 성령사역은 없을 것입니다. 영적 투쟁의 분명한 원인과 결과를 다루는 이 사역이야말로 영적인 현상들을 이해하는데, 가장 적합한 수단이 될 것입니다. 성령에 의한 치유사역을 부인하는 경우는 대부분 성령에 대한 실제적인 능력으로 인정하지 않는 불신앙에 있는 것입니다.

그러므로 이러한 치유사역의 훈련은 성령의 인도함을 따르는 훈련이 가장 으뜸이 되리라 봅니다. 그러나 가장 영적이면서도 가장 하나님을 가까이 하는 수단이 되기 때문에, 그리고 사단이 가장 직접적으로 노출되어지고 추방되어지는 분야이기 때문에, 사단이 기를 쓰고 방해하는 분야도 이분야인 것입니다.

셋째, 성령의 인도에 절대적으로 순종하라. 현실 문제를 해결 받으려면 성령의 인도를 받는 것이 필수입니다. 하나님께서는 성령을 통하여 크리스천의 문제를 해결하게 하시기 때문입니다. 성령의 인도에 순종해야 합니다. 현실 문제를 해결 받으려면 기도해야 합니다. 기도하여 하나님의 음성을 들어야 합니다. 그렇기 때문에 현실적인 문제가 있으면 세상 적이고 이성적인 방법으로 해결하려고 하지 말고 먼저 하나님께 기도해야 합니다. 하나님은 현실 문제를 통하여 육신에 속한(아브람) 크리스천을 영에 속한 크리스천(아브라함)로 바꾸신다는 것을 알아야 하고 믿어야 하고 행해야 합니다. 직접 말씀하시는 하나님의 뜻을 알아야 현실 문제를 하나님의 방법으로 해결 받을 수 있기 때문입니다. 예수를 믿고 교회에 나와 믿음 생활하는 크리스천은 하나님의 자녀입니다. 하나님의 자녀는 하늘에 시민권이 있습니다. 이제 하나님께서 주시는 것으로 살아야 합니다. 영육의 문제도 하나님이 알려주시는 방법으로 해결해야 합니다. 하나님께서는 자녀들의 문제를 하나님의 사람을 통하여 해결하십니다. 세상에서 해결하지 못하는 문제도 하나님께 기도하면 하나님께서 하나님의 사람을 만나게 하여 해결하십니다. 하나님의 사람을 만나서 하라는 대로 순종하면 문제가 해결이 됩니다. 하나님은 해결하지 못하는 것이 없습니다. 하나님께 질문하세요. 하나님은 문제를 통하여 하나님께 기도하게 하십니다. 대화하기를 원하신다는 것입니다. 하나님께 직접적으로 음성을 듣기를 원하신다는 것입니다. 물어보세요. 자신의 현실 문제를 어떻게 해야할지를 지속적으로 물어보시기를 바랍니다.

어떤 목사님이 목회하시다가 과로하여 영적이고, 정신적이고, 육체적인 질병이 발생하여 2년여 동안 이곳저곳을 헤매며 치유를 받으려고 했습니다. 능력이 있다는 유명한 목사님에게 안수를 받기를 수도 없이 했다는 것입니다. 병원에 가서 처방을 받아 약을 먹어도 소용이 없었습니다. 한의원에 가서 침을 맞고 한약을 먹어도 소용이 없었습니다. 결국 치유를 받지 못했습니다. 그러다가 새벽에 기도하는데 기독서점에 가서 책을 사서 보라는 감동이 오더랍니다. 시간이 되어 책을 사려고 기독서점에 갔습니다. 신간 책장에 보니까, "대적기도로 문제 해결하는 비밀"이라는 제목의 책이 눈에 들어오더라는 것입니다. 그래서 사서 읽다가 문득 이곳에 가면 자신의 문제를 해결 받을 수 있다는 강한 감동이 오더랍니다. 그래서 프로그램을 확인하니 토요일 날 개별 집중치유가 있어서 예약하고 오셔서 필자하고 상담하고 치유를 받기 시작했습니다. 첫날 치유를 받고 나니 정신이 돌아오고 마음이 가볍고 몸이 홀가분해지더랍니다. 자신의 문제를 완전하게 해결 받을 수 있다는 믿음이 생기더라는 것입니다. 그래서 몇 주더 다니면서 완전하게 치유 받고 영과 육이 정상적이 되었다는 것입니다. 교회도 전과 같이 회복이 되었다는 것입니다. 이것이 성령의 인도입니다. 이렇게 기도하여 성령의 감동에 순종하면 하나님께서 사람이나 장소나 책이나 약이나 무엇을 통하시든지 하나님의 방법으로 해결하여 주시는 것입니다.

그러므로 크리스천이 영육의 혈실적인 문제가 발생하거든 당황하지 말고 하나님께 기도하여 하나님의 해결방법을 알아내야 합니다. 하나님의 직접적인 계시를 들어야 합니다. 하나님은 현실 문제를 통하여 하나님과 대화하는 영적인 크리스천으로 바꾸시기 때문입니다. 성경책에 글로 적어진 말씀을 보고 믿음 생활하던 크리스천을 기도하여 성령으로 하나님의 음성을 듣고 순종하는 크리스천으로 자라게 하시는 것입니다. 성경에 보면 바울도 현실의 문제를 해결하기 위하여 기도했습니다. 혹시라도 유대인의 선생인 랍비와 같은 율법주의 목사님이 현실의 문제를 기도하라고 허락했다고 하실까, 노파심에서 바울의 경우에 대하여 설명합니다. 고린도후서 12장 7-9절에 보면 "여러 계시를 받은 것이 지극히 크므로 너무 자만하지 않게 하시려고 내 육체에 가시 곧 사탄의 사자를 주셨으니 이는 나를 쳐서 너무 자만하지 않게 하려 하심이라. 이것이 내게서 떠나가게 하기 위하여 내가 세 번 주께 간구하였더니, 나에게 이르시기를 내 은혜가 네게 족하도다. 이는 내 능력이 약한 데서 온전하여짐이라 하신지라. 그러므로 도리어 크게 기뻐함으로 나의 여러 약한 것들에 대하여 자랑하리니, 이는 그리스도의 능력이 내게 머물게 하려 함이라"

하나님은, 바울을 자만하지 않게 하려고 그에게 가시를 주셔서 극렬하게 꺾으셨습니다. 성경은 말하기를 사탄의 사자가 자기를 습격해 와서 바울이 너무 고통스러워서 세 번 사탄의 사자를 물리쳐 달라고 하니까, 세 번째 하나님이 말씀하기를 "내 은혜가 네게 족하도다. 이는 내 능력이 약한 데서 온전하여짐이라" 그렇게 응답했습니다. "네가 사탄의 공격을 받아서 약하지만은 네가 약할 때 내 은혜가 더 강하다. 지금 상태로써 만족하게 여기라"는 것입니다. 그 바울이 자기 몸의 치료를 위해서 세 번 기도해서 하나님께 거절당했습니다. 왜 하나님이 사탄의 사자를 주어서 바울을 밤낮 치게 만들었냐하면 자만하거나 교만하지 않도록 하기 위해서 그런 것입니다. 내가 고통스러워 견딜 수가 없는데 어떻게 기도하지 않을 수가 있겠습니까? 고린도후서 12장 7절로 8절에 "여러 계시를 받은 것이 지극히 크므로 너무 자만하지 않게 하시려고 내 육체에 가시 곧 사탄의 사자를 주셨으니 이는 나를 쳐서 너무 자만하지 않게 하려 하심이라 이것이 내게서 떠나가게 하기 위하여 내가 세 번 주께 간구하였더니" 하나님이 내 은혜가 내게 족하다고 대답을 했습니다.

기도하여 은혜를 머물게 하는 것이 얼마나 좋은 것인가 깨달았습니까? 바울선생은 굉장한 사도입니다. 대 신학자요, 대사도요, 하나님의 권능 있는 종입니다. 그러나 바울은 말하기를 "내가 나 된 것은 내가 잘나서 된 것이 아니라, 내 속에 들어온 하나님의 은혜가 나를 이렇게 만들었다. 하나님의 은혜가 이렇게 만들었다. 나는 아무것도 아니다. 나는 이렇게 될 수 없다. 내 속에 들어온 하나님의 은혜가 그렇게 만들었다. 그것을 어떻게 깨달았느냐." 고난을 당해서 괴로움 속에서 자기의 무능력을 깨닫고 하나님의 은혜만이 자기를 일으켜 세워줄 수 있다는 것을 깨닫게 된 것입니다. 하나님은 이렇게 현실 문제를 해결하여 주시지 않고 문제를 통하여 기도하게 하실 수가 있습니다. 그러나 이는 특별한 경우입니다. 하나님께 현실문제의 해결을 위하여 기도하면 99%는 해결방법을 주셔서 해결하게 하십니다. 그러나 해결되지 않은 것은 분명한 이유가 있습니다. 그것은 순종하지 않기 때문입니다.

성령님께서 감동하시어 장소나 사람을 만났다면 장소나 사람이 하는 말에 순종해야 합니다. 성령의 감동을 받고 필자의 교회와 저에게 찾아오는 분들이 있습니다. 그런데 일부는 필자가 하는 말에 순종을 하지 않습니다. 그러면 백이면 백 해결이 안 됩니다. 예를 든다면 이렇습니다. 모계에 무당의 내력이 있어서 자녀가 영적이고 정신적인 문제가 발생했습니다. 그러면 어머니와 함께 치유를 받아야 합니다. 그런데 어머니가 치유를 받으러 오면 한동안 성령의 역사로 힘들게 됩니다. 며칠만 견디면 되는 데 하루 오고 안 옵니다, 자녀만 보냅니다. 근본의 해결이 될 수가 없습니다. 윗물이 맑아야 아랫물도 맑다고 하지 않습니까? 또 다른 경우는 시간이 걸리고, 물질이 들어가면 계산속에 빠져서 순종을 하지 않습니다. 자기 생각대로 합니다. 아니 나아만 장군이 문둥병을 해결 받았는데 자기 생각대로 해서 해결 받았습니까? 엘리사가 하라는 대로 일곱 번 요단강에 몸을 담그니까, 문둥병이 해결이 되었습니다. 그러니까, 성령의 감동을 받고 장소나 사람을 만났다면 조언하는 말에 순종하는 것이 중요합니다. 순종하지 않으면 백이면 백 모두 해결이 되지 않습니다. 세상 적이고 인간적인 생각을 쫓아가니 성령님이 장악을 하지 못한 연고입니다. 무엇보다 순종이 중요합니다.

　일부 목회자와 직분 자들이 영육의 현실 문제를 자기고 고생하는 성도들에게 이렇게 말합니다. 하나님을 의지하고 맡기라고 합니다. 하나님을 의지하고 맡기라는 말을 바르게 이해해야 합니다. 하나님을 의지하라는 말은 하나님의 말씀대로 순종하라는 것입니다. 말씀대로 순종하고 해결 되는 것은 하나님께 맡기라는 것입니다. 아니 여리고 성이 하나님을 의지하고 맡긴다고 가만히 앉아서 무너지기만을 기다렸다면 무너졌겠습니까? 하나님의 말씀대로 순종하니까, 순종하는 믿음을 보시고 하나님께서 여리고 성을 무너지게 한 것입니다.

17장 하나님의 사람을 만나게 하시는 하나님

(왕하2:12-15)"엘리사가 보고 소리 지르되 내 아버지여 내 아버지여 이스라엘의 병거와 그 마병이여 하더니 다시 보이지 아니하는지라 이에 엘리사가 자기의 옷을 잡아 둘에 찢고, 엘리야의 몸에서 떨어진 겉옷을 주워가지고 돌아와서 요단 언덕에 서서 엘리야의 몸에서 떨어진 그 겉옷을 가지고 물을 치며 가로되 엘리야의 하나님 여호와는 어디 계시니이까 하고 저도 물을 치매 물이 이리 저리 갈라지고 엘리사가 건너니라. 맞은편 여리고에 있는 선지자의 생도들이 저를 보며 말하기를 엘리야의 영감이 엘리사의 위에 머물렀다 하고 가서 저를 영접하여 그 앞에서 땅에 엎드리고"

하나님께서는 현실 문제를 해결하기 위하여 기도하면 성령이 함께 하는 사람을 만나게 합니다. 성령께서 성령의 사람을 만나도록 이끌어주십니다. 그래서 우리는 성령의 인도를 받는 것이 습관이 되어야 합니다. 하나님께서는 성령님께 이끌리는 사람을 통하여, 현실 문제를 해결하면서 일꾼을 세워 가십니다.

그러므로 탁월한 지도자에게 영적인 안내자이며 인생의 코치가 되는 멘토가 필요합니다. 멘토는 성도들의 위기 혹은 바른 방향으로의 설정할 시기에 반드시 존재해야 하는 하나님의 사람입니다. 하나님의 일꾼으로 성장하여 쓰임을 받기 위하여 사람을 잘 만나야 합니다.

그래서 영적인 성도는 먼저 그 과정을 걸어간 멘토를 만나게 됩니다. 아니 성령하나님께서 멘토를 만나게 하십니다. 필연적인 만남으로 인한 인생의 변혁을 맞이합니다. 생의 가장 귀중한 축복 중 하나가 바로 자신의 인생에 찾아주시고 만남의 복을 주시는 하나님의 사람인 멘토와의 만남입니다. 멘토를 잘 만나는 것이 복중의 복입니다.

당신의 멘토는 누구입니까? 하나님의 뜻을 이룰 수 있도록 조언하는 사람입니다. 하나님의 뜻인 인생의 성공여부는 자신만의 좁은 틀에 갇혀 있지 않고 성령의 인도로 자리를 뛰쳐나와 인생의 여정을 미리 체험하고 승리한 멘토를 모시느냐 아니냐에 달려있다고 확신합니다. 이 시기를 지나게 되는 것은 나이는 상관이 없습니다. 지금이라도 자신의 삶을 인도해줄 멘토를 만나기를 갈망하고 자신의 내면의 강건함을 추구해야 합니다. 성령님에게 기도하세요. 나에게 꼭 필요한 멘토를 만나게 해달라고 기도하세요. "성령님 저에게 꼭 필요한 멘토를 만나게 해주세요. 성령님 제가 하나님의 뜻을 이루도록 멘토를 만나게 해주세요"

영적인 깊이 있는 성도의 유형은 그가 역할모델로 둔 멘토를 닮게 됩니다. 그러므로 통전적이며, 인격적이며, 성령하나님의 인도로 인생의 여정을 순적하게 지나온 존경할 만한 멘토를 만나야 합니다. 체험적인 말씀에 순종 할 수 있는 멘토를 만나는 것은 축복입니다. 우리는 이렇게 묻습니다. 당신의 인생에서 만난 멘토는 누구입니까? 성령하나님에게 기도하세요. 자신에게 필요한 멘토를 만나게 해달라고 말입니다. 그리고 성령의 인도를 받아야 합니다. 하나님께서 선물주시는 일꾼은 전적으로 성령의 인도로 만들어 가시는 것입니다. "너희는 주께 받은바 기름 부음이 너희 안에 거하나니 아무도 너희를 가르칠 필요가 없고 오직 그의 기름 부음이 모든 것을 너희에게 가르치며 또 참되고 거짓이 없으니 너희를 가르치신 그대로 주 안에 거하라."(요일2:27). 자신이 직접 성령님과 인격적인 관계를 가지세요. 그러면 성령께서 당신에게 멘토를 만나게 할 것입니다. 우리가 체험이 있고 영성이 깊은 멘토를 만나는 것은 자신이 하나님에게 쓰임을 받기 위해서입니다. 멘토와 같이 성령으로 기도하여 하나님과 같은 영성이 되어 하나님의 음성을 듣고 순종하기 위해서입니다. 하나님은 하나님의 음성을 듣고 순종하는 사람을 통해서 이 땅에 하나님의 나라를 만드시는 것입니다. 하나님의 뜻에 합당한 영감 있는 성도가 되기 위하여 이렇게 해야 합니다.

1) 롤 모델을 만나야 합니다. 엘리사가 엘리야보다 갑절로 더 크게 쓰임 받은 이유는 엘리야라는 영적 대가를 만났기 때문입니다. 나에게 도전정신을 주고, 나를 자극하고 흔드는 인생의 롤 모델을 만나야 합니다. 엘리야 같은 본받고 싶은 인생의 롤 모델을 만나기를 성령으로 기도해야 합니다. 한번뿐인 인생, 어떻게 살아야할지 조언해줄 수 있는 인생 선배 멘토를 만나야 합니다. 무엇을 위해, 어떻게 살아야 할지, 현명하게 지도해줄 수 있는 인생의 멘토를 만나는 것이 복중의 복입니다.

10~20대에는 배우자를 위한 기도보다는 본받고 뛰어넘을만한 엘리야와 같은 영적인 대가를 만나기 위해 기도해야 합니다. 바울이 바나바를 만난 것이 우리가 지금 알고 있는 바울이 될 수 있었던 가장 큰 원인이고, 디모데가 바울을 만난 것이 디모데의 인생의 최고의 복입니다. 멘토는 3가지로 만날 수 있습니다.

첫째는 우리의 영원하신 멘토이신 예수님이십니다. 그 분에게 우리 삶의 전부를 의뢰하고 인도하심을 받기 위하여 대화함으로 우리에게 말씀하십니다.

두 번째로는 현존하는 인생의 스승입니다. 우리 주변에는 완벽하지는 않지만 우리 삶의 향방과 바른 성품을 갖고 인격적 삶을 살고자 자기를 만들어가는 분들이 계십니다. 그들을 멘토로 모시는 것입니다. 멘토는 사람의 인생의 궤도를 수정하는 혁신적인 터닝 포인트의 역할을 하게 됩니다.

셋째는 영적인 저자가 쓴 양서입니다. 쉽게 인생의 멘토를 만날 수 있는 방법이 '책을 읽는 것'입니다. 책을 통해 수많은 영적인 대가(멘토)와 인생의 롤 모델을 만날 수 있습니다. 우리는 책속의 위대한 인물들을 만날 때마다 이렇게 외쳐야 합니다. '나는 당신을 뛰어넘을 수 있습니다.' 록펠러가 세운 미국의 시카고 대학은 1929년까지는 이름도 모르는 대학이었습니다. 그런데 5대 총장으로 취임한 로버트 허친스에 의해 일류대학으로 변했습니다. 지금까지 시카고 대학은 73개의 노벨상을 받는 대단한 학교가 되었습니다.

로버트 허친스는 [시카고 플랜]을 만들어 학생들의 수준을 완벽하게 끌어올렸습니다. 시카고 플랜의 핵심은 "철학 고전을 비롯한 세계의 위대한 고전 100권을 달달 외우게 만들고 이것을 하지 않는 사람은 졸업시키지 않겠다" 는 것입니다. 학생들은 시카고 플랜에 참여하며 수많은 위인들을 만났고, 그들을 롤 모델로 삼았고 이전과는 전혀 다른 인생을 살기 시작했습니다.

우리는 주변에서 성공한 사람들의 이야기를 듣습니다. 우리는 그런 소리를 들으며 이런 마음을 먹어야 합니다. '내가 당신을 뛰어넘을 것이다.' 국회의원 홍정욱은 존 F 케네디 대통령을 인생의 롤 모델로 삼았습니다. 그는 존 F 케네디를 닮기 위해 그가 졸업한 로즈마리 홀 고등학교에 입학했고, 케네디가 졸업한 하버드를 졸업했습니다. 지금 그의 꿈은 존 F 케네디를 뛰어넘는 정치인이 되는 것이라고 합니다. 이런 사람들을 보면 우리는 이런 말을 할 수 있습니다. '너는 돈도 있고 능력도 있잖아.' 맞습니다. 우리는 돈도 없고, 능력도 없습니다. 하지만 우리는 하나님이 계시지 않습니까?

좋은 책 한권으로도 사람이 변화될 수 있습니다. 그러나 한 권으로는 통전성의 충분요건을 갖추기가 어려움으로 다양한 독서를 통하여 그 저자들로부터 멘트를 받는 것입니다. 저도 영적인 저자와의 만남을 통하여 멘트를 많이 듣는 편입니다. 물론 리더십의 위기 때마다 만나는 인생의 멘토가 계십니다. 그럼에도 불구하고 많은 하나님의 사람들을 만날 수 없음으로 그들의 영성, 삶, 철학, 사역의 원리 등을 배울 수 있기에 독서를 즐

겨합니다. 그래서 저는 영적인 책을 많이 저술하고 있습니다. 책을 통하여 영적인 원리들을 멘트 받아 영의 눈을 뜨고 영적인 것을 터득하라고 말입니다. 그러면서 자신의 내면을 성숙시키라고 말입니다.

자신의 성숙만큼 가정과 직장과 사업의 성숙이 이루어집니다. 자신의 성숙은 자신의 속사람의 변화이며 강건함에 기인합니다. 하나님께서 선물을 주시는 일꾼이 되려면 내면질서가 잘 구비되어야 합니다. 성령으로 심령이 정화되어야 합니다. 그리고 자신의 정체성과 비전, 건강한 자아상이 형성되어야 하며, 하나님의 사람으로서의 자존감이 강해야 합니다. 이러한 자의식이 살아나고, 견고해집니다. 이 땅에서의 존재이유를 명확하게 인식합니다. 자신을 그 곳으로 보내신 하나님의 목적을 확인하며 그 사명을 발견합니다. 그 사명을 위한 다양한 경험을 하는 단계가 바로 2단계 내적성숙의 단계인 것입니다. 사명을 위한 다양한 경험들을 멘토를 통해 전수 받는 것입니다. 엘리사는 엘리야의 영감을 갑절로 전수 받아 하나님에게 갑절로 쓰임을 받았습니다.

하나님께서 선물을 주시는 일꾼은 자신이 직접적이든 간접적이든 경험되고 체험된 것만큼 인생을 꾸려가게 됩니다. 이 시기는 정체성의 혼란기이기에 많은 경험을 쌓고 실패와 시행착오를 경험하여 정도를 발견하고 자신의 사명을 통한 선명한 정체성(비전)을 발견해야 합니다.

넷째는 기도하는 것입니다. 성령으로 능력기도를 해야 합니다. 성령께서 감동하시어 멘토를 만나게 할 것입니다. 기도는 생명입니다.

2) 멘토의 장점을 발견해야 합니다. 누구나 장점과 단점은 있습니다. 어떤 사람의 장점이 좋아 따라가다가 그 사람의 단점을 발견하고는 포기하는 경우를 봅니다. 그런 사람은 절대 큰사람이 될 수 없습니다. 우리가 하루 3끼 식사를 합니다. 먹는 음식이 모두 영양분이 되어 몸으로 간다면 비대해져서 생활할 수가 없을 것입니다. 그래서 위장에서 필요한 영양소만 흡수하고 모두 대변으로 배설을 합니다. 이와 마찬가지로 멘토의 좋은 점만 내 것으로 만들고 나머지는 버리면 됩니다. 멘토의 작은 단점 때문에 장점을 노치는 어리석은 사람이 되지 말아야 합니다.

여호수아는 모세를 40년 넘게 섬겼습니다. 엘리사는 엘리야를 10년 넘게 따라다녔습니다. 누군가를 따라다닌다는 것은 꼭 존경하고 좋아하기 때문만은 아닙니다. 그에게 배울 점이 있기 때문입니다. 배울 점이 있는 사람이라고 꼭 장점만 있는 것은 아닙니다. 엘리사는 엘리야의 장점도 봤겠지만 단점도 봤을 것입니다. 하지만 엘리사는 엘리야에게 장점을 배웠고, 결국 엘리야를 뛰어넘는 하나님의 사람이 되었습니다.

교회 안에 목회자들이 있습니다. 담임목사를 비롯한 목회자들입니다. 이들에게는 단점도 있지만 장점도 참 많습니다. 교회의 성도들이 이들을 청빙했을 때는 이들의 장점을 보고 청빙한 것입니다. 그렇다면 이들의 장점을 배우고, 이들의 장점을 칭찬해서, 이들의 장점이 극대화되어서 몸 된 교회에서 쓰임 받을 수 있도록 하는 것이 성도의 임무입니다.

3) 노력이라는 대가를 지불해야 합니다. 누군가를 자신의 롤 모델로 삼는 것으로 끝나면 안 됩니다. 누군가의 장점을 발견하는 것으로 끝나면 안 됩니다. 그를 닮기 위해 노력해야 합니다. 노력은 거짓말하지 않는 것입니다. 하나님께 전인적인 축복의 선물을 받으며 일꾼으로 쓰임을 받는 성도를 롤 모델로 삼았으면 그의 행동, 기도하는 습관, 하나님을 섬기는 방법 등을 그대로 따라해 보세요. 그리고 그 친구보다 2~3배 더 노력해보세요. 노력이라는 대가를 지불하면 그를 능가할 수 있습니다. 여호수아의 경우를 생각하면서 롤 모델을 닮아가려고 노력해야 합니다. "사람이 자기의 친구와 이야기함 같이 여호와께서는 모세와 대면하여 말씀하시며 모세는 진으로 돌아오나 눈의 아들 젊은 수종자 여호수아는 회막을 떠나지 아니하니라"(출 33:11)

호박벌은 굉장히 부지런하고 자기 일에 집중하는 곤충입니다. 몸길이가 평균 2.5센티미터 정도인데 일주일에 1,600킬로미터를 날아다닙니다. 작은 호박벌로서는 엄청난 거리이지만, 공기역학적으로 보면 너무 작아서 이렇게 날수 있다는 것이 기적인데 어떻게 이렇게 먼 거리를 날수 있을까? 호박벌은 꿀을 얻겠다는 집중력이 아주 강하다고 합니다. 그 분명한 목적의식이 그의 신체적인 한계도 뛰어넘게 만든 것입니다.

지금 당신은 어떤 일을 하는가요? 그 일을 위해 최선을 다하는가요? 최선이란 단순한 노력이 아닌 자신의 한계를 뛰어넘는 노력이 있어야 합니다. 하나님에게 기도해야 합니다. 나는 원스턴 처칠의 옥스퍼드 대학에서의 강연을 좋아합니다. 'never never give up(절대로 절대로 포기하지 마라).' 윈스턴 처칠은 많은 약점이 있었습니다. 말도 잘 못하고, 공부도 잘못했습니다. 열등감이 많았고, 수많은 소문들 때문에 마음고생이 심했습니다. 하지만 그에게 한 가지 장점이 있었습니다. 목표한 것을 포기하지 않고 끝까지 그 일을 향해 집중하는 것입니다. 윈스턴 처칠은 육군 사관학교를 삼수하여 들어갔고, 수많은 시련이 있었지만 결국 수상이 되었습니다. 인생의 분명한 목표를 가지고 노력하세요. 대가를 만나기를 기도하고, 만난 다음에는 닮아가기를 노력하고 나중에는 그를 뛰어넘으시기 바랍니다. 그때 엘리야를 뛰어넘는 엘리사가 될 수 있습니다. 롤 모델과 같은 성령의 권능을 받아 하나님께 선물을 받으며 하나님의 일꾼이 되려면 이렇게 하기 바랍니다.

1) 포기하지 않는 신앙이 필요합니다. 신앙은 타협이 아닙니다. 일단 결심한 엘리사의 마음은 요지부동입니다. 길갈에서 엘리야가 엘리사에게 "청컨대 너는 여기 머물라 여호와께서 나를 벧엘로 보내시느니라" 말합니다. 그 때 엘리사가 "여호와의 사심과 당신의 혼의 삶을 가리켜 맹세하노니 내가 당신을 떠나지 아니하겠나이다"(2절)하고 주장하였습니다. 이와 같은 엘리야의 권면과 엘리사의 주장은 벧엘에서도, 여리고에서도, 요단에서도 반복되었던 것입니다. 엘리사의 마음은 시종일관 필사적이었습니다. 어떠한 비난과 조소도 포기하지 않는 초지일관의 마음과 믿음을 어찌지 못하였습니다. 벧엘에 이르렀을 때에

거기 있는 선지자의 생도들이 엘리사에게 나와 "여호와께서 오늘날 당신의 선생을 당신의 머리위로 취하실 줄을 아나이까?" 하는 질문에 엘리사는 "나도 아노니 너희는 잠잠하라"(3절)고 하였습니다.

엘리야의 영감의 갑절이 자기에게 주어질 때까지 자기 선생을 따르겠다는 것이 엘리사의 비상한 결심이었습니다. 이러한 태도와 결심을 야곱에게도 볼 수 있습니다. 야곱은 얍복강 가에서 천사를 붙들고 "당신이 내게 축복하지 아니하면 가게 하지 아니하겠나이다"(창 32:26)하였습니다. 이것이 바로 하나님께서 우리 인생들에게 바라시는 신앙 태도입니다. "너희가 진심으로 나를 찾고 찾으면 나를 만나리라"고 예레미야 29:13에서도 말씀하셨습니다. 포기하지 않는 신앙을 가지시길 바랍니다.

예를 든다면 영국의 가장 어려운 전쟁의 고통 속에서 영국을 구했던 윈스턴 처칠이 하루는 영국 명문의 옥스포드 대학 졸업식에 축사를 하게 되었습니다. 힘들고 고통스럽게 연단에 선 윈스턴 처질은 젊은이들의 맑은 눈동자를 바라보면서 아무 말도 없이 한참을 서 있다가 단 세마디 말을 하고 연단을 내려왔습니다. 입술을 악물은 윈스턴 처질은 천천히 "여러분 포기하지 마십시오." "여러분 포기하지 마십시오." "여러분 포기하지 마십시오." 연단을 내려가는 윈스턴 처칠을 멍하니 바라보던 졸업생들과 많은 사람들은 기립박수를 치며 깊은 감명을 받았다고 합니다. 그는 영국이 잿더미로 변하는 속에서 결코 포기하지 않았던 자신을 온몸으로 표현하였던 것입니다. 포기하지 않는 신앙,

이것이야 말로 갑절로 응답받는 신앙인 것입니다. 우리에게 어떠한 고난과 어려움이 있다 해도 포기하지 않고, 끝까지 믿음을 갖고 주님을 따라가는 우리가 되기를 바랍니다.

2) 하나님을 직접 만나야 합니다. 11절 읽어보면 "두 사람이 행하며 말하더니 홀연히 불수레와 불 말들이 두 사람을 격하고 엘리야가 회리바람을 타고 승천하더라." 죽지 않고 승천한 사람이 몇 명인가? 3명입니다. 에녹, 엘리야, 예수님. 엘리사는 요단 강변에서 하나님이 엘리야를 데려가시는 것을 목격합니다. 하나님은 회오리바람으로 엘리야를 데려가십니다. 11절의 "불수레와 불말들"은 엘리야가 타고 가는 것이 아닙니다. 그것들은 엘리야와 엘리사를 갈라놓는 역할을 합니다. 불수레와 불말은 하나님의 임재를 상징합니다. 엘리사는 엘리야에게서 무엇을 얻기를 원했습니다. 엘리사는 끝까지 엘리야를 붙들려고 했습니다. 그러나 하나님은 엘리사에게 말씀하십니다. "왜 엘리야만 계속해서 바라보느냐! 이제는 나를 보아라. 나를 만나 거라. 엘리야가 한 시대에 내가 준 사명을 감당했듯이, 이제는 내가 네게 사명을 맡긴다. 나를 만나는 사람이 내 사명을 감당할 수 있다."

엘리야의 승천 직전에 엘리사는 하나님의 임재를 체험합니다. 하나님 임재의 체험이 엘리사를 선지자로 세웁니다. 이제 엘리사는 자신이 하나님의 사람으로 행동해야 한다는 것을 깨닫게 됩니다. 성도는 하나님을 만나야만 합니다. 만나지 않고 체험하지 않고 누군가에게 듣고, 배워서는 할 수가 없습니다.

신앙은 만남에서 시작됩니다. 하나님의 사람을 만나야 합니다. 그리고 살아계신 하나님을 체험해야 합니다. 만남을 소망해야 합니다. 인간의 만남도 소망을 갖고 기다리고 바라봅니다. "아 기다리 고기다리 던데이트" 무슨 말인지 아시는가? "아 기다리 고 기다리던 데이트" 데이트도 설레이는 마음으로 목을 빼고 기다리다 만날 때 그 만남이 소중한 것입니다.

오늘 하나님을 만나기 위해 얼마나 기다렸는가요? 소망했는 가요? 얼마나 기대했는가요? 이 시간 구경만 하는 것이 아니라, 한 사람 한 사람 하나님을 만나길 바랍니다. 체험 있는 신앙을 가지기를 바랍니다. 그래서 롤 모델에게 역사하는 성령의 권능을 받는 성도들이 되기를 바랍니다. 우리가 여기에서 알아야 할 것이 있습니다. 롤 모델을 따라가는 것은 어느 시점까지만 필요하다는 것입니다. 자신에게 롤 모델에게 역사하는 성령의 권능이 전이 되었다고 생각이 되면 이제 자신이 직접 하나님과 관계를 맺으며 독립해야 합니다. 편안하다고 그 자리에 영원히 앉아 있지 말라는 것입니다. 자립하는 신앙이 중요하다는 것입니다.

3) 하나님만 바라보고 의지해야 합니다. 14절을 보면 "엘리야의 몸에서 떨어진 그 겉옷을 가지고 물을 치며 가로되 엘리야의 하나님 여호와는 어디 계시니이까 하고 저도 물을 치매 물이 이리저리 갈라지고 엘리사가 건너니라" 공동번역에 보면 이렇게 표현되어 있습니다. "엘리야의 겉옷으로 물을 쳤으나 물이 갈라지지 않았습니다. 그래서 "엘리야의 하느님 야훼여, 어디 계십니까?" 하면서 물을 치자 물이 좌우로 갈라졌습니다. 그리

하여 엘리사가 강을 건너는데" 엘리사가 엘리야의 흉내를 내어 겉옷을 들고 스승의 힘을 빌어 요단강을 칠 때 물이 갈라지지 않았습니다.

그러나 엘리사는 이제 직접 하나님을 찾았습니다. 자신이 하나님을 직접 찾고, 하나님께 기도합니다. 이 말은 엘리사가 이젠 다른 것을 의지하지 않고 오직 하나님만을 의지한다는 것입니다. 하나님과 동행하는 것입니다.

이제 사람을 통해서 하나님을 만나려고 하지 말고 직접 만나 체험하기 바랍니다. 직접 하나님을 찾고 만나야 합니다. 당신은 지금 무엇을 의지합니까? 세상의 힘, 지식, 기술, 능력, 지혜, 돈, 건강을 의지합니까? 무엇보다 우리의 의지할 것은 하나님밖에 없음을 믿기를 바랍니다. 직접 하나님을 의지하기를 바랍니다."죄 짐에 눌린 사람은 다 주께 나오라. 주 말씀 의지할 때에 곧 평안 얻으리 의지 하세 의지하세 주 의지하세, 구하시네 구하시네 곧 구하시네" 하나님께 사람을 잘 만나게 해달라고 기도하시기를 바랍니다. 예수를 믿고 성령으로 거듭난 성도는 사람을 잘 만나야 합니다. 하나님은 사람을 통하여 역사하시기 때문입니다. 베드로가 예수님을 만난 것과 같이 우리도 하나님의 사람을 만나야 합니다. 엘리사가 엘리야를 만난 것과 같이 사람을 잘 만나야 합니다. 지금 하나님은 성령의 인도를 받는 영의 사람을 통하여 이 땅에 하나님의 나라를 만들어 가십니다. 하나님께 선물을 받으면서 일꾼이 되려고 하는 성도도 사람을 잘 만나야 합니다. 마음의 상처로 고생하는 성도도 하나님의 역사가 함께하는 사람을 만나야 합니다. 정신적인 질병으로 고생하는 성도도 하나님의 역사가 함께하는 사람을 만나야 합니다. 영적인 문제로 고생하는 성도도 하나님의 역사가 함께하는 사람을 만나야 합니다. 육신의 질병으로 고생하는 성도도 하나님의 역사가 함께하는 사람을 만나야 합니다. 물질의 문제로 고통당하는 성도도 하나님의 역사가 함께하는 사람을 만나야 합니다. 환란과 풍파를 만나 고생하는 성도도 하나님의 역사가 함께하는 사람을 만나야 합니다. 하나님의 사람을 만나려면 성령으로 기도해야 합니다. 기도를 하되 응답을 받을 때까지 해야 합니다.

4) 끝장 보는 능력기도를 해야 합니다. 초대교회는 야성이 있던 교회였습니다. 핍박이 오면, 피를 흘려가면서 대항해내고, 시험이 오면 온 성도가 모여서 기도로써 그 위기를 극복해내곤 하였습니다. 초대교회는 세상의 관원들이 아무리 길들이려 해도 길들여지지 않던 야성의 호랑이 이었습니다. 한국교회도 이 초대교회의 야성의 전통을 이어받아 무서운 교회가 되었습니다. 핍박에 대해서 피로써 항전했습니다.

한국교회는 초대교회와 마찬가지로 시험이 오면 오히려 기도의 불길이 타올라 더 부흥하는 기현상이 벌어졌습니다. 그런데 지금은 어떠합니까? 기도할 줄 모르는 목회자 성도가 양산되고 있습니다. 산기도, 철야기도를 통한 '끝장 보는 기도'를 할 수 있는 성도가 손에 꼽을 정도입니다. 심지어 영적인 목회를 하는 목회자가 여기 와서 기도를 못합니다. 그러면서도 하는 말이 나는 영성집회 하는 곳은 다 가보았습니다. 저는 그분에게 이렇게 말합니다. 다 가보지 말고, 그 시간에 기도하여 영의 통로를 열어서 직접 하나님에게 영감과 영력을 받아 자신의 것을 만들어 가라고, 저는 또 성도들에게 기도하다가 죽는 순교자가 나오기를 기대한다고 말합니다.

교회를 제일 잘 알 수 있는 자리는 기도회의 자리입니다. 이 기도회는 처음 보는 사람들이 마치 전투장을 연상케 한다고 말해야합니다. 우리는 기도의 자리에서 제일 많은 전투를 하고 제일 많은 피와 땀을 흘립니다. 기도의 승리를 이루고 난 뒤에 귀신을 몰아내고 질병을 치유 받고 문제를 해결 받습니다. 우리는 이런 세상의 사역 현장에서는 승리의 노획물들을 거둘 뿐입니다. 믿음 생활에서 승부를 거는 끝장 보는 기도가 필요합니다. 생명을 건 기도로 심령교회의 부흥과 가정의 평안, 사업의 성장을 위해 기도해야 합니다. 기도하면서 성령께서 주시는 레마를 사용하여 자신과 가정과 직장과 사업장에 사용해야 합니다. 그래야 하나님의 선물을 받아 누릴 수가 있는 것입니다. 성령으로 기도할 때 영권을 회복하며 권능을 사용하면서 하나님에게 선물을 받으며 능력 있게 믿음 생활을 할 수 있습니다.

18장 주인 되심을 깨닫게 하시는 하나님

(마 7:21- 23)"나더러 주여! 주여! 하는 자마다 다 천국에 들어갈 것이 아니요 다만 하늘에 계신 내 아버지의 뜻대로 행하는 자라야 들어가리라 그 날에 많은 사람이 나더러 이르되 주여! 주여! 우리가 주의 이름으로 선지자 노릇 하며 주의 이름으로 귀신을 쫓아내며 주의 이름으로 많은 권능을 행하지 아니하였나이까 하리니, 그 때에 내가 그들에게 밝히 말하되 내가 너희를 도무지 알지 못하니 불법을 행하는 자들아 내게서 떠나가라 하리라"

하나님을 통하여 성령의 인도를 받으며, 현실 문제를 해결하면서 훈련하다가 보면 자동적으로 하나님이 자신의 주인이라는 것을 깨닫게 됩니다. 하나님이 자신의 주인이라고 인정을 해야 하나님의 방법으로 현실 문제를 해결 받을 수 있습니다. 신앙이 좋고 선정을 베풀었던 영국의 빅토리아 여왕은 종종 궁궐을 빠져나가서 서민들과 사귀고 대화하는 것을 즐겼습니다. 한 번은 믿음이 좋은 한 과부의 집을 찾아갔습니다. 여왕은 과부와 함께 신앙 이야기를 나누었습니다. 대화중에 과부의 믿음에 감동을 받은 여왕은 "부인을 찾은 손님 중에 가장 고귀한 분은 누구입니까?" 하고 물었습니다. 여왕은 과부가 "예수님입니다" 라고 대답할 것을 기대했는데, 전혀 뜻밖의 대답이 나왔습니다. "가장 귀한 손님은 두말할 것도 없이 여왕 폐하이십니다. 제 생애 최고의 손님이십니다." 그러자 실망한 여왕은 "부인을 찾아 주신 최고의 손님은 예수님이 아닐까요?" 하고 물었습니다. 그 말에 과부는 빙그레 웃으면서 대답했습니다. "여왕 폐하, 예수님께서는 결코 손님이 아니십니다. 제 주인이십니다. 예수님께서는 제 집에 처음부터 계신 분이십니다. 저는 그분을 위해 존재합니다."

당신의 예수님은 필요할 때 부르는 손님입니까? 아니면 당신이 모시고 있는 주인이십니까? 본문의 말씀처럼 주여! 주여! 하는 자마다 다 천국(하나님 나라)에 들어가지 못합니다. 하나님 나라는 죽어서만 가는 나라가 아닙니다. 하나님 나라는 내 안에 있습니다(눅17:21, 고전3:16). 하나님 나라의 주인(왕)은 예수님이십니다. 그런데 많은 사람들이 주여! 주여! 하면서도 실제로는 내 인생의 주인이 예수님이 아닌 피조물로 뒤바뀌어 있는 경우가 허다합니다. 이 시간에는 많은 사람들이 어떤 것들을 주인으로 섬기고 있는가를 살펴봅시다.

첫째, 인생의 주인이 자기 자신인 경우. 세상에는 인생의 주인이 자기인 것으로 착각하며 살아가는 성도들이 있습니다. 사울 왕과 같이 하나님의 말씀을 무시하고 자기 마음대로 세상을 살아가는 성도들이 의외로 많습니다. 자신이 지기 인생의 주인 노릇을 하면서 세상을 살아가다가 시험을 당하고 환란과 풍파를 당하면서 인생의 주인이 자신이 아니라는 것을 스스로 깨닫게 됩니다. 시시각각으로 다가오는 시험을 자기 힘으로 아무리 발버둥을 쳐도 해결하지 못하기 때문입니다. 시험을 가하는 마귀는 자기보다 강하기 때문입니다. 환란과 풍파를 당하다가 깨닫고 내 인생의 주인은 하나님이십니다. 제힘으로 시험을 이기기에 역부족입니다. 하면서 입으로 시인하기 시작하면 마귀의 공격은 서서히 약해지기 시작을 합니다. 마귀보다 크신 하나님이 자신의 주인이기 때문에 감히 마귀가 넘보지 못하게 됩니다.

『여자의 일생』 이라는 작품을 쓴 작가 모파상은 신학교에서 퇴학당한 학생이었습니다. 신학교에서 방황하고 방탕한 생활을 한 후에 신앙과 결별하고 자기가 주인이 된 인생을 살았습니다. 그 후 문학에 뜻을 두고 정진해서 10년 만에 유명한 작가가 되고 돈도 많이 벌어 지중해에 요트와 노르망디의 저택, 파리에 호화아파트를 소유했고 쉴 새 없이 아내와 애인을 바꾸며 살았습니다. 비평가들은 그에게 찬사를 보냈고, 군중들은 그를 흠모했습니다.

그러나 어느 날부터 그는 안질과 불면증에 시달렸습니다. 1892년 1월 1일 밝아온 새해. 한해를 살아야할 아무런 이유를 갖지 못한 모파상은 자기가 항상 사용했던 종이칼로 자살을 기도했습니다. 가까스로 목숨을 구했으나 정신이 파탄 난 그는 정신병동에서 몇 달 동안 알 수 없는 말을 하며 허공을 향해서 절규하다가 그의 나이 43세를 일기로 세상을 마쳤습니다. 그의 묘비명에는 말년에 쉴 새 없이 하던 그의 말이 적혀있습니다. "나는 모든 것을 소유하고자 했지만 결국 아무것도 갖지 못했다."

그는 부자의 꿈을 이룬 것 같았지만, 실상은 처절하게 가난했던 일생을 살았던 사람입니다. 우리의 인생에 있어서 순서가 틀리면 복을 받지 못합니다. 하나님께서 우리 인생의 주인이심을 인정하십시오. 내 힘과 결심, 마음과 이성을 의지하고 주인으로 삼지 마십시오. 베드로는 예수님을 따를 것을 호언장담했으나 결국 주님을 부인했습니다(마26:33- 35). "이에 예수께서 제 자들에게 이르시되 누구든지 나를 따라오려거든 자기를 부인하 고 자기 십자가를 지고 나를 따를 것이니라"(마16:24, 막8:34, 35). 누가복음 20장 9- 18절은 사람들이 어떻게 삶을 살아야 하는지 보여주는 비유입니다. 포도원은 농부가 일하는 터전입니 다. 곧 사람에게 주어진 생활이고 삶이며, 가정과 사업, 직장입 니다. 학생에겐 학업이고 공부입니다. 포도원 농장은 좋은 소출 을 내는 것이 목적입니다. 우리 삶을 종말에 평가하는 심판이 있 습니다.

포도원 주인은 하나님이십니다. 사람들이 이 땅에서 삶을 영 위할 수 있는 것은 하나님께서 허락하셨기 때문입니다. 원래 우 리 인생의 주인은 하나님이십니다. 그러나 사람은 어리석어서 스스로 자기가 인생의 주인인 양 착각하거나, 하나님이 보이지 않는다고 쉽게 하나님을 무시합니다. 내 인생의 주인이 '나' 자신 이라고 마음대로 결정하고, 자기의 이기심이나 욕심에 따라 살 때가 많습니다. 그러나 스스로 농장을 소유하려 한다면 이는 강 도요 어리석은 사람입니다. 우리는 포도원의 주인이신 하나님을 잊지 말고 주인의 뜻을 따라 그 시험에 합격하도록 노력하며 살 아야 합니다.

사람들은 농부로서 하나님의 위임을 받고 그 명령대로 살아갈 따름입니다. 주인이 타국에 가있는 동안 포도농사를 잘 지어 세금으로 소출을 바쳐야 합니다. 주인의 심부름을 받은 종들이 차례로 나옵니다. 그들은 하나님의 뜻을 전달한 선지자들이었습니다. 그러나 그들이 주인의 명을 전하였지만 사람들이 제대로 경청하지 않았고, 오히려 박대하고 홀대하였습니다. 하나님의 뜻을 전하는 여러 선지자들이 있었지만 사람들이 이를 잘 받아들이지 않은 것입니다. 그러나 이처럼 어리석고 악한 사람들을 구원하시고자 결국 주인이 아들을 보내셨습니다.

그러나 사람들은 그 아들 예수마저 십자가에 못 박아 처형했습니다. 주인이신 하나님의 뜻을 무시하고 하나님을 부정하였습니다. 우리도 예수님을 처형하고 못 박는 일에 동참하지는 않았는지 돌아보아야 합니다. 결국 포도원 주인이 직접 악한 농부들을 심판할 것입니다. 사람들이 버린 돌이 건축자들의 머릿돌이 되듯, 예수님은 새 하늘나라의 주인이 되실 것입니다. 예수님을 바로 보고 예수님을 주인으로 모시며 살아갑시다. 농부들은 하나님이 주인이심을 망각하고 오히려 주인의 뜻을 대신하는 예수님마저 부정하는 어리석고 악한 모습을 보여주었습니다. 우리는 삶의 주인이 되시는 하나님을 믿고, 그분이 위임하신 우리 삶을 가정과 직장, 사업, 학업에서 충실히 살아 칭찬받는 자가 되어야 할 것입니다. "무릇 내게 오는 자가 자기 부모와 처자와 형제와 자매와 더욱이 자기 목숨까지 미워하지 아니하면 능히 내 제자가 되지 못하고"(눅14:26).

우리가 인생을 살다가 어려운 문제가 생겼을 때 내 인생의 주인이신 하나님께 맡깁시다. 미국의 디트로이트 시에 전해 내려

오고 있는 아주 흥미로운 이야기가 있습니다. 자동차 공장들이 많이 몰려있는 디트로이트 도시의 어느 겨울날, 시외에 살고 있는 유명한 정비사가 아침에 출근하는 도중 자동차가 고장이 났습니다. 차를 길옆에 세워 놓고 고장의 원인을 찾기 위해 열심히 차를 들여다보고 있었습니다. 그런데 원인은 발견할 수 없고 날씨는 점점 추워져 어쩔 줄 몰라 당황하고 있었을 때였습니다. 그때 지나가던 세단차가 멈춰 서더니 노신사 한 분이 차에서 내려 "도와드릴까요?"라고 말을 건네는 것이었습니다.

이 정비사는 속으로 '디트로이트에서 가장 유명한 정비사인 내가 못 고치는 차를 자기가 고치겠다니'라고 생각하며 노신사를 보았습니다. 노신사는 차의 몇 군데를 만지더니 시동을 켜 보라고 했습니다. 그 정비사는 별 기대감 없이 시동을 켜는 순간, 깜짝 놀라고 말았습니다. 시동이 쉽게 걸린 것입니다. '도대체 저 노신사가 누구인가? 나도 고칠 수 없었던 차를 손쉽게 고칠 수 있다니…' 궁금해 하는 그에게 노신사는 명함을 한 장 주고 떠나버렸습니다. 그 명함에는 놀랍게도 '헨리포드'라고 적혀 있었습니다. 바로 그가 그 자동차를 만든 사람이었던 것입니다.

주 하나님, 그가 우리 인생의 홀로 주인이십니다(고전3:23). 다윗은 그 마음에 항상 하나님을 주인으로 모시고 살았습니다. 우리도 나(자아) 중심의 삶에서 하나님 중심으로 살아야 하겠습니다. "그러므로 누구든지 이런 것에서 자기를 깨끗하게 하면 귀히 쓰는 그릇이 되어 거룩하고 주인의 쓰심에 합당하며 모든 선한 일에 예비함이 되리라"(디모데후서 2: 21).

둘째, 인생의 주인이 돈과 물질인 경우. 성도들 가운데 돈과 물질을 주인으로 삼고 살아가는 분들이 있습니다. 돈이 인생의 주인이 되면 그 인생은 메마른 장작과 같습니다. 감성이 메말라 인생의 사는 의미를 잊어버리게 됩니다. 그런대도 돈은 현대인의 가장 큰 우상입니다. 그런데 돈과 하나님을 겸해서 섬길 수 없습니다. "한 사람이 두 주인을 섬기지 못할 것이니 혹 이를 미워하며 저를 사랑하거나 혹 이를 중히 여기며 저를 경히 여김이라 너희가 하나님과 재물을 겸하여 섬기지 못하느니라"(마 6:24). 어떤 신학교 교수님이 방학을 맞아 즐겁게 집으로 돌아가는 학생에게 "지금 당장 천국에 갈 수 있다면 천국에 가겠느냐, 집에 가겠느냐?"라고 물었습니다. 그러자 학생은 "천국에 가기 전에 아무래도 집에 먼저 둘러보아야 할 것 같습니다."라고 대답했다고 합니다.

예수님께서는 한 사람이 두 주인을 섬길 수 없다고 말씀하십니다. 즉 하나님과 세상을 저울질하던 무리들에게 하신 경고의 말씀입니다. 이 말씀은 우리에게도 동일하게 적용됩니다. 대학 입학 시험을 앞둔 자녀를 교회에 보내지 않는 신앙인들, 사업이 잘 되고, 일이 잘 풀리면 하겠다고 계속 교회 봉사를 미루는 집사님들, 교회에 와있어도 천국의 소망보다는 아파트 평수를 넓히고 차를 바꾸는 일에 더욱 즐거움이 많은 성도들, 천국과 세상을 저울질 하는 이 모습들이 바로 믿음이 있다고 자부하는 우리의 모습입니다. 성령이 감동하시면 만사를 뒤로하고 봉사하십시오.

우리는 결코 예수님의 경고의 말씀을 잊어서는 안 됩니다. 일생에 두 주인이 있을 수 없습니다. 오직 영원한 천국과 우리를 인도하시는 주님을 주인으로 삼아야 합니다. "네가 이 세대에서 부한 자들을 명하여 마음을 높이지 말고 정함이 없는 재물에 소망을 두지 말고 오직 우리에게 모든 것을 후히 주사 누리게 하시는 하나님께 두며"(딤전6:17).

우리는 두 주인을 섬길 수 없습니다. 하나님과 재물 중에서 하나를 택해야 합니다. 세상 재물에 혹은 하나님 한쪽에만 초점을 두고 섬기고, 한 쪽은 등을 돌리게 됩니다. 재물과 하나님 어느한 쪽에는 대적하게 됩니다. 아무도 함께 섬길 수가 없습니다. 이것을 미워하고, 저것을 사랑하거나, 이것을 중히 여기고 저것을 경히 여기게 됩니다(마 4:10, 막10:21, 고전 10:21). "자기의 재물을 의지하는 자는 패망하려니와 의인은 푸른 잎사귀 같아서 번성하리라"(잠11:28).

성경은 돈을 사랑함이 일만 악의 뿌리가 된다고 경고합니다. 우리는 하나님만 계시면 됩니다. 하나님만 자신의 인생에 주인이 되시면 돈은 자동으로 따라오게 됩니다. 우리 성도들은 돈을 따르는 자가 되지 말고 돈이 자신을 따라오는 성도가 되어야 합니다.

셋째, 인생의 주인이 가정이고, 가족인 경우. 물론 자신이 잘되고 가정이 잘 되는 것이 하나님의 뜻입니다. 이는 하나님이 자신의 주인으로 계실 때 자신이 잘되고 가정이 잘 된다는 뜻입니다. 우리 인생에서 자기 가정 즉 부모와 형제, 처자식처럼 소중한 것은 없습니다. 그러나 우선순위가 바뀌면 안 됩니다. 하나님

다음에 가정이 되어야 합니다. 자신의 주인이 하나님이시기 때문입니다. 하나님을 사랑하는 것보다 가족을 더 사랑하면 안 됩니다. 즉 자기 가족이 내 인생의 주인이 되어서는 안 됩니다. "아비나 어미를 나보다 더 사랑하는 자는 내게 합당치 아니하고 아들이나 딸을 나보다 더 사랑하는 자도 내게 합당치 아니하고 또 자기 십자가를 지고 나를 좇지 않는 자도 내게 합당치 아니하니라"(마10: 37, 38).

대개 중보기도 제목을 보면 자기 가정의 문제만을 위해 기도해 달라고 하는 성도가 많습니다. 우리는 먼저 하나님 나라와 의를 구하는 사람이 되어야 합니다. "누구든지 하나님의 뜻대로 행하는 자가 내 형제요 자매요 어머니이니라"(막3:35). 하나님이 자신이 주인이 되어야 자기와 자기 가정의 문제를 해결할 수가 있는 것입니다. 하나님이 주인이 될 때 질병이나 물질문제나 자녀들의 문제가 성령의 권능으로 해결이 되는 것입니다. 모든 것이 하나님 중심이 되도록 해야 모든 문제가 풀어지는 것입니다.

넷째, 인생의 주인이 권세(권력)인 경우. 성도들뿐만 아니라, 목회자들도 권력을 잡으려고 합니다. 교단의 교권을 잡으려고 혈안이 되어 있습니다. 권력이야말로 가장 매력적인 상품입니다. 그러나 거듭 되뇌어야 할 사실은 동기가 무엇이건 간에 인간의 권력은 부패하게 되어 있으며, 개인의 권력을 위한 투쟁, 또는 가치 있는 대상을 위한 권력조차 언제나 타자를 멸망시키거나 불구로 만드는 갈등을 초래하기 마련이라는 것입니다. 권세욕은 교만이나 자부심과 밀접한 관계가 있습니다. 권세욕은 질

투와 마찬가지로 가장 나쁜 죄악입니다. 권세욕은 파괴력을 가지고 있습니다.

누구든지 이 죄악 속에 사는 사람은 하나님의 엄한 심판을 받습니다. 왜냐하면 권세욕 때문에 우리는 하나님과 그분의 다스림에 반기를 들게 되기 때문입니다. 예수님 당시 유대인들과 그들의 지도자들이 예수님께 자리를 양보하지 않았듯이 우리도 권세욕으로 인해 예수님께 자리를 비어드리지 않을 수 있습니다. 아합 왕이나 빌라도 등 많은 정치 지도자들이 이 권력욕을 인생의 주인으로 삼다가 멸망당했습니다. "나라와 권세와 영광이 아버지께 영원히 있사옵나이다 아멘"(마 6:13).

다섯째, 인생의 주인이 명예와 학식, 명철인 경우. 명예는 많은 재산보다 소중하고 존경받는 것은 금은보다 낫습니다(잠 22:1). 중요한 것은 명성이나 영광이 아닙니다. 아무리 명성과 영광을 얻은들 밥맛을 잃고 단잠을 이루지 못한다면 그 무슨 소용이 있겠습니까. 기쁨도 충만감도 없는 명성과 영광은 한 순간에 사라지는 헛된 그림자에 불과합니다. 명성이나 영광은 뒤따라오는 것이지 쫓아가는 게 아닙니다. 교회의 장로가 되는 것이 하나님과 성도를 사랑하고 섬기는 것이 목적이 아니고 명예를 얻기 위한 것이라면 평신도보다 못합니다. 명예와 명철 그리고 학식이 사람을 행복하게 하지 못하고, 때로는 하나님 나라에 가는데 방해가 됩니다(잠3:5, 렘9:23- 24).

여섯째, 인생의 주인이 지도자나 인간인 경우. 내 인생의 주인과 교회의 주인이 목사나 사람이 되어서는 안 됩니다. 반드시 성령하나님이 주인이 되어야 합니다. 저는 항상 이렇게 말합니다. 예수를 믿어 성령으로 거듭난 우리가 하나님의 인도를 받는 길에 절대로 사람의 소리를 들으면 안 된다고 강조합니다. 오로지 마음 안에 계신 성령의 소리만 들어야 합니다. "귀인들을 의지하지 말며 도울 힘이 없는 인생도 의지하지 말지니"(시 146:3). "너희는 이웃을 믿지 말며 친구를 의지하지 말며 네 품에 누운 여인에게라도 네 입의 문을 지킬지어다"(미가7:5).

스페인 바르셀로나에는 피카소 생가가 박물관으로 남아 있습니다. 위대한 인물이 살았던 집은 특별하게 보존됩니다. 건물이 훌륭해서가 아닙니다. 그 집에 누가 주인으로 살았느냐가 중요합니다. 똑같은 집도 왕이 살면 왕궁이요, 죄인이 갇혀 살면 감옥입니다.

중세시대 때 어느 교황이 "과거 초대교회에는 '은과 금이 없다(행 3:6)'고 했지만, 이제는 이렇게 교회에 재정이 풍족하니 걱정 안 해도 되겠다"고 자랑했습니다. 그러자 옆에 있던 한 수도사가 한마디를 던졌습니다. "그렇습니다. 그런데 교회에 이제 나사렛 예수 그리스도의 이름이 없어진 것 같아서 걱정입니다." 만약 교회가 사람이나 은과 금을 주인으로 삼는다면 세상 모임과 무엇이 다를까요. 성도와 교회의 주인은 예수님입니다. 내 인생의 주인이 목사나 교황이나 마리아나 사람이 되어서는 절대안 됩니다(사2:22). "여호와께 피하는 것이 사람을 신뢰하는 것보다 나으며 여호와께 피하는 것이 고관들을 신뢰하는 것보다 낫도다"(시118:8,9).

개 한 마리가 두 사람을 따라가는 장면을 상상해 봅시다. 그 두 사람이 함께 걸어가는 동안에는 그 개의 주인이 누구인지 알수 없습니다. 그러나 갈림길에 이르러 한 사람은 이쪽 길로, 또다른 사람은 저쪽 길로 갈 때 비로소 당신은 그 개의 주인이 누구인지 알 수 있습니다. 이처럼 한 사람이 세상에 속해 육신적으로살면서 신앙고백도 할 때 우리는 그 사람의 주인이 하나님인지, 세상인지 알 수 없습니다. 그 사람이 갈림길에 다다를 때까지 기다리면 알게 됩니다.

하나님께서 이 길 저편에서 부르시고 세상은 저 길 너머에서부를 때, 그 사람의 주인이 하나님이라면 그는 세상을 버리고 신앙을 따를 것입니다. 그러나 그 사람의 진정한 주인이 세상이라면 하나님과 양심과 신앙을 버리고 정욕을 따라 가게 될 것입니다. 지금 우리 앞에 갈림길이 있다. 당신은 어느 쪽 길을 택할 갈것입니까? 내가 탄 배의 선장을 바꾸세요. 내가 탄 차의 운전수를 바꾸세요. 예수님이 내 인생의 선장이요. 운전수가 되게 하십시오. "내가 그리스도와 함께 십자가에 못 박혔나니 그런즉 이제는 내가 사는 것이 아니요 오직 내 안에 그리스도께서 사시는 것이라 이제 내가 육체 가운데 사는 것은 나를 사랑하사 나를 위하여 자기 자신을 버리신 하나님의 아들을 믿는 믿음 안에서 사는것이라"(갈2:20).

오늘 이 시간 지금까지 무엇이 나를 종노릇하게 하였는가? 그리고 나의 인생의 주인이 진정으로 예수님이었는가를 나 자신을돌아보고 이제부터라도 생명이신 예수님을 나의 주인으로 모시고 하나님께 권세와 찬양과 영광을 돌립시다.

일곱째, 인생의 주인은 예수님이다. 하나님께서는 인간을 하나님의 형상과 모양을 본떠 지으셨습니다. 형상은 하나님의 모습을 의미하고 모양은 하나님의 품성을 의미합니다. 아담은 하나님께서 지으신 최초의 인간입니다. 마태복음에 기록된 예수의 족보는 아브라함까지 거슬러 올라갑니다. 그러나 누가복음에 기록된 예수의 족보는 아담까지 올라갑니다.

그리고 아담 위에 아담을 직접 지으신 하나님이 있다는 것입니다. 여기서 창조 이론이 생겨났습니다. 최초의 인간인 아담은 하나님께서 직접 만드셨습니다. 진화된 것이 아닙니다. 하나님은 세상에 있는 재료를 가지고 아담을 만든 뒤 생명을 불어 넣으셨습니다. 하나님은 아담을 비롯한 우주 만물과 인간을 지으셨을 뿐 아니라 그 소유권도 가지고 계십니다. 그 소유권은 영원합니다. 만물도, 우리 인생도 하나님이 주인이십니다.

주님은 내 생애에 저의 주인이시고 우리의 구세주 이십니다. 주께서 내 안에 계시고 내가 주안에 있습니다. 그리고 저와 주님은 늘 한 몸이십니다. 내 안에 주가 계시니 내 몸은 항상 주의 전이되십니다. 내가 잘못을 하거나 내가 주의 뜻대로 살지 못하면 주께서 내 안에서 슬퍼하시고 저를 항상 생명의 길로 인도하여 주십니다. 내 몸은 항상 사랑 덩어리가 되어야 하고, 주의 성품을 닮기를 원해야 합니다. 내 안에는 항상 주의 성령께서 역사하시고 계십니다. 저는 어디를 가든지 항상 마귀의 올무를 조심하고 있습니다. 내게 허물이 생기면내 안에 계시는 주께서 슬퍼하십니다. 허물은 사람의 죄악인데 내 안에 계시는 주의 성령께서 죄악을 멀리 하시게 하시고 내 마음을 지켜 주십니다. 저는 늘 주 안에 있고 주는 내 안에 계십니다. 내 안에 계시는 주의 성령께서는 저의 힘이 되시고, 저를 지켜주시는 방패와 창검이 되시기도 합니다. 주의 성령께서 항상 내 곁에서 함께 하십니다.

시편 23편에 "여호와는 나의 목자시니 내게 부족함이 없으리로다. 그가 나를 푸른 풀밭에 누이시며 쉴 만한 물 가로 인도하시는 도다 내 영혼을 소생시키고 자기 이름을 위하여 의의 길로 인도하시는 도다. 내가 사망의 음침한 골짜기로 다닐지라도 해를 두려워하지 않을 것은 주께서 나와 함께 하심이라 주의 지팡이와 막대기가 나를 안위하시나이다. 주께서 내 원수의 목전에서 내게 상을 차려 주시고 기름을 내 머리에 부으셨으니 내 잔이 넘치나이다. 내 평생에 선하심과 인자하심이 반드시 나를 따르리니 내가 여호와의 집에 영원히 살리로다."

내가 주 안에 주가 내 안에 계십니다. 내가 주를 사랑 합니다. 주께서 저를 사랑 하십니다. 저는 언제나 주의 사랑하심을 온 천하에 전해야 하는 명령을 받았습니다. 그 명령은 내 안에 계시는 주의 성령께서 하십니다. 우리 늘 이런 신앙고백을 하기를 바랍니다. 예수님을 주인으로 모시고 생활하는 하나님의 일꾼이 되기를 바랍니다. 기도해야 자신을 보게 됩니다. 성령의 기도에 대해서는 "기도 쉽게 바르게 하는 방법"책을 읽어보시기 바랍니다.

19장 성령을 의지하게 하시는 하나님

(행1:23-26) "그들이 두 사람을 내세우니 하나는 바사바라고도 하고 별명은 유스도라고 하는 요셉이요 하나는 맛디아라. 그들이 기도하여 이르되 뭇 사람의 마음을 아시는 주여! 이 두 사람 중에 누가 주님께 택하신바 되어, 봉사와 및 사도의 직무를 대신할 자인지를 보이시옵소서. 유다는 이 직무를 버리고 제 곳으로 갔나이다. 하고, 제비 뽑아 맛디아를 얻으니 그가 열한 사도의 수에 들어가니라"

하나님은 성도를 불러서 훈련하십니다. 훈련하시면서 자신의 부족을 깨닫고 성령님을 의지하게 하십니다. 성령님을 의지하게 하는 이유는 성도를 강하고 담대하도록 하기 위합니다. 성령님을 의지하려면 성령님을 주인으로 모셔야 합니다. 성령님이 없이는 하나님의 뜻을 알 수 없다는 것을 인정해야 합니다. 하나님은 성도들이 시행착오를 통하여 자신의 부족을 깨닫게 하십니다. 자신의 부족을 체험하므로 스스로 성령님을 의지하게 하십니다. 성령님을 의지하는 것은 자신이 한 차원 깊은 성도로 가고 있다는 증거입니다. 성령님을 의지하려면 이렇게 하시기를 바랍니다.

첫째, 성령님을 환영하라. 하나님의 일꾼이 되려면 성경의 저자인 성령님의 인도를 받지 않고는 불가능합니다. 성령을 의지해야 하나님의 뜻을 알고 일을 할 수가 있습니다. 하나님의 뜻을 모르니 우리가 늘 염려와 근심을 하며 살아가는 것입니다. 염려와 근심은 우리의 영안과 영의 귀를 막아서 하나님의 음성 (뜻)을 듣지 못하게 하는 걸림돌 역할을 합니다. 우리가 성령님을 의지할 때 우리 속에 있는 염려와 불안감이 사라집니다. 구름이 걷혀야 하늘이 보이듯 염려의 구름이 걷혀야 영적 세계가 열리는 것입니다.

성령님은 하나님이십니다. 우리가 성삼위를 언급할 때에는 성령님을 세 번째로 언급하지만, 본래 하나님 안에는 순서나 서열이 없습니다. 아타나시우스신경(the Athanasian Creed) 은 이렇게 말합니다. "성삼위 하나님 안에는 서열이 없습니다. 성부, 성자, 성령 세 분 중에 어느 분이 더 높은 것도 아니고 어느 분이 더 낮은 것도 아닙니다. 이 세 분은 똑같이 영원히 공존하시고 동등하십니다. 그러므로 이미 말했듯이, 성부와 성자와 성령 성삼위 하나님이 만물 중에서 경배를 받으셔야 합니다.

성자는 성부와 동일하시며, 성령도 성부와 동일하십니다. 성부는 창조되지 않으셨으며, 성자도 창조되지 않으셨고, 성령도 창조되지 않으셨습니다. 성부는 불가해하시며, 성자도 불가해하시며, 성령도 불가해하십니다. 성부는 영원하시며, 성자도 영원하시며, 성령도 영원하십니다. 그러나 '창조되지 않은 분'이 세 분이 아니라 한 분이시며, '불가해한 분'이 세 분이 아니라 한 분이시며, '영원한 분'이 세 분이 아니라 한 분이십니다. 마찬가지로 성부도 전능하시고 성자도 전능하시고 성령도 전능하시지만, '전능한 분'이 세 분이 아니라 한 분이십니다.

성부도 하나님이시고 성자도 하나님이시고 성령도 하나님이시지만, 하나님이 세 분이 아니고 한 분이십니다. 성부도 주님이시고 성자도 주님이시고 성령도 주님이시지만, 주님이 세 분이 아니라 한 분이십니다. 기독교 진리는 성부, 성자, 성령의 각 위가 하나님이요, 주님이심을 인정하지만, 그렇다고 해서 하나님이 세 분이요, 주님이 세 분이라고 말하지는 않습니다."

성부와 성자와 완전한 연합을 이루시고 있는 성령님은 우리와 완전한 연합을 원하십니다. 성령님과의 연합이 없이는 하나님의 뜻을 알 수가 없고, 하나님의 음성을 들을 수 없기 때문에 우리는 늘 성령님의 인도를 받아야 하며, 그분을 환영하며 늘 친밀하게 교제를 하여야 합니다.

성령님과 온전한 교제를 하면서 성령의 인도를 받으려면 먼저 성령님을 환영하여야 합니다. 성령님은 우리가 예수님을 구주로 영접을 할 때 우리 속에 들어오십니다. 비록 성령님이 우리 안에 들어오셨다 해도 우리를 장악하신 것이 아닙니다. 우리 안에 들어오실 때 성령님을 환영해야 합니다. 이것은 성령 충만한 것과 성령의 기름 부으심과는 다른 이치입니다. 그들이 예수님을 영접할 때 그들의 몸은 성령님이 들어와 계시는 처소가 되었습니다. 그렇지만 그분을 인정하지 않고, 그분에게 말을 건네는 일도 없습니다. 그 분은 상처를 받으십니다. 그런데도 그

분은 당신에게 무시를 당하는데도 당신을 위해서 늘 말할 수 없는 탄식함으로 당신을 위해서 중보기도를 하시고 있습니다(롬 8:26-27).

이제 성령님을 그만 무시하고 그분에게 이렇게 말씀하세요. "성령님, 제가 성령님의 마음을 아프게 해서 죄송합니다. 저는 이제 예수님을 영접하였듯이 성령님을 영접합니다. 성령님을 환영하고 성령님이 제 안에 오신 것을 영광으로 생각합니다. 이제는 성령님과 대화하며 살기를 원합니다. 사랑합니다. 성령님. 나의 주인으로 역사하여 주시옵소서" 그러면 그분이 인도하시기 시작을 합니다. 성령님은 감정이 참 예민하신 분이십니다.

오늘날의 신자들은 교회는 열심히 다니지만, 성령님에 대해서는 전혀 모르는 경우가 많습니다. 에베소에 있는 제자들도 비슷한 상황이었습니다. 사도행전 19: 1-2절에 보면 이렇게 기록되어 있습니다."아볼로가 고린도에 있을 때에 바울이 윗 지방으로 다녀 에베소에 와서 어떤 제자들을 만나 가로되 너희가 믿을 때에 성령을 받았느냐 가로되 아니라 우리는 성령이 있음도 듣지 못하였노라." 이 제자들은 그들 안에 성령이 계셨지만 자신들 안에 계신 그분에 대해들은 적이 없었습니다. 수많은 신자들이 이런 상태에 있는 것입니다. 우리 안에 계신 성령님에게 관심도 없고, 대화를 나누지도 않으며, 사랑을 표현하지도 않고, 그가 계신 것조차 모르고 지내는 것입니다. 이제 성령님을 환영하시고 성령의 충만함을 받아야 합니다. 그러면 전혀 새로운 세상이 열릴 것입니다. 성령과 우리 영은 분명히 다르면서도 구분하기 어려울 정도로 닮은 존재입니다. 인간은 각기 다른 인격을 갖고 있기 때문에 아무리 서로 가까워도 완전하게 연합하지 못하지만 그러나 성령님과 중생한 영은 같은 인격과 성품을 지니고 있기 때문에 완전하게 연합이 이루어집니다. '영'이라는 단어 '푸뉴마'(pneuma)는 구분하기 어렵게 쓰이고 있습니다. 영어 번역본에서는 성령과 우리 영을 구분하려고 성령을 대문자로, 우리 영을 소문자로 쓰고 있지만 번역본마다 조금씩 다릅니다. 구분하기 어렵기 때문입니다. 얼마나 놀라운 일인가요. 우리 영이 성령을 닮았다는 것은 참으로 놀라운 은혜입니다. 성령은 우리와 교제하기 위해 우리 안에 거하시는 분이지 홀로 살기 위해 오신 분이 아닙니다. 성령의 가르침 없이는 결코 하나님의 음성을 깨달을 수 없습니다. 성경을 읽는 다고 하더라도 성령의 도움이 없이는 결코 하나님의 음성을 들을 수가 없습니다.

둘째, 예수님은 늘 성령님을 의지하셨다. 예수님이 하나님의 음성을 들을 수 있었던 것은 성령님으로 말미암은 것입니다. 이사야는 예수님이 성령을 철저히 의지할 것을 예언했습니다(사 11: 1-5; 42: 1-4; 61: 1-3). 예수님이 잉태되실 때에, 하나님의 아들에게 인간의 몸을 주신 분은 성령이었습니다(눅 1:35). 예수님이 세례를 받으실 때 성령이 비둘기같이 임하셨습니다(마 3:16; 요 1:32). 예수님은 시험을 받으실 때에도 성령의 이끌림을 받아 사탄과 싸우셨습니다(마 4:1). 누가는 예수님께서 "성령의 충만함을 입어 요단강에서 돌아 오사, 광야에서 사십일 동안 성령에게 이끌리셨다"고 기록했습니다(눅 4:1).

또한 공생애 기간에 귀신을 쫓아내신 것도 성령님을 힘입어서 쫓아내셨습니다. 마 12장 28절은 이렇게 기록하고 있습니다. "그러나 내가 하나님의 성령을 힘입어 귀신을 쫓아내는 것이면 하나님의 나라가 이미 너희에게 임하였느니라" 예수님이 자신을 대속물로 드리신 것도 성령으로 말미암은 것이었습니다. "하물며 영원하신 성령으로 말미암아 흠 없는 자기를 하나님께 드린 그리스도의 피가 어찌 너희 양심으로 죽은 행실에서 깨끗하게 하고 살아계신 하나님을 섬기게 못하겠느뇨"(히 9:14).

천년 왕국에서 우리 주님이 왕 노릇하실 때 주님은 성령의 능력으로 다스리게 될 것입니다. "여호와의 신 곧 지혜와 총명의 신이요 모략과 재능의 신이요 지식과 여호와를 경외하는 신이 그 위에 강림하시리니"(사 11:2). 예수님께서 이렇게 철저히 성령님을 의지하셨다면 우리 또한 마땅히 성령님을 의지하여야 합니다.

예수님은 사람을 판단하실 때에도 외모로 판단하시지 않으시고 성령님을 의지하여 분별하셨습니다. 사마리아의 야곱의 우물가에서 만난 여인과의 만남에서, 다른 사람들은 사마리아 여인을 도덕적으로 부정한 과거를 가진 여자로 보았으나 예수님은 그녀가 깊은 영적인 목마름이 있음을 보았습니다. 예수님은 성령님을 통하여 이 여인의 영적인 갈증과 남편이 다섯이나 있었으나 지금은 여섯 번째 남자와 합당한 관계에 있지 않음을 보았습니다.

바리새인의 성경관을 가지고 있는 사람들은 여자와 이혼한 사람은 주이 종이 될 자격이 없다고 하였으나, 그러나 주님은 수가성 여인의 깊은 죄책감과 영적인 목마름을 해결하시고, 그녀를 사마리아 마을을 전도하는 전도자로 사용하셨습니다. 이와 같이 누구든지 회개하고 새사람이 되면 주님의 종이 될 수 있는 것입니다. 예수님이 오시기 전에는 예수님처럼 이적과 기적을 행한 사람이 없었습니다. 예수님의 이런 능력은 예수님이 신성을 가지고 있는 하나님이라서가 아니라, 성령님을 의지하였기 때문이라고 말씀하셨습니다(눅 4:14-21). 예수께서 부활하시고 승천하신 후에 베드로는 예수님의 사역을 다음과 같이 요약했습니다. "하나님이 나사렛 예수에게 성령과 능력을 기름 붓듯 하셨으매 저가 두루 다니시며 선한 일을 행하시고 마귀에게 눌린 모든 자를 고치셨으니 이는 하나님이 함께 하셨음이라"(행 10:38). 이렇듯 구약의 예언자들, 예수님 자신, 그리고 사도들은 예수님의 사역에 나타난 신적 능력을 그의 신성에 기인한 것이 아니라, 그를 통한 성령의 사역으로 보았습니다.

예수님은 하나님의 음성에 귀를 기울였고, 그 다음에는 성령에 의해 힘을 얻어 말하고 행동했습니다. 그 분은 이 사역 방법을 사도들에게 전해 주시면서, 성령을 그들에게 보내어 능력을 주시겠다고 약속하셨습니다(요 14:26; 15:26; 16:13). 예수님이 약속하셨던 것처럼 제자들은 성령 충만을 받고, 그들의 스승이 행하셨던 이적과 기적을 행했습니다. 예수님은 오늘날 우리에게도 믿는 모든 사람이 성령의 인도를 받으면 하나님의 음성을 들을 수 있고, 귀신을 쫓아내고 병든 자를 고칠 수 있다고 말씀하십니다(막 16: 17-18).

셋째, 성령 충만은 일회적인 사건으로 생각하기 쉽다. 그러나 성령 충만은 일회적이 아니라 지속적으로 받아야 신앙생활에서 승리할 수 있습니다. 천국에 갈 때까지 성령으로 충만을 받아야 합니다. 사도행전 2장 4절에서 제자들은 성령의 충만을 받았습니다. "저희가 다 성령의 충만을 받고 성령이 말하게 하심을 따라 다른 방언으로 말하기를 시작 하니라."

그러나 그들은 사도행전 4:31절에서 다시 성령의 충만을 받았습니다. "빌기를 다하매 모인 곳이 진동하더니 무리가 다 성령이 충만하여 담대히 하나님의 말씀을 전하니라." 이렇듯 제자들은 수시로 기도를 하여 성령 충만을 받았습니다. 성령의 능력은 기도하여 받기도 하지만, 하나님께서 강권적으로 주시는 경우가 있습니다. 예를 든다면 무디는 어느 날 뉴욕 시의 월 가를 걷다가 하나님의 능력에 사로잡혀 친구 집으로 달려가 하나님과 단둘이 있게 해 달라고 부탁하고, 그는 성령의 능력이 너무나 강하게 임하여 하나님께 자신이 감당하기가 너무나 힘드니 이제는 그만 성령의 능력을 멈춰 달라고 할 정도로 성령의 능력을 받았습니다. 성령의 인도를 받으며 많은 사람들을 구원하였습니다.

크리스마스 에반스(Chrismas Evans)는 말을 타고 자기 교구를 돌다가 갑자기 성령의 능력에 의해 말에서 떨어질 정도로 강권적으로 성령의 능력이 임했습니다. 성령의 인도로 하나님의 일꾼이 되었습니다. 조지 휫필드(George Whitefield)는 1736년 6월 20일 목사 안수식에서 벤스 감독이 손을 얹고 기도했을 때 갑자기 성령의 능력이 임했습니다. 성령의 인도로 수많은 영혼을 하나님에게 돌아오도록 했습니다. 이렇게 성령의 능력이 놀랍고 강권적으로 역사 할 때도 있지만, 성령의 능력은 끈질긴 강청의 기도로 얻는 경우가 많습니다. 예수님은 다음과 같은 예화를 들면서 강청하는 기도를 권하셨습니다. 누가복음 11: 1-11을 보면 한 손님이 밤에 어떤 집을 찾아왔습니다. 중동 지방 사람들은 자기 집에 손님이 오면 떡과 음식을 대접하는 관습이 있습니다. 대접할 떡이 없는 집 주인은 친구의 집을 찾았습니다. 그런데 그 친구는 이미 옷을 벗고 침상에 누웠으니 내일 오라고 하며 문을 열어주지 않았지만 그는 계속하여 강청을 하였습니다.

눅 11:8절에서 기도를 가르치는 주님께서는 이렇게 말씀하십니다. "내가 너희에게 말하노니 비록 벗됨을 인하여서는 일어나 주지 아니할지라도 그 강청함을 인하여 일어나 그 소용대로 주리라" 여기서 '강청'은 '많이 구한다'는 뜻입니다. 우정만으로는 얻을 수 없었던 것을 그는 계속해서 간청함으로 떡을 얻을 수 있었던 것입니다. 강청은 한 번 구하고 마는 것이 아니라, 줄 때까지 구하는 것을 말합니다. 눅 11:13은 신자가 성령의 능력을 위하여 이같이 기도해야 한다고 말씀하셨습니다.

"너희가 악할지라도 좋은 것으로 자식에게 줄 줄 알거든 하물며 너희 천부께서 구하는 자에게 성령을 주시지 않겠느냐 하시니라." 여기서 '구하는'이라는 말에 주의를 하여야 합니다. 이것은 지속적인 행위를 말합니다. 그러므로 우리는 이 말을 '구하기를 계속하는'으로 바꾸어 생각해야 합니다.

9-10절 말씀도 "내가 또 너희에게 이르노니 구하라 그러면 너희에게 주실 것이요 찾으라 그러면 찾을 것이요, 문을 두드리라 그러면 너희에게 열릴 것이니 구하는 이마다 받을 것이요, 찾는 이가 찾을 것이요, 두드리는 이에게 열릴 것이니라." 이 말씀에서 '구하라' '찾으라' '두드리라'는 말들도 마찬가지로 계속적인 용법입니다. 그러므로 우리는 성령의 능력을 구할 때는 하나님께서 주실 때까지 계속해서 구해야 하는 것입니다. 우리가 예수님을 구주로 영접하는 순간에 성령이 내주하게 되었다고 하더라도, 하나님의 음성을 듣고 쓰임 받기 위해서는 성령의 능력을 받아야 되는 것입니다. 성령의 능력은 안수를 통하여 받기도 하지만 끊임없는 강청 기도로 얻을 수 있습니다.

십대의 아들이 아버지에게 피자가 먹고 싶다고 하면 아버지는 피자를 사줍니다. 그런데 어느 날 아들이 "아빠, 5만원만 주세요." 부탁을 하면 아버지는 그 돈이 왜 필요한지 질문을 합니다. "아들이 5만원씩이나 무엇 하려고 하는데?" "여자 친구와 만나기로 했는데 멋진 곳으로 데리고 가서 음식도 먹고 영화 구경도 하려고 해요." 여기에서 그냥 돈을 내주는 아버지는 별로 없습니다. 아버지는 아들에게 계속해서 질문을 합니다. 그 여학생이 참한 학생이냐? 예수는 믿는 사람이냐? 학교 공부에는 지장이 없겠느냐? 언제 어디로 갈 것이냐? 계속 물을 것입니다.

그래도 마음이 놓이지 않아서 "생각을 좀 해 봐야 되겠다."라고 말을 하면 아들놈은 계속해서 졸라댈 것입니다. 그러면 결국 아버지는 지갑을 열게 되는 것이다. 예수님께서 끊임없이 강청 기도를 하라고 하는 이유도 이와 같을 것입니다. 성령을 받았으면 쉬지 말고 기도하여 항상 성령으로 충만 받아야 합니다.

넷째, 성령님은 나와 함께 기도하시는 분이다. 로마서 8: 26-28절에서 "이와 같이 성령도 우리 연약함을 도우시나니 우리가 마땅히 빌 바를 알지 못하나 오직 성령이 말할 수 없는 탄식으로 우리를 위하여 친히 간구하시니라 마음을 감찰하시는 이가 성령의 생각을 아시나니 이는 성령이 하나님의 뜻대로 성도를 위하여 간구하심이니라 우리가 알거니와 하나님을 사랑하는 자 곧 그 뜻대로 부르심을 입은 자들에게는 모든 것이 합력하여 선을 이루느니라" 이 말씀에서 '간구'라는 단어의 뜻은 성령님이 우리와 함께 하나님 아버지께 나아가 우리의 필요와 원하는 것들을 구하는 일에 우리를 도우신다는 것입니다.

성령님은 나보다 더 나를 잘아시는 분이십니다. 성령님은 나보다 나에게 무엇이 더 필요한지 아시는 분이십니다. 나는 욕심으로, 이기심으로, 자랑하고 싶은 마음으로 기도하지만, 그분은 내게 꼭 필요한 것과 내 영혼의 성숙을 위해서 기도하십니다. 성령님은 나보다 더 하나님 아버지를 잘 아십니다. 성령님은 어쩌면 하나님보다 더 나를 잘 아실 지도 모릅니다. 그렇다면 하나님께 기도할 때 누구와 함께 기도하는 것이 유리하겠습니까?

하나님 아버지께 기도하기 전에 먼저 성령님과 상담을 하세요. "성령님, 교회를 이전하려고 합니다. 성령님 생각은 어떻습니까?" 그러면 성령님이 말씀하십니다. "그래, 교회를 이전한다고 특별한 일이 생기겠느냐? 조금 더 기다려 보아라." 성령님은 교회 이전에 대하여 기도하면서 기다리라고고 인도하실 것입니다.

또 성령님께 다른 기도 제목도 묻습니다. "성령님, 토요일 날 하는 개별 집중치유를 어떻게 생각하세요?" 그러면 성령님이 말씀하십니다. "개별 집중치유는 아주 중요한 사역이란다. 지속적으로 할 수 있도록 해라." "성도들의 잠재의식을 치유하여 영적으로 바꾸는 사역을 지속적으로 하는 것이 좋다. 하나님이 기뻐하시는 사역이다. 사람이 적게 온다고 낙심하지 말고, 계속하라" 성령님은 이렇게 말씀하시면서 문서선교를 위하여 책이 지속적으로 출간이 되어야 한다는 것을 떠오르게 하시고, 성도들의 영의 눈을 뜨게 하기 위하여 지속적으로 하는 것이 좋겠다는 생각이 떠오르게 합니다.

이렇게 성령님과 상의를 해서 기도목록을 정합니다. 교회 이전, 치유사역, 문서선교, 등등…. 그런 후에 이 기도 제목들을 가지고 하나님께 나아갑니다. 이때 성령님께 함께 동행 하여 주시기를 부탁드립니다. 그러면 성령님께서는 기쁘게 동행해 주실 것입니다. 그러면 우리는 하나님께 나아가 소원을 간구할 때 우리는 성령님과 함께 기도하는 것이 되는 것입니다.

에베소서 2장 18절에는 이렇게 말하고 있습니다. "이는 저로 말미암아 우리 둘이 한 성령 안에서 아버지께 나아감을 얻게 하려 하심이라". 이 말씀에 '우리 둘'이라고 말씀하셨습니다. 그러므로 우리의 기도는 하나님 아버지께, 아들을 통하여 성령님과 함께 간구하는 것이 됩니다. 다음 말씀을 보십시다. "진실로 다시 너희에게 이르노니 너희 중에 두 사람이 땅에서 합심하여 무엇이든지 구하면 하늘에 계신 내 아버지께서 저희를 위하여 이루게 하시리라"(마 18:19).

이 말씀은 땅에서 기도할 때 두 사람 이상이 합심하여 기도하면 하늘에 계신 아버지께서 응답해 주신다는 말입니다. 그러므로 기도할 때 부부가, 친구가, 같은 성도들이 합심기도를 하면 좋습니다. 그런데 함께 기도할 사람이 없다고 하더라고 합심 기도를 할 수가 있습니다. '합심(agree)'이라는 단어에서 '교향악(symphony)' 또는 '조화(harmony)'라는 말이 생겼습니다. 우리가 성령님과 음을 맞추면, 다시 말해서 우리가 성령님과 조화를 이루면 우리는 하나님 아버지께 나아가서 간구할 때 혼자가 아니라, 성령님과 함께 합심하여 기도하게 되는 것입니다.

우리가 하나님의 보좌 앞에 나아가 "아버지, 충만한 교회 일꾼이 필요합니다. 문서선교를 위하여 자금이 필요합니다"라고 기도하면 성령님께서 우리 옆에서 이렇게 말씀하실 것이다. "맞습니다. 강 목사에게는 일꾼이 필요합니다. 문서 선교를 위한 물질이 필요합니다. 우리는 그것에 대해서 충분히 대화를 나누었습니다." 얼마나 기도 응답이 빠를 것인가요. 생각만 해도 신나는 일이지 않는가요? 재미있는 기도 생활을 원하시면 성령님을 인정하고 환영하고 그와 친구가 되세요. 그러면 당신은 가장 유능하고 사려 깊은 친구를 얻게 될 것입니다.

또한 로마서 8장 16-17절에 나오는 '간구'는 우리와 함께 기도할 뿐만 아니라, 성령님이 우리를 위해 대신 하나님께 나가신다는 뜻을 가지고 있습니다. 성령님은 우리가 미처 구하지 못한 필요들도 하나님께 말씀드립니다. 예를 들어, 당신이 하나님께 기도할 때 "하나님 아버지, 저는 지혜가 필요합니다."하고 지혜의 필요만 구했습니다. 그러면 성령님은 당신 옆에서 이렇게 기도를 합니다. "성부 하나님, 그는 명철함도 필요합니다."성령님은 나와 함께 기도할 뿐만 아니라, 내가 미처 깨닫지 못하고 구하지 못한 것도 구해 주십니다. 그 분은 나에게 꼭 필요한 것이 무엇인지 정확하게 아시는 분이시라, 내가 맑은 날씨만 달라고 기도를 한다고 하더라도 그분은 나에게 비오는 날도 필요함을 아시고, 당신은 언제나 승리를 원하나 그 분은 당신에게 실패의 필요성도 아시고, 당신은 언제나 웃음을 원하나 그분은 당신에게 눈물도 필요함을 아십니다. 그래서 어느 때는 기도의 응답이 거꾸로 오는 것입니다. 그러나 지나고 나면 모든 것이 합력하여 선을 이루는 것입니다(롬 8:28). 기도할 때에 당신의 필요만 기도하지 말고, 성령님께서 생각하시기에 최선의 것으로 하나님 아버지께 친히 간구해 달라고 부탁을 하세요. 그러면 당신은 가장 최선의 것을 얻게 될 것입니다.

다섯째, 성령님은 대단히 예민하시고 민감하신 분이시다. 우리가 하나님의 일을 자기 방식대로 하려 한다면 성령님은 역사하시지 않습니다. 우리가 사명을 잊어버린다거나, 하나님의 일을 육신 적인 방법으로 하려고 할 때 성령님은 몇 번 돌이킬 수 있는 기회를 주시다가 우리가 끝까지 깨닫지 못하고 자신의 방법을 고집하면 조용히 우리를 떠나십니다.

그분의 떠나가심은 너무도 조용하여 우리가 눈치 채기 어렵습니다. 삼손은 성령께서 자신을 떠나셔서 자신이 무력해짐을 깨닫지 못했습니다. 사사기 16장 20절은 이렇게 기록하고 있습니다. "드릴라가 가로되 삼손이여 블레셋 사람이 당신에게 미쳤느니라하니 삼손이 잠을 깨며 이르기를 내가 전과 같이 나가서 몸을 떨치리라 하여도 여호와께서 이미 자기를 떠나신 줄을 깨닫지 못하였더라." 이렇듯 성령님의 떠나심은 눈치 채기 어렵습니다. 성령님을 슬프시게 하지 마세요. 당신은 성령님의 도우심을 받아야 승리할 수 있다는 것을 명심해야 합니다.

고후 3장 6절에서 "의문은 죽이는 것이요 영은 살리는 것"이라 말씀하셨습니다. '의문(letter: 儀文)'은 헬라어로 '베낀 것'이라는 말에서 비롯되었습니다. 여기서 바울은 어떤 일을 하기 위한 두 가지 방법을 비교합니다. 성령과 베끼려 하는 것, 다시 말해서 성령님 없이 흉내만 내려 하는 것, 즉 육신적인 수고를 말하고 있습니다. 유대 법에서는 사건이 터지면 두 명의 증인이 필요합니다. 증인이 한 명밖에 없으면 그는 패소 합니다. 두 명이 되어야 승소할 수 있는 것입니다. 혼자의 힘으로 아무리 노력을 해도 패소할 수밖에 없습니다. 성령님과 함께 하나님 앞에 나가야 승리하고 하나님의 도움을 받을 수 있는 것입니다. 앞에서 성령님과 함께 기도하라고 한 이유도 여기에 있습니다.

설교하는 목사나 성경 교사가 성령과 함께 그분의 능력으로 설교를 하고, 성경을 가르치면 설교 듣는 시간이나 성경 공부 시간이 아주 재미있을 것입니다. 정말 말씀이 꿀 송이처럼 달다는 것을 체험하게 될 것입니다. 반면 설교하는 목사나 성경을 가르치는 교사가 둘째 증인인 성령님 없이 자기 힘으로 설교를 하고 가르치면 설교시간과 성경 공부는 말할 수 없이 지루하여, 마치 성경이 수면제나 되는 것 같은 인상을 줄 것입니다. 찬양을 할 때나 봉사를 할 때, 심지어는 집에서나 직장에서도 우리는 성령님의 인도를 받아야 합니다. 그래야 승리할 수 있게 되는 것입니다.

20장 깨달아 인정하게 하시는 하나님

(출 3:13-14)"모세가 하나님께 아뢰되 내가 이스라엘 자손에게 가서 이르기를 너희의 조상의 하나님이 나를 너희에게 보내셨다 하면 그들이 내게 묻기를 그의 이름이 무엇이냐 하리니 내가 무엇이라고 그들에게 말하리이까, 하나님이 모세에게 이르시되 나는 스스로 있는 자이니라. 또 이르시되 너는 이스라엘 자손에게 이같이 이르기를 스스로 있는 자가 나를 너희에게 보내셨다 하라"

하나님은 하나님의 마음에 합한 성도를 세상에서 불러내어 말씀과 성령으로 훈련을 하십니다. 현실 문제를 통하여 훈련을 하면서 성도가 자동으로 하나님에 대한 실존을 인정하게 합니다. 하나님은 자신이 주인이며 세상을 통치하는 살아계신 하나님이라고 고백하게 하십니다. 본문을 보면 하나님께서는 불이 붙은 떨기나무속에서 모세에게 나타나서서 말씀하셨습니다. 애굽에 있는 이스라엘 자손들의 부르짖음이 하나님께 들렸으니 모세는 이제 애굽으로 가라는 겁니다. 그 말씀을 듣는 모세로서는 너무도 당황이 됐습니다. 40년전 자신의 동족이 애굽 사람에게 학대를 당하는 것을 참지 못하고 살인을 저질르고 도망했던 모세로서는 애굽으로 다시 돌아간다는 것이 너무도 두려웠습니다. 거기다가 자신이 이스라엘백성들을 구하러 간다는 것은 생각도 해 보지 않았습니다. 이빨 빠진 호랑이처럼 나이는 여든 살이나 돼서 이제는 아무 기력도 없는 자신이 무슨 힘으로 이스라엘 백성들을 구출해 낼 수 있겠습니까? 하지만 하나님은 이미 모세를 애굽에 내려갈 당신의 종으로 삼아 놓으셨던 겁니다.

"이제 가라"하나님은 모세에게 나타나셔서 말씀하셨습니다. 이제 이스라엘 백성들을 애굽의 압제에서 구원해 낼 때가 됐으니 이제 모세가 애굽으로 가라는 겁니다. 모세의 때는 준비되지 않았지만 하나님의 때는 준비가 되셨던 겁니다. 모세는 하나님의 음성을 듣고 너무도 겁을 먹었습니다. 자신이 본인의 모습을 보니 자신은 애굽에 내려가서 누구를 구해낼 만한 인물이 되지 못했던 겁니다. 모세는 하나님께 반문했습니다."하나님 내가 누구라고 바로에게 가고 이스라엘 자손을 애굽에서 인도해 낼 수 있겠습니까?"하지만 하나님은 모세의 능력을 보고 모세를 애굽으로 내려가라고 하신 것이 아니었습니다.

하나님도 모세가 그런 능력이 있는 자가 아니라는 것을 잘 알고 계셨습니다. 하지만 하나님이 모세를 애굽으로 보내시려고 했던 것은 하나님이 그를 통해 일을 하시겠다고 하신 거였습니다. 하나님은 자신이 누구인지를 모세에게 말씀하셨습니다. 하나님은 바로 '스스로 있는 자'라는 겁니다. 이 세상에 어느 누가 자신을 스스로 있는자라고 말할 수 있을까요?

스스로 있다는 것은 이 세상의 어느 누구의 도움도 받을 필요가 없음을 말하고 있는 겁니다. 바로 하나님의 전지전능하신 특성이 나타나는 말이라고 할 수 있는 겁니다. 모세는 애굽에 내려가라는 하나님의 말씀 앞에 자신의 연약함을 바라봤습니다.

하지만 하나님은 모세에게 모세의 연약함을 들춰내신 것이 아니라, 하나님 당신의 전지전능하심을 말씀해 주셨던 겁니다. 하나님의 일은 사람이 하는 것이 아니라 사람을 통하여 하나님이 이루어 가십니다. 그저 나라는 사람은 전지전능하신 하나님 앞에 나를 내 드리면 될 뿐입니다. 하지만 우리는 내 모습을 바라보고 내 연약함을 항상 의식하기에 내 자신을 주님의 인도함 앞에 잘 맡기지를 못하는 겁니다. 하지만 하나님께서 항상 나와 함께 하심을 믿고 하나님의 인도하심 앞에 내 자신을 맡길 때 주님께서는 우리의 삶속에서 당신의 일을 하시는 겁니다.

첫째, 하나님은 천지의 주인이시다. 우리가 하나님이 천지의 주인이라는 것을 어떻게 알고 믿습니까? 성경말씀에 기록되어 있기 때문에 믿는 것입니다. 우리 하나님께서는 거대한 우주와 이 천지를 창조하신 창조주이십니다. 그 모든 것을 만드시고, 그것의 주인이십니다. 우리가 믿는 하나님, 그 하나님은 천지를 창조하신 분입니다. 하나님께서는 천지를 창조하셨을 뿐만 아니라 그것들의 왕으로서 다스리십니다. 하나님의 백성들에게 하나님의 사랑과 자비를 베푸시는 분이십니다. 시편 89편 말씀은 전체가 하나님께서 하나님의 백성과 다윗 왕과 약 속을 하시고, 그 약속을 신실하게 지키시는 분이라는 말씀을 하고 있습니다. 천지를 창조하신 위대하신 하나님께서 미미한 인간들과 약속을 하신 것입니다. 인간이 하나님과 약속할 자격이 있습니까? 아무 자격이 없음에도 불구하고 하나님께서 그 인간과 약속하시고, 인간이 하나님의 약속을 신실하게 지킬 수 없는 수준임에도 불구하고 하나님께서 그 백성과 약속을 지키시는 신실하신 하나님이라는 것이 시편 89편의 전체적인 말씀입니다.

하나님께서 왕권을 행사하심에 있어서 2가지의 기초를 가지고 있다고 시편 89편 14절은 말씀하고 있습니다. 한 가지는 '의'이고, 한 가지는 '사랑(자비)'입니다. 하나님의 백성들을 바로 세우시기 위해서 그 왕권을 행사합니다. 우리가 믿는 하나님은 천지를 창조하신 위대한 분이십니다. 그리고 우리는 그분의 자녀입니다. 하나님의 자녀된 것을 기뻐하시기 바랍니다. 놀라운 특권을 우리가 가진 것입니다.

그러면 우리가 하나님의 자녀로서 하나님을 위해서 무엇을 해야 합니까? 하나님에 대해서 우리가 해야 할 일이 두 가지가 있습니다. 한 가지는, 예배를 드리는 것이고, 또 하나는 하나님을 의지하는 것입니다. 시편89편 15절 말씀에서 '즐거운 소리를 아는 백성은 복 있는 자'라고 말씀하고 있습니다. 하나님을 하나님으로 아는 자는 복 있는 자라는 말씀입니다. 하나님께서 천지를 창조하신 위대한 하나님이라는 사실을 알고, 하나님을 하나님으로 인정하고, 하나님을 하나님답게 섬기고 복종하는 사람들은 복 있는 사람들입니다.

종교개혁자 루터가 그 당시 인문주의자인, 에라스무스에게 이러한 얘기를 했습니다. '하나님에 대한 당신의 생각은 너무 인간적입니다.' 그는 인문주의자이기 때문에 모든 사물을 바라볼 때, 더 나아가서 하나님을 생각할 때에도 인간적인 관점에서 생각했습니다. 그래서 종교 개혁자 루터는 에라스무스에게 '당신은 너무 인간적으로 하나님을 생각한다.'고 얘기했습니다. 사람들이 보통 하나님에 대해 갖는 생각이 너무 작습니다. 우리 사람은 아주 연약하고 작고 보잘 것 없는 존재이기 때문에 하나님도 우리 수준에서 생각합니다. 우리보다는 조금 낫지만, 우리와 비슷한 사람이겠거니 라고 생각합니다.

유치부에서 아이들에게 그림을 그리라고 했습니다. 한 아이가 그린 그림을 보니 수염이 많고 지팡이를 든 할아버지를 그렸습니다. 그래서 선생님이 '참, 잘 그렸구나. 이분이 너희 할아버지니?' 라고 묻자 '아니예요. 하나님이예요.' 라고 대답 했다고 합니다. 사람들은 하나님을 생각할 때에 수염 많고, 인자한 산신령 정도로 생각합니다. 잘못 생각한 것입니다. 우리가 하나님을 믿을 때에 성경이 말씀한 그대로 천지를 창조하시고, 그것을 초자연적으로 다스리시는 위대한 하나님으로 우리가 알고, 인정하고, 믿고, 받아들여야 합니다.

그렇기 때문에 우리가 그분 앞에 찬양하고 예배를 드려야만 합니다. 시편89편 5절 말씀은 하나님 앞에 찬양하는 이야기들로 가득 채워 있습니다. 우리 성경 전체는 하나님 앞에 예배하고 경배할 것을 가르치고 있습니다. 하나님을 하나님답게 생각하고, 하나님을 하나님답게 모시고 하나님답게 예배를 드려야 한다고 말씀하고 있습니다. 구약성경에서 많은 선지자들이 이스라엘 사람들을 책망합니다. 너희들은 하나님을 하나님답게 예배드리지 못하고, 우상숭배 하듯이 하면 안 된다고 책망합니다. 하나님은 천지를 창조하신 위대하신 분이시기 때문에 몸과 마음과 뜻과 정성을 다해서 예배드려야 하고, 영과 진리로 예배드려야 한다고 우리에게 말씀하고 있습니다.

예배라는 것은 하나님 앞에, 왕 앞에 우리 전체를 바치는 것이 예배입니다. 하나님의 자녀된 우리들이 하나님 앞에서 해야 될 가장 우선된 일은 예배입니다. 하나님 앞에 예배를 드리고 찬양을 드리는 것이 가장 중요한 일입니다. 하나님은 영이시니 예배하는 자가 영과 진리로 예배할 지니라. 영이신 하나님이시기 때문에 반드시 성령이 충만한 영으로 드려야 합니다.

왕 앞에 우리가 해야 할 두 번째 일은 그 분이 위대하시다는 사실을 인정하고 신뢰하는 것입니다. 시편89편 15-18절 말씀은 하나님의 백성이 인생길을 갈 때에 하나님의 얼굴빛이 그들을 비추신다고 말씀합니다. 하나님께서 하나님의 백성과 동행하시기 때문에 하나님의 백성이 주의 이름을 기뻐한다고 말씀합니다. 하나님의 백성이 하나님의 영광과 은총으로 인해서 높임을 받는다고 말씀합니다. 하나님의 자녀가 하나님 때문에, 천지를 창조하신 왕이 함께 하시기 때문에, 그 분이 우리의 얼굴빛을 비춰주심으로 인해서 우리가 높임을 받고 기쁘고 즐겁게 인생길을 간다고 말씀하고 있습니다.

하나님의 자녀된 우리가 잘못한 것 중에 큰 잘못 하나가 하나님의 위대하심을 더디 믿는 것입니다. 그래서 삶을 살다가 어려움이 닥치고 환경이 어려워지고 고난이 있으면 전능하시고 위대한 하나님이 나의 왕이라는 사실을 잊어버리고 거기에 빠져 걱정하고 염려하고 두려워합니다. 하나님이 나와 함께 계시면 두려워할 일이 뭐가 있겠습니까? 하나님의 위대하심을 인정하고 알고, 의지하는 백성은 왕 되신 하나님께서 그와 함께 하시기 때문에 늘 새 힘을 얻게 됩니다.

우리 하나님은 천지를 창조하신 주인이시고 왕이십니다. 지금도 세상을 초자연적으로 칠하고 계십니다. 그 사실을 믿으시길 바랍니다. 그리고 그 왕께 굴복하십시오. 이 예배를 드릴 때에 자신 전체를 왕께 내려놓고, 그 왕께 굴복하시길 바랍니다. 그리고 이 예배를 마치고 세상에 나갈 때에 그 위대하신 왕과 동행해서 나감으로 담대하게 삶을 살아가시길 바랍니다.

둘째, 하나님은 살아계신다. 하나님은 살아서 역사하시는 하나님이십니다. 하나님이 살아계신 것을 어떻게 알 수 있습니까? 성령이 역사하는 것을 보면 알 수가 있습니다. 저는 예배나 집회를 인도할 때에 하나님이 지금 성령으로 역사하신다는 믿음을 가지고 예배나 집회를 인도합니다. 예배나 집회의 주인이신 성령님이 역사하여 주실 것이라는 믿음을 가지고 말씀을 전하고 기도를 합니다. 지금까지 수없이 많은 예배와 집회를 인도했는데 한 번도 실수하지 않으신 성령님이십니다. 이런 것을 보면 하나님이 지금도 살아서 역사한다는 것을 눈으로 보고 몸으로 체험하여 알게 됩니다. 저는 그저 살아계신 하나님이 이번 시간에도 역사하신다는 믿음을 가지고 편안하게 예배와 집회를 인도합니다. 하나님이 살아서 역사하고 계신다는 것은 환자를 즉석에서 치유하시는 것을 보고 알 수가 있습니다. 제가 병원전도를 다닐 때 열이 39도 이상 올라가는 환자를 안수하면 3분 이

내로 치유가 됩니다. 의사들의 치유는 해열제를 주사하고 기다
리는 것입니다. 살아계신 하나님의 치유는 즉석해서 열이 떨어
지게 하십니다. 교통사고를 당하여 심하게 놀라 며칠씩 잠을 자
지 못하는 환자도 머리에 손을 얹고 "자동차 사고로 놀랄 때 침
투한 악한 영은 예수 이름으로 명하노니 떠나가라. 마음에 평안
이 역사할지어다." 하고 안수하면 금방 잠을 잡니다.

식중독 환자나 급체로 고생하는 환자가 병원에 입원을 하면
최하 3일에서 7일까지 입원을 해야 치유가 됩니다. 제가 예수
님의 이름으로 명령하면 3분이면 치유가 됩니다. 이 모든 것이
하나님의 살아 계신 증거가 됩니다. 저는 할 수가 없습니다. 전
적으로 살아계신 하나님이 하시는 일입니다.

셋째, 하나님은 절대자임을 인정하게 하신다. 하나님은 우리
인간의 절대자 이십니다. 하나님이 말씀과 성령으로 일꾼을 만
드십니다. 우리의 인생은 전능하신 하나님의 손안에 있습니다
(18:1~6). 하나님이 예레미야에게 토기장이의 집으로 가라고
명하셨습니다. 하나님은 토기장이와 진흙의 비유를 통해 자신과
백성의 관계를 설명하셨습니다. 토기장이가 진흙으로 자신이 원
하는 그릇을 만들듯이 하나님 또한 각 사람에 대해 그분의 선한
계획을 갖고 계십니다. 토기장이가 그릇이 원하는 모양으로 나
오지 않을 때에도 포기하지 않고 다시 다른 그릇으로 만들듯이,
하나님 또한 그분의 백성을 향해 절대 주권을 갖고 계시며 절대
로 포기하지 않으십니다. 하나님의 주권은 사랑과 인내와 자비
에 바탕을 두고 있습니다. 우리는 하나님의 절대 주권을 인정하

고 모든 일에 그분을 신뢰해야 합니다. 또한 하나님의 손에 우리의 인생을 전적으로 맡기고 그분 앞에 겸손히 행해야 합니다.

우리는 절대 주권자이신 하나님께 믿음과 순종을 드려야 합니다. 토기장이가 진흙으로 최고 걸작을 만들 때, 진흙은 단지 토기장이의 손에 자신을 맡기기만 하면 됩니다. 그러면 아름다운 그릇이 됩니다. 하나님이 유다 백성에게 요구하시는 것은 바로 순종입니다. 하나님은 재앙을 내리기로 작정하셨더라도 어느 민족이나 국가든지 악에서 돌이켜 진심으로 회개하면 그 뜻을 돌이키십니다. 그러므로 임박한 심판을 눈앞에 둔 유다 백성이 해야 할 일은 죄에서 돌이켜 철저히 회개하는 것입니다. 진흙은 토기장이를 변화시킬 수 없습니다. 그러나 이스라엘이 하나님의 말씀에 순종하고 행위를 아름답게 하면 하나님은 그 뜻을 돌이키십니다. 우리도 하나님 앞에 즉각적으로 순종해 하나님의 복을 받는 삶을 살아야 합니다.

넷째, 하나님은 믿음을 보고 역사하신다. 네 믿은 대로 되라는 말씀은 감탄을 불러오는 하나님의 지혜로운 말씀입니다. 우리가 어떤 문제를 당한 후에 이 문제를 해결하기 위하여 목사님이나 능력 받은 종을 찾아가서 기도를 받는 것은 흔히 보는 일입니다. 우리가 지금 문제가 해결 안 되고 어려움 속에 있는 것은 내 믿음이 그 정도밖에 되지 않기 때문입니다. 우리는 나의 믿음을 크게 키우고 순수하게 단순하게 믿는 믿음으로 변하게 하고 하나님은, 주님은 못하실 일이 없다는 믿음만을 가득 채우고 주님께 나아가서 이 믿음을 보일 때에 하나님의 법인 믿음대로 되는 역사가 나타나는 것입니다.

1) 믿음이 내 믿은 대로 되어집니다. 로마서 1장 17절 "복음에는 하나님의 의가 나타나서 믿음으로 믿음에 이르게 하나니 기록된바 오직 의인은 믿음으로 말미암아 살리라 함과 같으니라" 일주일에 예배를 한 번 드리는 것으로 만족하는 믿음은 그 이상의 발전이 없습니다. 매일 기도하고 성경 읽으며 열심히 예배에 참석하는 믿음은 그 믿음대로 믿음이 이루어져 좋은 믿음의 사람이 되는 것입니다. 믿음이 좋은 사람은 믿음이 곱하기로 더하여지고, 믿음이 시원치 않은 사람은 있는 믿음까지 식어지게 되는 것입니다. 믿음으로 믿음에 이른다는 말씀은 내가 믿음의 목표를 크게 세우고 이 믿음을 위하여 나아갈 때에 하나님이 기뻐하시고 주님이 칭찬하는 믿음에 이르게 됩니다.

2) 축복이 내 믿은 대로 되는 것입니다. 창세기 27장에는 야곱이 이삭으로부터 받은 축복이 기록되어 있습니다. 이삭이 에서에게 별미를 만들어 오면 축복을 주겠다고 말을 할 때에 이 말을 엿듣고, 이 축복의 기회를 놓치지 않겠다는 마음으로, 에서라고 가장하며 별미를 드릴 때에 이 별미를 먹고 이삭이 야곱에게 축복을 하였습니다. 야곱은 후에 이삭이 축복한 축복을 이루어 질 것을 믿고 어려움을 참고 나갈 때에 마침내 축복이 믿음대로 나타나는 복을 받은 야곱이 되고 이스라엘이 된 것입니다. 아버지가 축복하면 복을 받는 다는 믿음을 가지고 믿음대로 행하였음으로 이스라엘의 조상이 되는 축복을 받은 것입니다.

이삭의 믿음의 위대함도 역시 한번 하나님의 이름으로 축복한 것은 그대로 된다는 것을 믿고, 속아서 야곱에게 축복한 것을 알은 후에도 이를 취소하지 않고 일구이언을 하지 아니한 믿음의 이삭입니다. 만일 필자 같았다면 아비를 속인 야곱을 책망하며 축복을 취소하고, 다시 에서에게 축복을 하였을 것이지만, 이삭은 믿음대로 축복이 옴을 알고 이 믿음을 지닌 믿음의 사람입니다.

야곱은 아버지가 축복하면 그 대로 된다는 것을 믿었고, 이 축복을 받았습니다. 축복도 내 믿음대로 이루어짐을 알고, 우리는 주님께 대한 믿음을 키우며, 축복을 사모하는 믿음을 키우며, 살아가야 합니다. 하나님은 나의 모든 것을 다 아시지만, 왜 아직 내게 복을 크게 쏟아 부어 주지 않습니까? 내가 믿기까지, 구할 때까지 기다리고 계시기 때문입니다. 하나님이 주시는 복은 내 믿음대로 하나님이 주심을 잊지 말고, 내가 복을 받기 원하거든 내 믿음을 먼저 키워야 합니다.

3) 치료가 내 믿은 대로 됩니다. 예수님은 문둥이, 소경, 혈루증 여인, 백부장, 수로보니게 여인 등 치료하여 주실 때에 네 믿은 대로 되라는 말씀을 하시어 예수님을 향한 치료의 믿음을 가진 그대로 병자들을 고쳐 주신 것을 봅니다. 예수님은 네 소원대로 되라는 말씀을 별로 하시지 않고, 네 믿은 대로 되라고 믿음대로 되는 말씀을 주신 것입니다. 어느 성도는 목사님이 기도를 한번 하여 주시면 꼭 병이 낫을 것이란 믿음을 가지고 목사님이 오셔서 기도하여 주기를 기다리는 성도가 있습니다. 이러한 믿음을 가진 사람에게 목사님이 심방을 가서 기도를 하여

주면, 그 사람은 반드시 믿음대로 치료가 되는 것을 수없이 경험하게 됩니다. 주님은 오늘날에도 믿음을 가진 대로 병을 치료하여 주시는 하나님이십니다. 많은 사람들이 치유센터에 가서 불치병을 고침 받고 그 치유센터에서 건강하게 봉사하는 것을 보게 됩니다.

우리는 치료의 믿음을 가지고 주님은 능치 못함이 없다는 믿음을 가지고 나아 갈 때에, 주님은 일으켜 세워 주시는 주님이십니다. 병에 걸렸지만 낫지 않을 때에는 기도 제목을 바꾸어야 합니다. 내 믿음이 적은 것을 먼저 도와 주셔서 병을 고칠 수 있는 믿음으로 되게 하여 달라고 기도하고 이러한 믿음을 갖기를 노력하며 순종과 겸손과 성결함으로 살아가야 합니다. 하나님은 오늘도 내 믿음대로 치료하시는 하나님이십니다.

4) 귀신을 물리치는 일도 역시 내 믿음 대로입니다. 사도행전 19장의 스게와의 일곱 아들들이 귀신들린 한 사람을 이기지 못하고 쫓기어 도망하듯 악귀들도 역시 예수를 믿고 성령으로 충만한 믿음이 있는 사람과 믿음이 없는 사람을 구별하여, 믿음이 없는 사람에게는 오히려 더 큰 해를 당하게 합니다.

그러나 믿음을 갖고 귀신들이, 마귀가 떨며 도망하는 강하고 담대한 믿음을 가지고 예수 이름으로 명할 때에 모든 악귀들은 내 믿음을 가진 대로 무서워 떨며 도망가는 것입니다. 예수 이름을 빙자하는 것은 믿음이 아니고, 예수 이름을 시험하는 것임으로 오히려 더 해를 당하는 것입니다. 강하고 담대한 믿음을 가지고 우리는 마귀를 악귀를 이기면서 물리치면서 살아가는 믿음의 사람이 되어야 합니다.

마가복음 16장 17절 "믿는 자들에게는 이런 표적이 따르리니 곧 저희가 내 이름으로 귀신을 쫓아내며 새 방언을 말하며 뱀을 집으며 무슨 독을 마실지라도 해를 받지 아니하며 병든 사람에게 손을 얹은즉 나으리라 하시더라" 우리는 믿음을 가지고 병마를 이기고 악귀를 좇아 내며 마귀를 제어하며 살아가는 믿음의 사람, 믿는 자, 믿음의 표적이 나타나는 성도가 되어야 하겠습니다. 주님은 네 믿은 대로 되는 법을 세워 주셨습니다.

예배를 마칠 때에 목사가 두 손을 들고 축복 기도(축도)하는 것을 무의미하게 여기지 말기를 바랍니다. 내가 그 축복 기도를 믿음으로 받아들이고 내가 이 믿음을 갖고 살아 갈 때에 두 손을 들고 축복한 주의 종의 기도가 그대로 이루어지는 것입니다. 우리도 주의 종이나 평신도를 막론하고 자신을 축복하는 기도를 할 때에는 아멘으로 받아들이면 그 믿음으로 아멘하고 나아가는 대로 이루어지는 것이 하나님의 법입니다. 하나님은 항상 믿음을 따라서 믿은 대로 역사 하시는 하나님이십니다.

다섯째, 하나님은 사람을 통해 이루어 가신다. 하나님은 사람을 통해서 뜻하신 일들을 이루어 가십니다. 그렇기 때문에 성도는 사람을 잘 만나야 합니다. 꿈에 보여주신 대로 요셉을 치리자로 세우고자 하신 하나님의 뜻을 이루기 위해서 많은 인물들이 동원되고 있음을 성경을 통해서 알 수 있습니다(창40장). 요셉의 형들을 비롯해서 미디안 상인이나 보디발, 심지어 보디발의 아내까지도 요셉을 애굽의 총리로 세우시는데 있어서 도우미 역할을 했던 것입니다. 우리는 진리를 밝히 깨달아 나에게 고통을 주거나 억울하게 하는 이들 까지도 마음에 품고 감사하며 기도해 주는 성도들이 되어야 합니다. 본문에는 요셉이 총리가 되도록 역할을 한 두 인물이 소개 됩니다. 왕의 술 관원과 떡 관원 입니다. 이제 그들과의 관계를 살피면서 은혜를 받고자 합니다.

1) 술 관원과 떡 관원을 수종드는 중 그들이 꾼 꿈을 해몽할 기회를 얻게 됐습니다(창40:1-8). 시위대장의 지시에 의하여 요셉은 이 두 관원들을 수종들게 됐습니다. 그들은 죄를 범하여 요셉이 갇힌 감옥에 투옥된 처지였으나 높은 관직에 있는 자인고로 수종드는 종이 딸려있었던 것 같습니다. 그들과의 만남은 결코 우연이 아니라 하나님의 섭리요, 인도하심이었음을 부인할 수 없습니다. 더구나 하나님은 두 관원들이 꿈을 꾸게 하시고 요셉으로 하여금 그 꿈을 해몽할 수 있도록 역사 하셨습니다. ①요셉은 그들의 근심을 위로 했습니다. 그들의 근심 빛을 발견했고, 오늘 어찌하여 근심 빛이 있나이까 라고 물으며 위로 했습니다. 이것이 섬기는 자의 모습입니다. 우리는 이웃의 근심을 살필 줄 알아야 합니다.

그리고 그 근심문제를 함께 해결하려는 노력을 기울여야 합니다. 가족 간에나 이웃 간에 특히 성도 간에는 근심케 하는 자가 되기보다는 근심을 풀어 주는 자가 되어야 합니다. 화평케 하는 자가 하나님의 아들이라고 했고(마5:9) 성령은 우리로 하나 되게 하신다고 했습니다. ②요셉은 근심의 해결자가 하나님이심을 증거했습니다. "요셉이 그들에게 이르되 해석은 하나님께 있지 아니하이까 청컨대 내게 고하소서"라고 했습니다. 28세된 청년 요셉의 위대한 신앙을 발견할 수 있습니다. 꿈을 꾸고 나서 근심하는 그들에게 꿈을 해석할 하나님이 계심을 증거했던 것입니다. 해결될 수 없는 문제는 없습니다. 하나님은 모든 문제의 해결자십니다. 우리 자신의 문제뿐만 아니라, 근심 중에 있는 이웃들의 문제까지도 해결해 주실 하나님을 확신하며 기도하는 성도들이 되기를 바랍니다.

2) **꿈을 해석해주고 도움을 청했습니다**(창40:9-15). 요셉의 말을 들은 관원들은 자기들이 꾼 꿈을 고했습니다. 요셉을 신뢰했기 때문입니다. 뿐만 아니라 그들의 겸손도 드러납니다. 보통은 수종드는 자라고 해서 무시해 버릴 수도 있으나 그들은 요셉에게 그들의 꿈을 말했던 것입니다. 먼저 술 맡은 관원장이 꿈을 고했습니다. 포도나무 세 가지가 있고 싹이 나서 꽃이 피고 포도송이가 익었고 그 포도를 따서 즙을 짜 바로에게 드렸다는 것입니다. 요셉은 즉시 해몽을 해 줬습니다. 3일 후에 복직하여 왕을 섬기게 된다는 해석이었습니다. 이 해몽과 함께 요셉은 도움을 청했습니다. 복직하게 되면 은혜를 베풀어 바로에게 고해달라는 것입니다. 즉 억울한 누명을 벗겨주고 이 감옥에서 풀려나게 해 달라는 것이었습니다. 요셉은 물론 하나님을 신뢰했고 하나님께 많은 기도를 했습니다. 그러나 동시에 하나님은 사람을 통해서 일하신다는 사실을 알고 있었습니다. 그래서 술관원에게 도움을 청했던 것입니다. 인류의 역사가 진행되는 동안 사람을 통해서 일하시는 하나님은 우리시대에도 같은 방법

을 사용하심을 기억하기 바랍니다.

3) 요셉의 꿈 해석대로 복직된 술 관원장은 요셉을 기억지 않고 잊었습니다. 술 맡은 관원장의 꿈이 좋은 꿈임을 본 떡 맡은 관원장도 용기를 내어서 꿈을 고했습니다. 흰떡 세 광주리가 머리에 있고 윗 광주리에는 바로에게 드릴 각종 구운 식물이 있는데 새들이 와서 먹었다는 것입니다. 요셉은 즉시 해몽해줬습니다. 삼일 후에 바로에게 처형당한다는 것이었습니다. 요셉의 해몽대로 두 사람에게 이루어졌습니다. 바로의 생일인 삼일 후에 둘 다 옥에서 나가 하나는 복직되고, 다른 하나는 처형되었던 것입니다. 술관원 장은 복직이 되었음에도 불구하고 요셉을 기억지 않고 잊었습니다. 일반적으로 사람들은 은혜를 잊고 삽니다. 특히 힘들고 어려울 때는 지푸라기라도 잡으려 하지만 문제가 해결된 후에는 도움을 줬던 분들을 외면합니다. 이런 배은 망덕한 일들이 교회 안에도 있습니다. 결코 그래서는 안 되는데 말입니다. 하나님은 사람(나)을 통해서 일하십니다. 이스라엘의 구원을 위하여 모세를 사용하셨고, 이방 세계 복음화를 위하여는 바울을 사용하셨습니다. 오늘 우리 모두는 하나님의 역사를 위하여 사용되는 중요한 인물들이 되도록 합시다. 사용하시려는데 거부하는 것은 죄악입니다. 그들은 벌을 받습니다. 요나는 거부하다가 물고기 뱃속에 삼켜지는 고난도 당했습니다. 또한 주께서 쓰시는 사람들의 길도 훼방이 아니라 지원하기 바랍니다. 그것이 하나님의 뜻이요, 복 받을 일입니다.

여섯째, 하나님은 두려운 분이다. 제가 그동안 성령치유 사역을 하면서 깨달은 것은 하나님은 사랑의 하나님이십니다. 반면에 두려운 하나님도 되십니다. 성도들이 사랑의 하나님은 잘 알고 있습니다. 그러나 두려운 하나님을 잘 모릅니다. 두려운 하나님으로 알아야 합니다. 하나님은 삶에서 말씀을 순종하며 적용하고 사는 성도에게는 사랑의 하나님으로 역사하십니다.

그러나 삶에서 말씀을 순수하게 적용하지 않고 세속에 물들어 세속을 따라가는 성도에게는 두려운 하나님으로 역사하십니다. 하나님이 불순종하는 사람을 간섭하지 않으니 마귀가 역사하여 환란과 풍파가 찾아오는 것입니다. 성도에게 시험(환란과 풍파)이 떠나가지 않고 다가오는 것은 말씀을 순수하게 삶에 적용하지 않기 때문입니다. 환란과 풍파는 성령의 인도를 받아 말씀을 삶에 순수하게 100% 적용하며 살아갈 때 멈추게 됩니다.

이스라엘 백성들을 보세요. 하나님의 말씀을 순종하지 않고 우상을 숭배할 때 외침을 당하도록 내버려 두십니다. 바벨론 포로로 70년간 보내서 고통을 당하면서 회개하게 하십니다. 끊임없이 외침을 당하게 하십니다. 만찬가지로 성령이 역사하는 교회 시대를 살아가는 성도들도 하나님의 말씀을 순수하게 믿고 삶에 100% 적용하지 않으면 마귀가 찾아와 환란 풍파를 일으킬 수가 있다는 것입니다. 하나님을 두려워하기를 바랍니다.

5부 형통의 삶을 살게 하시는 하나님

21장 권세와 권능을 나타내시는 하나님

(행3:1-10)"제 구 시 기도 시간에 베드로와 요한이 성전에 올라갈새, 나면서 못 걷게 된 이를 사람들이 메고 오니, 이는 성전에 들어가는 사람들에게 구걸하기 위하여 날마다 미문이라는 성전 문에 두는 자라. 그가 베드로와 요한이 성전에 들어가려 함을 보고, 구걸하거늘 베드로가 요한과 더불어 주목하여 이르되 우리를 보라 하니, 그가 그들에게서 무엇을 얻을까 하여 바라보거늘 베드로가 이르되 은과 금은 내게 없거니와 내게 있는 이것을 네게 주노니 나사렛 예수 그리스도의 이름으로 일어나 걸으라 하고, 오른손을 잡아 일으키니 발과 발목이 곧 힘을 얻고 뛰어 서서 걸으며 그들과 함께 성전으로 들어가면서 걷기도 하고 뛰기도 하며 하나님을 찬송하니 모든 백성이 그 걷는 것과 하나님을 찬송함을 보고 그가 본래 성전 미문에 앉아 구걸하던 사람인 줄 알고 그에게 일어난 일로 인하여 심히 놀랍게 여기며 놀라니라"

하나님은 불러서 현실 문제를 해결하면서 훈련하시고 권세와 권능을 주십니다. 권세와 권능을 가지고 하나님의 일을 해야 하기 때문입니다. 예수님의 이름에는 분명하게 권세가 있습니다. 성도들에게 세상에서 가장 가치 있는 이름 하나를 찾으라고 한다면 "예수 그리스도의 이름"임을 찾아야 합니다. 예수의 이름의 뜻이 "구원"입니다. 예수님은 요한복음 14장 6절에서 "내가 곧 길이요, 진리요, 생명이라고 하시며 나로 말미암지 않고는 아버지께로 올 자가 없다"고 하셨습니다. 죄에서 자유 함을 얻는 유일한 길이요. 요한복음 14장 13절에 "너희가 내 이름으로 무엇을 구하든지 내가 시행하리니" 하나님께 기도하여 응답 받을 수 있는 이름입니다. 이런 기도의 약속은 대단한 약속입니다. 그래서 성도들은 예수 이름으로 열심히 성령 안에서 기도해야 합니다. 그러나 기도는 열심히 하는데 아무 일도 일어나지 않는 일이 대부분입니다. 그것을 이상하게 여기지도 않습니다. 자신의 능력이 없어서, 믿음이 적어서, 죄가 있어서 등으로 생각하고 기도를 포기합니다.

그럼 과연 예수 이름의 권세는 언제 누구에게 나타나는 것일까요? "먼저 생각할 것은 우리가 이 땅에서 예수 그리스도의 이름을 부르는 의미를 알라"기도는 나를 위한 것이 아니라, 하나님을 위한 것임을 잊지 말아야 합니다. 즉 예수 이름을 사용하는 목적이 나를 위함이 아니라, 하나님의 영광을 위함이어야 한다는 것입니다. 예수의 이름은 내가 하나님을 이용하도록 주신 것이 아니라, 하나님께서 나를 사용하시기 위해 주신 이름이라는 말씀입니다. 이를 알고 성령으로 기도해야 합니다. 성령 안에서 예수님의 권세가 나타나는 것입니다.

성령 안에서 예수님의 이름으로 기도할 때 하나님이 들어주시고 응답하여 주십니다. 우리가 '예수님의 이름으로' 기도하는 것은, 예수님께서 돌아가시기 전에 제자들에게 마지막으로 부탁하신 말씀 때문입니다. 물론 '예수님의 이름으로' 기도할 때에는, 예수님의 가치와 목적과 성품이 그 기도 속에 포함되어 있어야 합니다. 즉 성령의 임재가운데 성령으로 기도해야 합니다. 그 구체적인 기도의 내용이 바로 주님이 가르쳐주신 주기도문에 담겨있습니다. 무엇보다 우리가 기도하는 대상이신 하나님에 대해서 오해를 풀어야 합니다. 우리의 기도는 억지로 떼를 써서라도 인색한 하나님에게 우리가 원하는 것을 받아내는 고집스러운 행위가 아니라, 단순하고 솔직하게 필요한 것과 성령님이 감동하시는 것을 믿음으로 간구하는 것입니다.

그리고 '예수님의 이름으로' 기도할 때에 우리가 받게 될 가장 좋은 응답은 바로 '성령'이라는 것을 알아야 합니다. 기도할 때 성령을 주십니다. 이것이 바로 예수님께서 우리에게 '예수님의 이름으로' 기도하라고 가르쳐주신 진정한 이유입니다. 이 부분에 대해서 조금 더 깊이 묵상할 필요가 있습니다. 예수님께서 승천하시기 전에 제자들에게 남겨주신 말씀은 "오직 성령이 너희에게 임하시면 너희가 권능을 받고 예루살렘과 온 유대와 사마리아와 땅 끝까지 이르러 내 증인이 되리라 하시니라."(행 1:8)입니다. 누가복음 11장에서 주님은 우리가 '예수님의 이름으로' 기도하면 '성령'을 받게 될 것이라고 말씀하셨습니다. 여기 사도행전 본문에서는 '성령'이 임하면 '권능'을 받게 될 것이며, 그 '권능'을 받아야 땅 끝까지 이르러 '주님의 증인'이 될 수 있다고 하셨습니다. 그리고 오순절 성령강림을 통해서 실제로 주님께서 약속하신 성령이 제자들에게 하나씩 임했습니다.

자, 그렇다면 제자들이 성령이 임함으로써 받게 된 '권능'이 구체적으로 무엇일까요? 오순절 성령강림절 당일에 제자들이 다른 나라의 말로 '방언'을 말함으로써 예수 그리스도의 복음이 선포되는 정말 놀라운 일이 나타났습니다. 그러나 '방언'을 '권능'이라고 표현하기에는 무언가 충분하지 않다는 느낌입니다. 성령이 임하심으로 제자들이 받게 된 '권능'이 무엇일까요? 베드로가 행한 오순절 설교에서 이 '권능'의 의미가 잘 설명되고 있습니다. "이스라엘 사람들아 이 말을 들으라. 너희도 아는 바와 같이 하나님께서 나사렛 예수로 큰 권능과 기사와 표적을 너희 가운데서 베푸사 너희 앞에서 그를 증언하셨느니라."(행2:22)입니다.

베드로는 예수님께서 이미 '권능'을 나타내셨다고 이야기합니다. 예수님께서 행하신 '권능'(權能)이란 기사(wonders)와 표적(signs)을 행하실 수 있는 눈으로 보이는 '능력'(power)이라는 것입니다. 그 권능을 통해서 예수님이 하나님의 아들이요. 그리스도이심을 하나님께서 '증언'하셨다는 것입니다. 반드시 예수님의 권능은 말로만 그치는 것이 아니라 실제 몸으로 느끼고, 눈으로 보이는 실제적인 현상이 나타나야 합니다. 정리하자면, '권능'은 기사와 표적을 행하는 능력인데, 그것을 통해서 예수 그리스도가 증명(prove)될 수 있는 그런 능력입니다.

자, 그렇다면 오순절 성령강림 사건을 통해서 제자들이 받게 된 '권능'은 무엇일까요? 그것은 예수님과 똑같습니다. '기사' 와 '표적'을 행할 수 있는 '능력'입니다. 그 권능을 사용함으로써, 주님께서 하신 말씀처럼, 제자들은 비로소 땅 끝까지 이르러 예수님을 증언하는 사역을 할 수 있게 되었던 것입니다. 그러니까 예수님께서 제자들에게 '예수님의 이름으로' 하늘 아버지께 기도하여 '성령'을 받으라(눅11:13)고 말씀하신 이유는, 결국 제자들이 성령을 받아야 이와 같은 권능을 사용할 수 있게 되기 때문인 것입니다. 권능은 성령으로 기도할 때 기사와 표적이 나타나기 때문입니다. 그렇기 때문에 예수님의 권능을 사용하려면 반드시 성령으로 세례를 받아야 합니다.

그렇게 해서 실제로 초대교회에서는 성령 받은 제자들로 말미암아 많은 '기사와 표적'이 나타나게 되었습니다(행2:43). 그 중의 그 첫 번째 사건이 바로 성전 미문에서 구걸하던 나면서부터 못 걷게 된 장애인을 베드로와 요한이 치유한 일입니다. 이때 베드로가 그를 향해서 무엇이라고 말했습니까? "베드로가 이르되 은과 금은 내게 없거니와 내게 있는 이것을 네게 주노니 나사렛 예수 그리스도의 이름으로 일어나 걸으라 하고…."(행3:6)라는 말입니다.

여기에서 우리가 주목해야 할 부분은, 베드로가 권능을 행하면서 사용한 '나사렛 예수 그리스도의 이름으로'라는 말입니다. 베드로는 '내가 명하노니 일어나 걸으라!'라고 하지 않습니다. '예수님의 이름으로 일어나 걸으라!'고 명령합니다. 바로 이것이 '예수님의 이름으로' 기도하여 성령의 권능을 받은 사람들이, 그 권능을 행할 때 하는 방법입니다. '예수님의 이름으로' 기도하여 얻은 권능은 오직 성령 안에서 '예수님의 이름으로' 명령함으로써 그 능력이 나타나게 되는 것입니다.

그렇다면 예수님은 기사와 표적을 행하실 때에 당신의 이름을 사용하셨을까요? 아닙니다. 예수님은 당신의 이름을 사용하실 필요가 없으셨습니다. 그냥 '말씀하심'으로 놀라운 기사와 표적을 보이셨습니다.“…중풍병자에게 말씀하시되 일어나 네 침상을 가지고 집으로 가라 하시니 그가 일어나 집으로 돌아가거늘….”(마9:6b-7). 베데스다 연못가에 누워 있던 38년 된 병자를 향해서도 예수님은 그냥 명령하셨습니다.“예수께서 이르시되 일어나 네 자리를 들고 걸어가라 하시니 그 사람이 곧 나아서 자리를 들고 걸어가니라.”(요5:8-9). 명령하셨습니다.

예수님은 굳이 '예수님의 이름으로' 선포하실 이유가 없으십니다. 왜냐하면 그분이 바로 예수 그리스도 자신이시기 때문입니다. 그러나 제자들은 다릅니다. 제자들은 자신의 능력으로 기사와 표적을 나타내 보이는 것이 아닙니다. 성령 안에서 예수님의 이름으로 기도하여 얻은 '권능'으로 기사와 표적을 보이는 것입니다. 따라서 그들은 반드시 '예수님의 이름으로' 그렇게 선포하고 명령해야 하는 것입니다.

그러니까 엄밀하게 말하자면 제자들이 기사와 표적으로 '권능'을 행할 때에, 예수님께서 그 일을 행하시도록 '예수님의 이름으로' 기도하는 것이며, 동시에 예수님께서 행하실 일에 대해서 선포하고 명령하는 것입니다. 그러니까 예수님께서는 '기도'를 이적이 나타날 대상에게는 '명령'을 하는 것입니다.

이와 같은 놀라운 일은 베드로에게만 경험된 것이 아니었습니다. 바울은 그보다 더 놀라운 일을 행했습니다. 빌립보에서는 예수 그리스도의 이름으로 귀신들린 여종에게서 귀신을 내쫓기도 했습니다. "…바울이 심히 괴로워하여 돌이켜 그 귀신에게 이르되 예수 그리스도의 이름으로 내가 네게 명하노니 그에게서 나오라 하니 귀신이 즉시 나오니라."(행16:18). 바울이 말한대로 귀신이 나왔습니다. 에베소에서 사역할 때에는 정말로 믿기지 않는 놀라운 역사가 나타나기도 했습니다. "하나님이 바울의 손으로 놀라운 능력을 행하게 하시니 심지어 사람들이 바울의 몸에서 손수건이나 앞치마를 가져다가 병든 사람에게 얹으면 그 병이 떠나고 악귀도 나가더라."(행19:11-12). 이는 실제로 일어난 성령의 역사입니다.

이 이야기는 마치 12년 동안 혈루증을 앓던 여인이 예수님의 옷에 손을 대고 고침을 받은 장면을 연상하게 합니다. 그러나 그것은 어디까지나 예수님 이야기입니다. 하나님의 아들이신 예수님이라면 물론 얼마든지 그런 일을 행하실 수 있습니다. 그런데 바울의 몸에서 손수건이나 앞치마를 가져다가 얹으면 병이 고쳐지고 악귀가 나가는 이런 일이 어떻게 벌어진단 말입니까? 오랫동안 선교활동에 헌신하다가 보니까 바울도 예수님과 같은 어떤 초자연적인 능력을 가지게 된 것일까요? 아닙니다. 그것은 바울이 가지고 있는 능력이 아닙니다. 본문은 이와 같은 오해를 막기 위해서 분명한 어조로 말합니다."하나님이 바울의 손으로 놀라운 능력을 행하게 하셨다."

바울을 통해서 나타난 일은 분명히 보통 사람들로서는 감히 행할 수 없는 아주 '이례적인'(extraordinary) 것이었습니다. 그러나 그것은 바울이 자신의 능력으로 행한 일이 아니라, 하나님께서 바울을 통해서 하신 일입니다. 지금도 하나님은 성령으로 세례를 받고 믿음 있는 성도들을 통해서 일을 하십니다.

왜 하나님께서는 바울을 통해서 그런 놀라운 능력을 나타내셨을까요? 그것은 바울이 선포하는 '말씀의 권위'를 세워주시기 위해서였습니다. 잘 새겨들으십시오.'바울의 권위'가 아닙니다. '말씀의 권위'입니다. 바울이 가르치고 전하는 주님의 말씀의 권위를 높여주시기 위해서 놀라운 능력을 보여주신 것입니다. 하나님이 바울을 통하여 일을 하신다는 것을 나타내신 것입니다. 이와 같은 일은 예수님의 공생애 기간 동안에 이미 경험되어진 일입니다. 예수님께서 제자들을 파송하셨을 때에도 제자들을 통해서 놀라운 권능이 나타났습니다."예수께서 열두 제자를 불러 모으사 모든 귀신을 제어하며 병을 고치는 능력과 권위를 주시고 하나님의 나라를 전파하며 앓는 자를 고치게 하려고 내보내시며…"(눅9:1-2). 예수님은 열두 제자를 한 자리에 불러놓으시고, 그들에게 '모든 귀신을 제어하며 병을 고치는 능력(power)과 권위(authority)를 주셨다'고 합니다. 이 '능력'과 '권위'를 한 마디로 줄여서 말하면 바로 '권능'(權能)이 되는 것입니다. 그런데 이 '권능'의 구체적인 내용이 무엇이었을까요? 그렇습니다. 바로 성령 안에서 '예수님의 이름을 사용할 수 있는' 능력과 권위입니다. 우리는 이 능력과 권위를 예수 이름으로 사용해야 합니다.

실제로 이때 파송 받은 제자들은 '각 마을에 두루 다니며 곳곳에 복음을 전하며 병을 고쳤다'(눅9:6)고 합니다. 또한 '귀신들이 제자들에게 항복하는'그런 일들도 체험했습니다(눅10:17). 그것 또한 제자들의 능력이 아니었습니다. 오히려 그들이 전하는 하나님 나라의 '복음의 권위'를 드러내기 위해서 주님께서 제자들에게 '예수님의 이름을'사용할 수 있는 권능을 주셨고, 그것을 통해 놀라운 능력을 실제로 나타내신 것입니다.

베드로와 바울이 행했던 권능도 이와 같이 예수님의 이름을 사용하는 능력이었습니다. 그것을 통해서 놀라운 기사와 표적이 나타났던 것입니다. 그러나 '예수님의 이름'을 사용한다고 해서, 누구에게나 이와 같은 놀라운 일이 나타나게 되는 것은 아닙니다. 바울이 에베소에서 사역할 때에 '예수님의 이름으로'귀신을 쫓아내는 것을 본 마술사들이 그 흉내를 냈던 일이 있었습니다."이에 돌아다니며 마술하는 어떤 유대인들이 시험 삼아 악귀 들린 자들에게 주 예수의 이름을 불러 말하되 내가 바울이 전파하는 예수를 의지하여 너희에게 명하노라 하더라.”(행19:13).
여기에서 ‘돌아다니며 마술하는 어떤 유대인들’은 그냥 눈속임수
로 사람들을 즐겁게 해주는 ‘마술사’를 의미하지 않습니다. 이들
은 사실 ‘악한 영들을 쫓아내는’ ‘유대인 퇴마사’였습니다.

사도행전 8장에서 빌립이 사마리아 성에 내려가 복음을 전하
다가 만난 ‘시몬’이라는 마술사나, 사도행전 13장에서 바울이
첫 번째 선교여행 중에 구브로의 바보에서 만난 ‘바예수’라는 유
대인 거짓 선지자인 마술사도, 엄밀하게 말하면 사실 퇴마사들
이었습니다. 물론 그들이 행하는 것은 눈속임수의 가짜 마술에
불과했지만, 그것을 잘 모르는 사람들에게는 ‘퇴마사’로서 큰
영향력을 행사하고 있었습니다. 그러다가 빌립이나 바울을 통
해서 진짜 능력이 나타남으로써 그들의 가짜 행세가 들통 나고
말았었습니다.

바로 이곳 에베소에도 그와 같이 여기저기 떠돌아다니며 사
기 쳐서 먹고 사는 가짜 퇴마사들이 나타났던 것입니다. 그들은
바울을 모방하여 ‘시험 삼아’ 귀신을 축출하려고 했습니다. 악귀
들린 사람들에게 ‘내가 바울이 전파하는 예수를 의지하여 너희
에게 명하노라!’라고 말하면서, 예수님의 이름을 이용하여 귀신
을 쫓아내려고 했던 것입니다. 아마도 바울이 ‘예수 그리스도의
이름으로’ 귀신을 쫓아내는 장면을 목격했었던 모양입니다.

자, 과연 어떤 일이 벌어졌을까요? 그들도 정말 귀신을 쫓아
낼 수 있었을까요? “악귀가 대답하여 이르되 내가 예수도 알고

바울도 알거니와 너희는 누구냐 하며 악귀 들린 사람이 그들에게 뛰어올라 눌러 이기니 그들이 상하여 벗은 몸으로 그 집에서 도망하는지라."(행19:15-16).

그렇습니다. 예수 그리스도의 이름을 아무리 큰 소리로 부른다고 하더라도, 만일 그가 예수님을 구주로 믿지 않는 사람이라면, 그에게는 아무런 능력도 나타나지 않습니다. 왜냐하면 그 능력의 근원은 '예수 그리스도의 이름'에 있는 것이 아니라 '예수님 자신'에게 있기 때문입니다. 예수님께서 행하신다는 믿음이 없는데, 그 이름을 부른다고 무슨 일이 나타나겠습니까?

믿음 없이 부르는 '예수 그리스도의 이름'은 아무런 능력도 나타내지 않는 공허한 '주문'(呪文)이 되고 맙니다. 그것이 바로 하나님께서 십계명을 통해서 엄중하게 금지하신 '하나님의 이름을 망령되이 일컫는'죄를 범하는 것입니다.

베드로가 성전 미문에서 행한 표적을 보고 놀란 사람들이 솔로몬 행각으로 모여들었을 때에, 그들에게 베드로는 이렇게 선포했습니다."그 이름을 믿으므로 그 이름이 너희가 보고 아는 이 사람을 성하게 하였나니 예수로 말미암아 난 믿음이 너희 모든 사람 앞에서 이같이 완전히 낫게 하였느니라."(행3:16). 그렇습니다. 예수님의 이름을 불렀다고 권능이 나타나는 것이 아니라, 예수 그리스도의 이름을 믿는 믿음이 그와 같은 놀라운 기적을 나타낸 것입니다. 예수님이 자신을 통해서 일하신다는 믿음이 있을 때 성령이 역사합니다. 절대로 자신이 행하는 것이 아닙니다. 예수님이 하신다는 믿음을 보고 행하시는 것입니다. 우리는 예수님이 사용하시는 도구에 불과합니다.

요한복음 14장에서 주님은 '내 이름으로 무엇이든지 내게 구하면 내가 행하리라'(요14:14)고 말씀하셨습니다. 그래서 우리 그리스도인들은 기도할 때마다 반드시 예수님의 이름으로 기도합니다. 그러나 예수님의 이름으로 구한다고 해서, 무조건 우리가 간구하는 모든 기도와 소원이 이루어지는 것은 아닙니다. 믿음으로 기도해야 합니다. 예수를 그리스도로 믿는 믿음으로 기도해야 합니다. 그럴 때에 우리의 생각과 기대를 뛰어넘는 하나님의 놀라운 은혜와 능력으로 응답되는 것입니다.

'예수님의 이름으로' 기도할 때에 우리는 성령으로 세례를 받습니다. 성령으로 세례를 받아 성령이 임하게 되면 우리는 '예수 이름으로 명령하는 권능'을 받게 됩니다. 예수님께서 행하신다는 확실한 믿음을 가지고 '예수님의 이름으로 '기도하며, 또한 '예수님의 이름으로' 명령할 때에, 하나님께서는 우리를 통해서도 얼마든지 놀라운 기사와 표적을 나타내시면서 예수님이 하나님의 아들이요, 그리스도이심을 증언하게 하실 것입니다.

성도들은 하나님께서 주신 예수 이름의 권세를 사용해야 합니다. 많은 목회자들이 성도들에게 예수님을 믿으면 하나님의 자녀가 되는 권세가 있다고 말합니다. 그래서 많은 성도들이 자신에게 하나님의 권세가 있는 줄 압니다. 자신에게 권세가 있다는 것을 안다고 권세가 나타나는 것이 아닙니다. 성령 안에서 믿음으로 사용할 때 권세가 권능으로 나타납니다. 그런데 문제는 권세를 사용할 줄을 모른다는 것입니다. 권세가 있어도 사용하지 않으면 무용지물입니다. 사용할 때 권능으로 역사가 나타나는 것입니다. 경찰관에게는 나라에서 부여한 권세가 있습니다. 그러나 경찰관에게 부여한 권세를 사용하지 않으면 세상에 범죄가 판을 치고, 교통이 혼잡하게 됩니다. 교통사고가 많이 나고, 도둑이 판을 칠 수가 있습니다. 경찰관이 나라에서 부여한 권세를 사용하면 모든 것이 질서를 잡고 잠잠해지는 것입니다.

이와 마찬가지로 성도에게 하나님이 주신 권세를 사용하지 않으면 마귀 귀신이 활개를 칠 것입니다. 하나님의 아들이신 예수 그리스도가 이 땅에 오셔서 마귀와 그의 추종자 귀신들을 쫓아내셨습니다. 예수님은 공생애 3년 동안 가는 곳마다 귀신을 쫓아내시고, 병든 자를 고치셨습니다. 왜냐하면 예수님이 이 땅에 오신 것은 마귀의 일을 멸하기 위함이었기 때문입니다(요일3:8). 그리고 예수님은 십자가를 지시고 죽으셨고, 사흘 만에 부활하셨습니다. "이르시되 너희는 가서 저 여우에게 이르되 오늘과 내일은 내가 귀신을 쫓아내며 병을 고치다가 제삼일에는 완전하여지리라 하라"(눅13:32).

부활하신 후 예수님은 다시 오신다는 약속을 하시고 승천하셨습니다. 그러나 그냥 가신 것이 아닙니다. 우리를 고아처럼 버려두고 그냥 가신 것이 아니라는 것입니다. 우리를 잠시 이 땅에 두고 가시는 주님은 우리를 염려하사 우리를 지키고, 우리를 인도하고, 우리를 보호할 다른 분을 보내주셨습니다. 바로 성령이십니다. "내가 아버지께 구하겠으니 그가 또 다른 보혜사를 너희에게 주사 영원토록 너희와 함께 있게 하리니"(요14:16).

예수님은 예수님이 떠나고 우리에게 그 성령이 오시는 것이 더욱 유익하다고 말씀하셨습니다. "그러나 내가 너희에게 실상을 말하노니 내가 떠나가는 것이 너희에게 유익이라 내가 떠나가지 아니하면 보혜사가 너희에게로 오시지 아니할 것이요 가면 내가 그를 너희에게로 보내리니"(요16:7). 왜 유익이냐면 육체를 입으신 예수님은 우리 각자와 연합할 수 없으나 성령은 우리 한 사람, 한 사람의 보혜사로 각 심령에 임재하실 수 있기 때문입니다.

예수님은 이 세상이 얼마나 험한지 잘 알고 계셨습니다. 주님이 그의 제자들을 세상으로 보내면서 "너희를 보냄이 양을 이리 가운데 보냄과 같다"고 말씀하실 정도로 이 세상이 무서운 곳임을 그 분은 잘 알고 계셨습니다. 왜 무섭습니까? 이 세상의 임금은 사단, 마귀이기 때문입니다. 그런 곳에서 당신이 피 값을 주고 산 하나님의 자녀들이 혼자서는 살아갈 수 없음을 아셨기에 성령을 보내주신 것입니다.

성령을 받으면 하늘의 권세를 받게 됩니다. "오직 성령이 너희에게 임하시면 너희가 권능을 받고"(행1:8). 권능이 무엇입니까? 권세와 능력입니다. 무슨 권세와 능력입니까? 하나님이 모든 권세를 예수 그리스도에게 넘기셨지 않습니까(마28:18)? 그 권세와 능력을 예수님이 우리에게 주신 것입니다. 즉 성령 안에서'예수 이름'을 사용하면 우리도 예수님이 하셨던 것처럼, 악한 마귀와 귀신들을 추방할 수 있고, '예수 이름'을 사용하면 하늘의 것과 땅의 것, 그리고 땅 아래 있는 것들이 우리 앞에 복종할 수밖에 없다는 것입니다. 왜냐하면 예수의 이름은 곧 예수님이기 때문입니다.

예수님은 "믿는 자들에게는 이런 표적이 따르리니 곧 그들이 내 이름으로 귀신을 쫓아내며 새 방언을 말하며, 뱀을 집어 올리며 무슨 독을 마실지라도 해를 받지 아니하며 병든 사람에게 손을 얹은즉 나으리라 하시더라"(막16:17~18)라고 말씀하셨는데, 이런 능력은 성령이 임해야 가능합니다. 그래서 예수님이 승천하기 바로 전에 "볼지어다! 내가 내 아버지께서 약속하신 것을 너희에게 보내리니 너희는 위로부터 능력으로 입혀질 때까지 이 성에 머물라 하시니라"(눅24:49)라고 말씀하신 것입니다.

그 말씀대로 120문도가 마가의 다락방에 모여 기도하며 성령을 기다렸던 것입니다. 성령이 불 같이 하나씩 임하자 그들이 나가 민간에게 표적과 기사를 행했습니다. 심지어는 베드로의 그림자만 밟아도 병이 낫는 일이 일어났습니다. 베드로뿐입니까? 스데반이나 빌립 집사 등 일곱 집사들도 성령의 권능이 충만하여 귀신을 쫓아내고 병을 고쳤습니다. 왜요? 어떻게요? 베드로의 말대로 '나사렛 예수 그리스도의 이름으로' 행한 것입니다. 사도 바울이 귀신을 쫓은 것 역시 '예수 이름'입니다.

예수 그리스도가 성령으로 주신 '예수 이름'으로 귀신을 향하여 명령하면 귀신은 떠날 수밖에 없는 것입니다. 그런데 안합니다. 사용하지 않습니다. 안 믿습니다. 왜요? 그게 되냐는 겁니다. 그런 법이 어디 있냐는 겁니다. 한 번도 예수 이름으로 기도하여 기사와 표적을 행하는 것을 보지 못했기 때문입니다. 예수 이름을 사용하는 훈련을 받지 못해서 하는 말입니다. 말씀 만많이 알면 다된다고 배웠기 때문입니다. 머리로 아는 지식적인 말씀은 실제 살아있는 역사를 일으키지 못합니다. 성령 안에서 예수 이름으로 명령하면 예수 이름이 귀신을 쫓아내게 되어 있는 것입니다.

예수 이름으로 쫓지 않으면 귀신이 들끓게 되어 있고, 그러면 인생이 꼬이는 것은 물론이고, 병들고 망하게 되는 것입니다. 내 집이, 내 육체가 귀신의 집이 되기 때문입니다. 그런데도 사람들은 이렇게 말합니다. "귀신만 쫓으면 다냐? 말씀을 알아야지" 저는 이렇게 말할 수 있습니다. "말씀만 많이 알면 다냐. 말씀처럼 생명(역사)이 나타나야지" "영적인 세계를 알고 체험하고 보면 귀신은 쫓아내야 한다고 자연스럽게 이해하게 됩니다." 아무리 말씀을 많이 알아도 방해꾼이 있으면 평안하지 못합니다. 성령 안에서 예수 이름을 사용하면 방해꾼들이 떠나갑니다. 생각해보십시오. 적이 없으면 편안한 거 아닙니까? 우리를 망하게 하고, 병들게 하고, 부부간에 싸우게 하는 영적인 놈을 쫓아내면 우리 가정이 편안하지 않겠습니까? 그 악한 것들로 인해 우리의 영혼이 병들어 지옥에 가면 어쩝니까? 그러므로 귀신은 무조건 쫓아내야 합니다. 그러나 귀신 쫓는 것만 가지고는 안 됩니다. 생명의 말씀과 성령으로 충만 받아야 합니다. 그래야 귀신이 감해 넘보지 못합니다.

예수 이름의 권세는 성령으로 세례 받은 남녀노소를 무론하고 다 나타납니다. 그러나 만 원짜리와 천 원짜리의 가치가 다르듯 하나님의 능력 또한 기도의 양과 정비례한다는 것을 알아야 합니다. 한 시간 기도한 사람과 세 시간 기도한 사람의 능력은 차이가 있습니다. 성령으로 기도하면 성령이 충만해지기 때문입니다. 성령으로 충만하면 그 만큼 권능이 강하게 나타나는 것입니다. 베드로의 그림자만 밟아도 병이 낫는 것은 베드로가 성령 안에서 기도를 습관화했기 때문입니다. 제가 성령 안에서 예수 이름을 사용하여 치유사역을 하는 것은 기도하기 때문입니다. 저는 항상 이렇게 말합니다. 제가 예배나 집회 때 성령의 역사를 일으키고, 내적인 상처를 치유하고, 귀신을 쫓아내고, 정신적인 문제를 치유하고, 심방을 가서 성령의 역사를 일으키며 문제를 해결하고, 집중 치유를 하면 목회자 성도가 변화되는 모든 것의 비결은 기도에 있다고 합니다. 기도를 성령 안에서 깊게 하기 때문입니다. 저만의 기도하는 비결을 터득했기 때문입니다. 저에게서 권능이 떠나지 않는 비결은 바로 늘 성령으로 기도하기 때문입니다. 당신도 할 수 있습니다. 할렐루야!

더 많은 영적지식은 "예수 이름의 권능을 사용하는 법"과 "보혈의 권능을 사용하는 법" 책을 일어보시기 바랍니다.

22장 치유의 권능을 주시는 하나님

(고전12:31)"너희는 더욱 큰 은사를 사모하라 내가 또한 제
  일 좋은 길을 너희에게 보이리라"

하나님은 불러서 현실 문제를 해결 받으면서 훈련하시고 시
험에 합격하시면 치유의 능력을 주십니다. 치유의 능력이란 육
적인 사람을 영적인 성도로 바꾸는 능력입니다. 유대인의 선생
인 랍비 같은 성도와 목회자를 성령으로 변화시켜 성령의 인도
를 받는 예수님의 일꾼이 되게 하십니다. 많은 분들이 능력을 특
별히 질병을 고치고 귀신을 쫓아내는 것으로만 생각합니다. 그
런데 이것만이 능력이 아니라, 성령이 나타나는 모든 역사가 능
력이라는 사실을 잊지 말아야 합니다. 초창기 치유사역시 저의
생각도 이러한 낮은 차원에서 시작이 되었지만, 능력을 바로 알
아야 합니다. 능력이란 성령의 사역이기 때문에 성령 사역을 똑
바로 이해하게 되는 것이며, 성령님의 실체를 알게 됩니다. 육의
사람을 영의 사람으로 바꾸는 것입니다. 성령님을 이해하지 못
하고서는 예수님을 알 수 없고, 예수님을 알지 못하고서는 하나
님을 알 수가 없습니다.

성령 사역을 똑바로 이해하여 성령님과 인격적인 관계가 되
어, 성령의 지지와 역사가 있는 능력이 바로 하나님의 능력이요,
영생의 생명이며, 이 생명과 능력을 통하여, 하나님을 믿는 것과

아는 것에 하나가 되도록 자라서, 그리스도의 장성한 분량이 충만한 데까지 이르러 그리스도의 형상을 이루어 나가는 것입니다.

이 그리스도의 형상을 이루어 나갈 수 있는 이 능력이 하나님이 주신 은혜의 선물입니다. 그 가운데 일부분이 고전 12:4-11절에 나오는 성령의 역사하여 체질적(육신적)으로 나타나는 현상들입니다. 이러한 성령이 역사하여 인격적(혼적)으로 나타나는 열매가 갈라디아 5장 22절의 성령의 열매인 것입니다. 그리하여 이 세상에 살면서 잃어버린 하나님의 형상을 되찾고, 잃어버린 낙원을 되찾아서, 살아 계시는 하나님과 더불어, 에덴동산에서 거닐면서 영으로 대화를 나누고(기도) 하나님의 음성을 들으면서(계시의 은사) 살아가게 되는 실제적인 능력이기에 "하나님의 나라는 말에 있지 않고 능력에 있다"고 했습니다.

그러므로 능력이 나타나게 되는 은사는 병자를 고치는 것만이 문제가 아니라, 내 자신이 육신과 죄와 세상과 사단을 이기고, 귀신을 제어하며, 생명의 면류관을 얻어, 천국의 축복을 소유하게 되고, 누리게 되는 엄청난 신령한 축복을 소유하게 됩니다. 그래서 우리는 성령의 나타남으로 밝은 영안을 열어 이 영적인 신령한 것들을 바로 분별하고 소유하여야 마귀의 미혹에서 승리 할 수 있습니다(고전4:20).

첫째, 성령의 나타남, 능력이란 무엇일까요?

1) 주의 힘을 덧입는 게 능력입니다. 하나님의 지혜와 계시의 정신(영)을 주심으로 가지게 되는 이 신령한 영적 지식은 바로 하

나님과 그 아들 예수 그리스도를 아는 능력이며 이것이 바로 영생의 생명입니다. 이 영생의 생명으로부터 나오는 영적 능력이 말씀을 받아드림으로 주어지는 구원의 놀라운 은혜를 통하여 그리스도의 영에 접붙임 받을 때, 이미 우리들 속에 집어넣어 주셨다는 것을 아는 것입니다. 이와 같이 영적인 눈을 뜨고 이를 지각하여 이 능력을 혼이 인식하게 되어 믿고 확신하면 확신하게 된 이 마음은 담대하게 행동으로 옮기는 자의 육신을 통하여 외적으로 나타나게 됩니다. 그러므로 능력이란 성령사역으로 나타나는 현상이기에 능력의 근원이 여러 가지 요소와 인자를 가지고 있지만 자세히 살펴보면 무엇보다도 치유사역에서 나타나는 능력사역의 원리는 하나님께서 성령을 통하여 주시는 마음 즉 담대함에 있습니다. "하나님이 우리에게 주신 것은 두려워하는 마음이 아니요 오직 능력과 사랑과 근신하는 마음이니"(딤후1:7).

즉 들은바 말씀을 자신의 내부의 부정적인 요소를 제거하고, 믿음으로 화합하여, 자신의 것(생명)으로 만든 후에 실천하고자 하는데 방해되는 여러 가지 육적인 장애 요인을 깨달아 제거하고, 자신의 의지를 동원할 수 있는 능력으로 성장하면 영적 능력으로 나타나게 됩니다. 성령 충만한 상태의 심령이 사역현장에서 성령의 기름부음이 보다 강하게 나타나는 현상입니다. 우리는 하나님의 능력의 크심을 알아야 합니다. "그의 힘의 강력으로 역사하심을 따라 믿는 우리에게 베푸신 능력의 지극히 크심이 어떤 것을 너희로 알게 하시기를 구하노라"(엡 1:19). 우리는 하나님의 일을 예수 안에서 할 수가 있습니다. "내게 능력 주시는 자 안에서 내가 모든 것을 할 수 있느니라"(빌4:13). 믿음으로 행할 때 표적과 기사가 나타납니다. "두 사도가 오래 있어 주를 힘입어 담대히 말하니 주께서 저희 손으로 표적과 기사를 행하게 하여 주사 자기 은혜의 말씀을 증거 하시니"(행14:3).

우리는 자신의 힘으로는 세상을 이기지 못함을 인정하고 하나님의 능력을 구해야 합니다. "내게 이르시기를 내 은혜가 네게 족하도다. 이는 내 능력이 하나님께 있고 우리에게 있지 아니함을 알게 하려 함이라"(고후12:9) 이 말씀과 같이 표적과 기사를 일으키는 능력의 근원은 내가 아니오, 어디까지나 주님이시고 성령님이십니다. "오직 성령이 너희에게 임하시면 너희가 권능을 받고 예루살렘과 온 유대와 사마리아와 땅끝까지 이르러 내 증인이 되리라 하시니라"(행1:8).

능력은 주님의 능력이기 때문에 주님의 힘을 덧입어야 합니다. 주님의 힘이 덧입혀 질 때는 성령 충만의 결과를 가져옵니다. 우리는 이러한 능력의 근원에 대한 생각을 잊어버리고 마치 능력의 근원이 자신이나 능력의 은사를 받은 특정한 사람에게서 나오는 것으로 잘못 인식되어진 관념을 가지고 있습니다.

절대로 능력은 자신의 것이 아닙니다. 자신이 한다고 생각할 때 두려워하는 마음이 생기고 능력자만 한다는 생각은 자신을 비하(卑下)하게 만듭니다. 또한 자신의 능력으로 한다는 사람은 교만하게 되어 하나님께 버림받는 사람이 될 수도 있습니다. "그

때에 내가 저희에게 밝히 말하되 내가 너희를 도무지 알지 못하니 불법을 행하는 자들아 내게서 떠나가라 하리라"(마7:23).

예를 들자면, 일반적으로 지성적으로 생각하는 사람보다, 깡패 출신과 같은 사람이나 무지한 사람들과 같은 행동파 적인 사람이 주로 능력이 나타나는 경향이 있는데, 이것은 이성적이고 지성적인 사람은 항상 자아의식이 강하기 때문에 자신을 탈피하지 못하고 행동으로 옮기지 못하는 경향이 많습니다.

그러나 법보다 주먹이 먼저 나가는 행동파 적인 사람들은 먼저 '믿습니다' 하고, 행동으로 옮기는 형이기 때문에 자신을 의식하기보다 주를 더욱 의식하는 즉 주의 능력을 덧입고자 하는 행동으로 되어 나타나게 되는 것입니다.

내주 하시는 성령님의 나타남, 즉 우리에게 주어진 자그마한 이 은사를 주님 앞에 가져올 때 주님의 축복은 놀라운 기적을 가져오게 됩니다(막6:30-44:오병이어의 기적). "각 사람에게 성령의 나타남을 주심은 유익하게 하려 하심이라"(고전12:7). 하나님은 오늘도 우리에게 말씀하고 있습니다. "너는 마음을 강하고 담대하게 하라 그들을 두려워 말라 그들 앞에서 떨지 말라 이는 네 하나님 여호와 그가 너와 함께 행하실 것임이라"(신31:6). "하나님이 우리에게 주신 것은 두려워하는 마음이 아니오 오직 능력과 사랑과 근신하는 마음이니 그러므로 네가 우리 주의 증거와 또는 주를 위하여 갇힌 자 된 나를 부끄러워 말고 오직 하나님의 능력을 좇아 복음과 함께 고난을 받으라"(딤후

1:7-8). "경건의 모양은 있으나 경건의 능력은 부인하는 자니 이같은 자들에게서 네가 돌아서라"(딤후3:5).

2) 영적 실체와 성령의 사역에 대하여 아는 것이 능력입니다. "그의 힘의 강력으로 역사하심을 따라 믿는 우리에게 베푸신 능력의 지극히 크심이 어떤 것을 너희로 알게 하시기를 구하노라"(엡1:19).

(1) 이론적(말씀)으로 알아야 합니다. 먼저 이론적으로 성령의 능력의 역사에 대하여 확실히 알아야 살아계신 성령님의 여러 가지 역사에 오해나 거부가 생기지 않습니다. 말씀 안에서 능력이 나타납니다. 말씀 안에서 능력을 행해야 합니다. 말씀이 기준이 되어야 합니다. "우리가 이것을 말하거니와 사람의 지혜의 가르친 말로 아니하고 오직 성령의 가르치신 것으로 하니 신령한 일은 신령한 것으로 분별하느니라"(고전 2:13).

행 14:8-18에 보면 루스드라의 앉은뱅이를 일으킨 바울과 바나바를 보고 바나바를 '쓰스'라하고 바울을 '허메' 하고, 그들 두 사람을 신(神)으로 섬기려 했으며, 행 28:1-6에서는 멜레데 섬의 토인들도 바울이 독사에 물려 아무렇지도 않은 것을 보고 두려워했습니다. 이와 같이 무지는 두려움을 낳게 됩니다. 이와 같이 영적 현상과 능력에 대한 이해의 부족은 은사나 성령사역에 대하여 오해를 낳게도 되고 두려움을 갖게도 합니다. 무엇보다도 먼저 이러한 영적 현상과 능력에 대한 이해는 치유사역에서 제일 먼저 필요한 사항입니다. 이 능력은 바로 말씀과 그리스도를 통하여 죄와 사망의 권세에서 우리를 구속하시고 해방하신 지극히 크신 하나님의 능력이요 예수의 생명이며, 하나님께서 예수 그리스도를 영접한 사람들에게 임재하시는 성령님의 사역이요 활동이십니다. 모든 성령의 사역은 성경적 근거에 의하여야 합니다. 체험과 현상은 성경의 입증을 받아야 합니다. 우리는 신비주의자와 신비적 성도를 구분할 줄 알아야합니다.

① 신비주의자: 어떤 신비한 영적 체험 후 체험을 극대화시키며, 자신의 자랑거리가 되며, 그 체험 자체에 머물러서 체험만을 고집하는 자. 체험이후 체험으로 자신의 영적 권위를 세우며, 체험이 없다는 이유로 남에게 상처를 주며, 교회의 권위에 도전하며, 성경보다 체험을 중요시 극대화하며, 성경공부, 읽기를 시시하게 생각하는 자를 말합니다.

정의를 내린다면: 신의 본질과 존재의 궁극의 근원은, 계시나 체험으로 직접 터득하는 길이 가장 빠르고, 정확한 길이라고 주장하며, 자신들에게 내린 어떤 체험, 계시를, 구약의 계시를 받은 예언자, 선지자와 같이 혼돈 하는 것입니다.

② 신비적 성도: 신비를 체험 후 더욱 신앙이 깊어지고, 겸손의 자세와 헌신적이며, 순종의 삶을 보이며, 더욱 주를 사랑하며, 체험을 귀중히 여기기는 하나 성경의 아래에 두는 자입니다. 성령의 역사를 이론적으로도 박식하고 겸손하여야 합니다.

(2) **경험적으로도 알아야 합니다.** 기독교는 체험의 종교입니다. 성령의 역사를 경험하고 체험해야 성령의 역사를 환영하고

인격적으로 받아드릴 수가 있습니다. 하나님은 이렇게 말씀하십니다. "대저 젖을 먹는 자마다 어린아이니 의의 말씀을 경험하지 못한 자요. 단단한 식물은 장성한 자의 것이니 저희는 지각을 사용하므로 연단을 받아 선악을 분변하는 자들이니라"(히 5:13-14). 하나님을 아는 것은 하나님을 연구하고 분석하여 이성적으로 아는 것이 아니라, 성령사역을 통하여 하나님과의 신령한 영적인 관계를 갖게 됨으로 알게 되는 것입니다. 하나님께서 예수 그리스도를 통하여 보혜사 성령을 주심으로 우리를 도와주시는 이 성령을 통하여 우리들이 할 수 없는 것을 할 수 있도록 하시고, 볼 수 없는 하늘의 신령한 은혜를 볼 수 있게 하시고 은사를 주시어 여러 가지 신령한 영적인 능력을 주셨습니다.

이 성령께서 우리 속에서 어떻게 역사하시고, 어떻게 나타나시는가를 경험적으로 알게 될 때, 이러한 살아 활동하는 성령님의 역사가 하나님으로부터 나에게 신령하게(초자연적으로) 주어지는 은혜나 능력이나 말씀이나 사랑 등을 지각하게 되어, 관념적이 아닌 실제적인 신앙이 되는 것입니다. 우리의 영과 혼과 육신을 통하여 나타나는 이러한 여러 가지 성령의 나타나는 현상들이 우리들에게 어떻게 나타나는가를 지각하고 알 수 있는 것이 바로 영안이요 능력입니다.

(3) **영적 지각으로 알아야 합니다.** 성령은 살아계신 하나님입니다. 고로 나에게 나타나시는 것을 자신이 지각할 수 있어야 되는 것입니다. 성령께서 역사하는 것을 손으로나 몸으로 지각

을 통하여 성령의 나타남을 환영하고 받아드림으로 능력이 나타나고 영육이 치유되는 것입니다.

"우리 주 예수 그리스도의 하나님, 영광의 아버지께서 지혜와 계시의 정신을 너희에게 주사 하나님을 알게 하시고, 너희 마음눈을 밝히사 그의 부르심의 소망이 무엇이며 성도 안에서 그 기업의 영광의 풍성이 무엇이며, 그의 힘의 강력으로 역사하심을 따라 믿는 우리에게 베푸신 능력의 지극히 크심이 어떤 것을 너희로 알게 하시기를 구하노라"(엡1:17-19).

이러한 신령한 영적 지각이 있어야 능력의 실체가 나타납니다. 그리고 반복적이고 계속 지속되어야 경험이, 다시 영적 지각으로 연결되고, 성령의 나타남을 좀 더 강하게 느낄 수가 있어서 어떤이에게는 지식의 말씀으로 어떤이에게는 지혜의 말씀으로 어떤이에게는 신유로 어떤 때는 분별의 능력으로 어떤 때는 영감으로 어떤 때는 말씀으로 어떤 때는 예언으로 나타나는 영적현상을 통하여 신령한 하나님 나라의 영적 축복을 누릴 수 있어 열매를 맺을 수 있고 능력을 계속 유지 할 수가 있습니다.

이러한 성령의 나타나는 능력이 지속되지 못하거나, 성령을 소멸하고 능력이 없다면 그리스도인이라 할지라도, 다시 하나님의 신령한 면을 상실하고, 다시 육신 적으로 돌아가게 됩니다. 계속적으로 공급이 되어야하고, 그리스도인이라면 누구나 다 이러한 성령의 나타나는 능력이 있어야 되는 것이며 반복되어야 합니다(요15:1-10,포도나무와 가지의 비유). 능력이란 어떤 것인가, 그리고 치유의 원리에 대한 지식과 사단의 정체와 사단이 역사 하는 방법과 질병이 치유되지 않는 이유와 기도의 방법과 어떤 상태에서 성령의 나타남이 있는가 하는 등에 대한 영적 지식의 무지와 체험 부족의 무지는 오해를 낳거나 두려움을 낳고 영적인 무능력을 낳게 됩니다.

　말을 잘하는 사람이나 이론적인 믿음만 가진 능력 없는 자들이 자기를 변호하기 위하여 주장하는 "특별한 사명 자에게만 주는 것"이라서, 특별한 사명자 외에는 있어도 좋고 없어도 좋은 '특별한 은사'가 아닙니다. 성령이 임재하고 내주 하시는 사람이라면 누구나 성령이 내적으로 역사하고 외적으로 나타나야 하는 것입니다. "경건의 모양은 있으나 경건의 능력은 부인하는 자니 이 같은 자들에게서 네가 돌아서라"(딤후 3:5).

　이러한 능력을 통하여 이루어지는 치유 사역은 바로 이 하나님의 구원 사역으로 신령한 성령 사역의 일부이기 때문에 이 치유 사역을 통하여 관념적으로 알던 성령의 사역을 실제적으로 이해하게 되고, 성령과 더불어 사역하는 법을 알게 됩니다. 그러므로 하나님께서 이미 우리들에게 주신 이러한 능력에 대한 이해나 영적인 지식을 갖게 되면 두려움이 사라지고 확신을 갖게 됩니다. 이 확신이 하나님께서 주시는 담대함(딤후1:7)과 능력으로 연결되어 지게 되는 것입니다.

　사도 바울은 자신이 하나님의 일꾼이 된 것을 능력이 역사 하는 대로 일꾼이 되었다고 다음과 같이 말하고 있습니다. "그리스도께서 이방인들을 순종케 하기 위하여 나로 말미암아 말과 일이며 표적과 기사의 능력이며 성령의 능력으로 역사하신 것 외에는 내가 감히 말하지 아니하노라"(롬 15:18). 능력은 영안과 영감으로 지각되는 것입니다. 능력의 흐름을 영안으로 보고 영감으로 지각하면서 사역을 합니다. "해 질 적에 각 색 병으로 앓는 자 있는 사람들이 다 병인을 데리고 나아오매 예수께서 일일이 그 위에 손을 얹으사 고치시니"(눅4:40)."병든 사람에게 손을 얹은즉 나으리라"(막16:18).

① 손으로 능력을 지각해야 합니다. 예수님의 치유 사역은 병인들에게 일일이 손을 얹으사 안수하여 치유 하셨습니다. 초대교회 사도들도 동일한 방법으로 치유사역에 임했습니다. 오늘 우리들도 이와 같이 손을 사용하여 치유 사역에 임하여야 되는데, 우리의 손이 치유의 병기라면 그 병기는 날카롭고 예리하여야 병기의 역할을 감당할 수 있는 것처럼, 치유자의 손은 성령의 나타남을 통하여 부어주시는 강력한 능력이 지각되어져야 자신감을 가지고 치유할 수 있습니다. 실제로 능력기도훈련을 받게 되면 성령님의 치유의 능력이 손으로 전달되어 손바닥이 얼얼해지고 찌릿 찌릿한 느낌과 어떤 강력한 능력이 손을 통하여 환자에게 전이되어지는 것을 체험하게 됩니다. 훈련된 사역자의 손에서는 '성령의 불'이 임하소서 라고 요청 할 때마다 강력한 치유의 광선이 나가게 됩니다. "내 이름을 경외하는 너희에게는 의로운 해가 떠올라서 치료하는 광선을 발하리니 너희가 나가서 외양간에서 나

온 송아지 같이 뛰리라"(말4:2). 이런 느낌이 있게 되면 사역자는 자신감을 가지게 되고 실제로 그 능력이 환자에게 전해지면 그 환자는 성령의 능력에 사로잡혀 진동을 하거나, 쓰러지거나, 때때로 은사가 접목되어 방언을 하게 되고 회개가 일어나고, 병마가 쫓겨나가는 여러 가지 놀라운 현상들을 경험하게 됩니다.

② 몸으로 능력을 지각하시기 바랍니다. 우리의 몸의 모든 부분은 능력의 병기입니다. 성령님께서 기름부음을 통하여 날마다 온 몸을 사로잡아 달라고 기도해야 합니다. 순간순간 성령의 기름 부으심이 온 몸으로 퍼져나가는 느낌이 지각되면 성령님께서 함께 하신다는 자신감을 얻게 됩니다. 그 기름 부으심이 손뿐 아니라, 머리를 사로잡아 계시가 임하기를 위하여 기도하고, 입술을 사로잡아 방언과 통변이 임하기를 구할 때, 이런 은사가 쉽게 열리는 것을 경험하게 됩니다.

3) 성령의 나타남이 곧 능력입니다. "각 사람에게 성령의 나타남을 주심은 유익하게 하려 하심이라. 어떤 이에게는 성령으로 말미암아 지혜의 말씀을, 어떤 이에게는 같은 성령을 따라 지식의 말씀을, 다른 이에게는 같은 성령으로 믿음을, 어떤 이에게는 한 성령으로 병 고치는 은사를, 어떤 이에게는 능력 행함을, 어떤이에게는 예언함을, 어떤이에게는 영들 분별함을, 다른이에게는 각종 방언 말함을, 어떤이에게는 방언들 통역함을 주시나니, 이 모든 일은 같은 한 성령이 행하사 그 뜻대로 각 사람에게 나눠 주시느니라"(고전12:7-11).

우리들에게 성전 삼고 계시는 성령님이 영과, 혼과, 육신을 뚫고 나타나는 성령님은 능력으로 역사 합니다. 성령의 흐름을 소멸치 말고, 제한하지도 말며, 근심하게도 말고, 내주 하시는 성령님의 기름부음이 나타나도록 영, 혼, 육신의 장애 요인을 제거하는 것이 능력으로 연결 됩니다. 성령님이 역사 하시도록 계기를 마련해 드리고, 성령님께서 나타나시는 기회를 적시에 포착하는 하는 것은 내가 하는 것이지, 하늘에서 뚝 떨어져서 저절로 되는 것이 아닙니다. 그러므로 은사의 개념을 정확하게 알 필요가 있고, 성령님이 어떻게 기름 부으시는지, 그리고 기름 부으시는 방법을 알아야 하며, 성령님이 기름 부으실 때 어떻게 지각되어지는가? 왜 지각되지 않는가?

성령께서 기름 부으실 때 어떻게 성령님과 동역 하는가 등의 훈련(기도)이 필요하고, 성령께서 기름 부으시는 결과로 나타나는 현상에 대한 이해는 필수적인 것입니다. 더구나 이에 대한 이해의 부족은 성령을 거부하게 되고 성령의 역사를 훼방하는 죄를 저지를 수도 있습니다. "그러므로 내가 너희에게 이르노니 사람의 모든 죄와 훼방은 사하심을 얻되 성령을 훼방하는 것은 사하심을 얻지 못하겠고"(마 12:31).

4) 성령님이 사용하시는 나의 속사람의 영력이 곧 능력입니다. "그리스도께서 이방인들을 순종케 하기 위하여 나로 말미암아 말과 일이며 표적과 기사의 능력이며 성령의 능력으로 역사하신 것 외에는 내가 감히 말하지 아니하노라"(롬15:18).

이 능력의 역사는 나의 지성소(영)에 계시는 성령님이 지성소의 휘장을 찢고 성소(혼)로 성전 뜰(육신)로 (흘러)나와서, 나의 영과 혼과 육신을 활용하심으로 우리들의 영력과 능력과 체력이 말씀을 실천할 수 있는 능력과 죄와 사단을 이길 수 있는 능력과 치유의 능력과 역사로 연결되게 됩니다. 내 마음의 법으로는 하나님을 섬기지만, 내 지체 속에는 또 하나의 다른 법이 있어 죄의 법 아래로 이끌어 갑니다. "내 지체 속에서 한 다른 법이 내 마음의 법과 싸워 내 지체 속에 있는 죄의 법 아래로 나를 사로잡아 오는 것을 보는 도다"(롬7:23).

그러므로 바울은 속사람이 성령으로 강건하기를 바랍니다. 바로 이 속사람의 능력이 영력입니다. 그러나 이 속 사람의 능력은 겉 사람의 세력이 강 할 때는 나타나지 않는 속성을 지녔습니다. 엘리야가 갈멜산 상에서 능력의 대결을 할 때는 강했지만 이세벨에 대한 두려움으로 호렙산에 피하여 로뎀 나무아래에서 죽기를 구하였던 나약함을 나타내는 것을 봅니다. "스스로 광야로 들어가 하룻길쯤 행하고 한 로뎀나무 아래 앉아서 죽기를 구하여 가로되 여호와여 넉넉하오니 지금 내 생명을 취하옵소서 나는 내 열조보다 낫지 못하니이다 하고"(왕상19:4).

또한 베드로의 육신의 피곤함은 영적 시험으로 연결되었던 것을 봅니다. "다시 오사 보신즉 저희가 자니 이는 저희 눈이 심히 피곤함이라 저희가 예수께 무엇으로 대답 할 줄을 알지 못하더라"(막14:40). 이와 같이 능력의 실체는 예수 그리스도를 영접함으로 우리 속에 임재하시는 성령님이 인간의 영과 연합되어, 하나님의 능력과 생명이 우리의 영에 있기 때문에 우리가 육신적인 사람이 될 때에는 잘 나타나지 않지만, 성령이 충만하고 믿음과 영적인 사람이 되면 유동적으로 나타나는 현상인 것입니다.

그러므로 우리들의 확신에 찬 태도와 동작과 말 한마디는 능력으로 나타납니다. 그러므로 숙달된 동작과 언어가 체험과 훈련을 통하여 능력으로 연결되어야 하며, 이러한 모습을 볼 때 집회의 대중은 믿음을 갖게 되고, 능력에 접하여 성령에 감동되고 믿음이 유발되고 치유가 일어납니다. 이를 위하여 날마다 내가 죽고 내 속에 예수가 나타나야 됩니다. "우리가 항상 예수 죽인 것을 몸에 짊어짐은 예수의 생명도 우리 몸에 나타나게 하려 함이라. 우리 산 자가 항상 예수를 위하여 죽음에 넘기움은 예수의 생명이 또한 우리 죽을 육체에 나타나게 하려 함이니라"(고후 4:10). "그는 흥하여야 하겠고 나는 쇠하여야 하리라 하니라"(요 3:30). 그래서 우리가 착각하는 것은 예배에 잘 참석하고 기도많이하면 성령 충만하다고 착각하는데, 항상 성령 충만한 영적 상태가 아닐 수 있음을 지각할 수 있어야합니다. 그러므로 결과적으로 주의 능력을 사역 현장에서 능력으로 항상 덧입어야 하는 것입니다.

둘째, 성령의 권능을 사용하라. 하나님께서 주신 영적인 능력은 사용할 때 강하게 개발이 됩니다. 절대로 두려워하지 말고 상황이 주어지는 대로 사용해야 합니다. 상황이 주어진다는 것은 하나님이 시험하시는 것입니다. 예를 든다면 성도 가정을 방문했는데 갑자기 고열이 나서 고통을 당하는 사람이 있다면 안수해 주라는 것입니다. 담대하게 손을 얹어 안수하면 분명하게 치유가 됩니다. 하나님은 목회자나 성도에게 권능을 주시고 상황을 만들어 기도하게 하십니다. 기도하면 반드시 치유가 됩니다. 치유가 됨으로 자신에게도 영적인 능력이 있다는 것을 알고 믿게 하십니다. 내가 예수님의 이름으로 안수하며 기도하니 치유가 된다는 믿음을 갖게 하십니다.

차츰 더 큰 일을 만나게 하시고 상황에 따라 순종하여 체험적인 믿음을 갖게 하십니다. 그렇기 때문에 상황이 주어질 때 담대하게 안수하지 못하면 하나님의 훈련에 합격하지 못합니다. 훈련과 연단의 기간이 길어집니다. 우리가 알아야 할 것은 초기 성령의 권능을 사용하여 사역을 할 때는 자기 관리를 할 줄 알아야 합니다. 영적인 사역을 하고 난후에 깊은 영의기도를 하여 자신의 심령을 정화하는 것이 습관이 되어야 합니다.

많은 목회자와 성도들이 자기관리를 할 줄 모르고 사역을 하다가 나중에 영적 손실과 침체가 찾아와 고생을 많이 합니다. 영적인 사역자로 하나님께 쓰임을 받으려면 알아야 될 것이 많습니다. 자세한 것은 "하나님의 복을 전이 받는 법"과 "귀신축사 알고 보니 쉽다" "귀신축사 차원 높게 하는 법" "강력한 성령치유 핵심요약" 책을 참고하시면 많은 전문적이고 실증적인 지식을 얻을 수 있을 것입니다.

23장 말한 대로 역사해주시는 하나님

(요11:43-44)"이 말씀을 하시고 큰 소리로 나사로야 나오라 부르시니, 죽은 자가 수족을 베로 동인 채로 나오는데 그 얼굴은 수건에 싸였더라. 예수께서 이르시되 풀어 놓아 다니게 하라 하시니라"

성도는 자신이 말한 대로 이루어진다고 믿어야 합니다. 예수님의 일꾼이 되려면 하나님이 주신 말씀의 권세를 사용할 줄 알아야 합니다.말의 권세를 사용해야 성령의 역사로 환경을 바꿀 수가 있는 것입니다. 예수를 믿고 성령으로 거듭난 성도는 하나님이 주신 권세가 있습니다. 강하고 담대하게 하나님이 주신 권세를 사용해야 합니다. 그래야 하나님이 사용하십니다. 우리는 성령으로 거듭난 초자연적인 권능이 있는 성도입니다. 따라서 우리가 선포하는 말에는 초자연적인 역사가 일어납니다. 4차원 이상의 영의 세계에서는 말(소리)로 모든 것이 이루어집니다. 하나님도 말씀으로 천지를 창조하셨습니다. 하나님의 말씀하심이 그대로 이루어졌습니다. 빛이 있으라 하시매 빛이 생겼습니다. 예수를 믿은 우리는 하나님의 자녀입니다. 하나님의 자녀는 하나님의 대리권 행사를 할 수 있습니다. 그러므로 우리는 성령의 임재 하에 강하고 담대하게 명령해야 합니다. 그래야 하나님의 자녀로서의 사명을 감당할 수가 있습니다. 우리도 믿음을 가지고 강하고 담대하게 선포해야 세상에서 다가오는 골리앗을 물리칠 수가 있습니다. 하나님이 주신 권세를 담대하게 사용해야 합니다.

첫째, 내가 담대하게 말한 대로 예수님이 하신다는 믿음이 있어야 한다. 말에는 힘이 있습니다. 말은 사람을 살리기도 하고 죽이기도 합니다. 본문에 죽고 사는 것이 혀의 권세에 달렸다고 했습니다. 잠언13:3에 "입을 지키는 자는 그 생명을 보전하나 입술을 크게 벌리는 자에게는 멸망이 오느니라"라고 했고, 예레미야9:8에는 "그들의 혀는 죽이는 살이라 거짓을 말하며 입으로는 그 이웃에게 평화를 말하나 중심에는 해를 도모하는 도다"고 했습니다. 또 말은 사람을 치료하기도 하고 병들게 하기도 합니다.

이와 같은 말씀들은 말의 중요성을 깨닫게 하는 말씀입니다. 말을 어떻게 하느냐가 굉장히 중요하다는 것입니다. 자신이 성령으로 충만한 가운데 명령하면 이루어진다는 것을 믿어야 합니다. 하나님은 내가 말한 대로 이루신다는 믿음을 가지고 불가능한 것을 향하여 기도하고 명령하는 사람이 되기를 바랍니다. 반드시 성령의 임재 하에 "예수님의 이름으로 명하노니 더러운 귀신은 물러갈지어다." "간에 있는 질병은 치유될지어다." "우리 가정의 물질의 고통은 물러갈지어다." "우리 집의 환란과 풍파는 물러갈지어다."명령하기를 바랍니다. "물질아 오라." 명령하기를 바랍니다. "건강아 올지어다." 하고 명령하기를 바랍니다. 그리고 부정적인 것, 불필요한 요소들은 버리기를 바랍니다. 예수께서는 마가복음 11장 23절에서 "이 산더러 들리어 바다에 던져지라 하며 그 말하는 것이 이루어질 줄 믿고 마음에 의심하지 아니하면 그대로 되리라." 했습니다.

예수께서 "산을 번쩍 들어서 산을 옮겨지도록 명령하라." 하셨습니다. 여기서 산이라고 하는 것은 질병의 산, 문제와 고통의 산을 말합니다. 비정상적인 산들을 말합니다. 우리의 마음속에 두려움과 공포가 있으면 "두려움과 공포와 절망의 산아 예수 이름으로 명하노니 옮겨질지어다!" 하고 명령하기를 바랍니다.

두려운 마음이 생기고 공포심과 근심이 생기게 하는 것은 마귀가 주는 것입니다. 두려움과 공포와 근심 염려가 오거든 칼로 두부를 베듯이 예수 이름의 권세로 명령하시기를 바랍니다. 가만히 있어서는 안 됩니다. 우리에게 주신 권세를 잊어버리면 안 됩니다. 마귀는 자꾸 두려움과 근심을 줘서 거기에 집착하게 만듭니다. 마귀는 우리를 실패하게 하는 법칙이 있습니다. 첫째로 생각을 주장합니다. 두려운 생각, 공포 같은 것을 집어넣습니다. "아, 불안하고 우울하다."하는 생각을 넣습니다. 그래서 결국 그 생각에 집착하다가 내가 왜 우울하지, 왜 마음이 불안하지 하다가 결국 잠을 설칩니다. 이 생각을 성령의 임재 하에 몰아내지 않고 시간이 흐르면 "불면증이나 우울증에 걸립니다." 생각을 한 대로 되는 것입니다. 생각은 영의 입구입니다. 말은 영의 출구입니다. 조심해야 합니다.

잠언12:18에"혹은 칼로 찌름같이 함부로 말하거니와 지혜로운 자의 혀는 양약 같으니라" 고 했고, 시편140:3에는 "같이 그 혀를 날카롭게 하니 그 입술 아래는 독사의 독이 있나이다" 고 했습니다. 또 말은 사람을 치료하지만 어떤 말은 병들게 합니다. 말은 사람을 흥하게도 하고 망하게도 합니다. 잠언11:11에"성읍은 정직한 자의 축원을 인하여 진흥하고 악한 자의 입을 인하여 무너지느니라"고 했고, 잠언11:9에"사특한 자는 입으로 그 이웃을 망하게 하여도 의인은 그 지식으로 말미암아 구원을 얻느니라"라고 했습니다. 그리고 말은 행복하게도 하고 불행하게도 합니다. 잠언12:25에"근심이 사람의 마음에 있으면 그것으로 번뇌케 하나 선한 말은 그것을 즐겁게 하느니라"라고 했고, 잠언16:28에"패려한 자는 다툼을 일으키고 말쟁이는 친한 벗을 이간하느니라"라고 했습니다.

말은 다른 사람을 살리기도 하고 죽이기도 하며, 치료하기도 하고 병들게 하기도 하며, 흥하게도 하고 망하게도 하며, 행복하게도 하고 불행하게도 합니다. 그와 같이 다른 사람에게 절대적인 영향을 미치기도 하지만 더욱 중요한 사실은 자신에게도 그와 같은 영향을 미친다는 것입니다. 잠언18:6-7에 "미련한 자의 입술은 다툼을 일으키고 그 입은 매를 자청하느니라. 미련한 자의 입은 그의 멸망이 되고 그 입술은 그의 영혼의 그물이 되느니라"고 했습니다.

말은 다른 사람에게 뿐 아니라 자기에게도 치명적인 영향을 미칩니다. 자기 영혼을 소성케 하기도 하고 침체하게 하기도 하며, 자기 마음을 기쁘게 하기도 하고 슬프게 하기도 하며, 자기 몸을 치료하기도 하고 병들게도 하며, 자기 생애를 행복하게도 하고 불행하게도 합니다. 그것은 생각과 말의 관계 때문입니다. 사람은 생각한 대로 말하게 되고 말한 것은 속의 생각을 굳어지게 합니다. 곧 말한 대로 되어지는 것입니다. 그래서 현재의 상태는 과거에 한 말에 대한 결과이고, 현재의 하는 말은 미래를 결정짓습니다.

그러므로 어떤 말을 하면서 사느냐가 중요합니다. 야고보서 3:3-6에 "우리가 말을 순종케 하려고 그 입에 재갈 먹여 온 몸을 어거하며 또 배를 보라 그렇게 크고 광풍에 밀려가는 것들을 지극히 작은 키로 사공의 뜻대로 운전하나니 이와 같이 혀도 작은 지체로되 큰 것을 자랑하도다 보라 어떻게 작은 불이 어떻게 많은 나무를 태우는가 혀는 곧 불이요 불의의 세계라 혀는 우리 지체 중에서 온 몸을 더럽히고 생의 바퀴를 불사르나니 그 사르는 것이 지옥 불에서 나느니라"라고 했습니다. 말(馬)의 재갈, 배의 키, 자동차의 핸들, 비행기의 조종간은 작은 도구이지만 그 큰 덩치의 방향을 결정합니다. 사람의 혀 곧 입에서 하는 말은 인생의 향방을 결정합니다. 인생의 핸들은 말입니다. 어떤 말을 하느냐가 인생의 행복을 결정합니다. 긍정적인 말을 하면 긍정적인 인생이 되고 부정적인 말을 하면 부정적인 인생이 됩니다. 선한 말을 하면 선한 인생이 되고 악한 말을 하면 악한 인생이 됩니다. 치료하는 말을 하면 자신이 치료되고 병들게 하는 말을 하면 자신의 마음이 병듭니다. 미래에 좋은 날을 보기를 원한다면 긍정적이고 진취적이고 선한 말을 하기 바랍니다.

둘째, 믿음의 말을 하나님이 듣고 행하신다. 인간의 생각으로 합리를 가지고 판단하지 말고 의심을 버리라는 것입니다. 예수께서 우리 안에 계시고 예수 이름이 계시니 예수 이름의 권세를 의지해서 명령을 하는 것입니다. 우리는 의심하지 말아야 합니다. 그리고 우리 마음속에 있는 의심이나 비웃음들을 다 내버려야 합니다. 우리 속에 있는 의심과 부정적인 요소와 생각은 자신에게 심각한 해를 입힙니다. 예수 믿으면서도 왜 성령의 역사가 일어나지 않습니까? 의심하기 때문입니다. 예수를 믿으면서도 왜 믿음이 생기지 않습니까? 그 마음속에 있는 부정적인 생각이 떠나지 않기 때문입니다. 우리 속에 아직까지 부정적인 요소가 있다면 다 내보내야 합니다. 그럴 때 하나님의 성령이 역사 하는 것입니다.

그러므로 우리 마음속의 쓰레기를 모두 치워야 합니다. 우리 마음속에 부정적인 것과 의심이 있으면 귀신을 몰아내도 다시 계속해서 들어오게 됩니다. 그러므로 합리를 추구하고 인간적이고 부정적인 생각과 요소 즉 상식적으로 "이것은 안 된다, 나는 안 된다." 하는 것들을 완전하게 우리의 생각 속에서 예수 이름으로 명령해 몰아내야 합니다.

예레미야 6장 19절에 "땅이여 들으라. 내가 이 백성에게 재앙을 내리리니 이것이 그들의 생각의 결과라 그들이 내 말을 듣지 아니하며 내 율법을 거절하였음이니라" 했습니다. 엉뚱한 생각, 인간적인 생각, 상식적인 생각, 자아와 부정적인 생각 때문에 재앙을 받는다는 것입니다. 이 성경 말씀이 하나님의 말씀인 것을 믿기 바랍니다. 재앙이 왜 왔다고 했습니까? 생각의 결과에 의해서입니다. "아이고! 나는 이 병으로 아무리 생각해도 죽을 것 같아~ 나는 평생 이 병을 가지고 있으려나 봐!" 하고 말을 하는 사람도 있고, "나는 원래부터 알러지 체질이기 때문에 봄에 꽃가루만 날리면 두드러기가 생기고 그래. 나는 또 겨울만 되면 독감을 대여섯 번씩은 앓아야 돼." 하는 사람도 있습니다. 그래서 겨울에 독감이 걸리지 않으면 괜히 이상하게 생각하고 그것을 가지고 근심스러워 하는 사람도 있습니다. "나는 독감을 대여섯 번은 앓아야 겨울을 난다."는 부정적인 생각을 가지고 있는 사람이 있으면 오늘 다 털어놓아야 합니다. 어떤 사람이 "나는 독감을 대여섯 번은 앓아야 이 겨울을 난다."는 부정적인 생각을 가지고 있다면 그대로 되도록 돼 있습니다. 이는 그것을 믿었기 때문입니다.

"우리 가족은 유전병이 있어. 우리 조상들은 심장병이 있고, 고혈압이 있고, 우리 가족들은 간질 하는 것이 있었어! 아마 나도 그렇게 될 거야. 지금은 젊어서 괜찮지만 60이 넘으면 우리 조상들처럼 그렇게 아플 거야.” 하는 생각을 가지고 있는 사람은 틀림없이 60살에 그런 병에 걸리게 됩니다. 그러므로 부정적인 생각을 성령으로 도말하시고 쫓아내기 바랍니다. 예수 이름으로 명령하기를 바랍니다. “자꾸 부정적인 생각이 들게 하는 더러운 영은 예수 이름으로 명하노니 물러갈지어다.”

우리는 “나는 육신의 아버지와 상관없이 하늘에 새아버지를 가졌다.”고 주장해야 합니다. 요한복음 1장 12절에 “영접하는 자 곧 그 이름을 믿는 자들에게는 하나님의 자녀가 되는 권세를 주셨으니” 했습니다. 보라 이전 것은 지나갔으니 새것이 되었도다, 했습니다. 육신의 아버지가 유전병이 있었을지라도 우리는 이제 “예수 이름으로 명하노니 유전의 줄아! 끊어질지어다.” 하고 명령을 해야 합니다.

그리고 “나는 하나님 아버지의 자녀다. 나는 새 아버지가 생겼다.” 하고 주장해야 합니다. 의붓아버지가 생긴 것이 아닙니다. 하나님 아버지가 생긴 것입니다. 그러므로 우리는 부정적인 생각을 버려야 합니다. 우리에게는 하늘에서 새 생명을 부여해주시는 아버지 하나님이 생겼습니다. 부정적인 생각은 귀신이 주는 생각입니다. 하나님의 성령이 주시는 생각은 긍정적이고, 기쁨이 넘치고, 생산적이고, 적극적이고, 아름답습니다. 그러나 마귀와 귀신이 주는 생각은 부정적입니다.

동양 사람들은 해가 떴다가 지면 하루가 시작됐다가 하루가 끝난 것이라고 보고, 더 나아가서는 살았다가 죽는 것으로 봅니다. 그러나 유대인의 사상이나 성경은 그렇지 않습니다. 창세기 1장에는 "저녁이 되며 아침이 되니" 했습니다. 이것은 "죽음이 있으니 부활이 있고." 라는 뜻입니다.

우리 동양 사람들과 얼마나 다릅니까? 우리 동양 사람들은 "아침이 되고 저녁이 되니 하루가 지나가고" 하면서 부정적인 사고를 가지고 있습니다. 그런데 유대인의 사상은 "저녁이 되며 아침이 되니 이는 첫째 날이다. 죽음이 있은 다음에 부활이 있고 곧 저주가 있은 다음에 생명이 있다."는 것입니다.

우리 마음속에 부정적인 생각, 슬픈 생각들이 있으면 믿음이 성장하지 않고, 성령의 역사는 중단 됩니다. 그래서 마음에 병이 드는 것입니다. 육신의 병 때문에 고생하는 사람들은 그 육신의 병이 나기 전에 벌써 마음에 병이 들었던 것입니다. 의학적으로 부정적인 요소가 자꾸 들어와서 시간이 흐른 다음에 육신의 병으로 나타난다고 발견해낸 적도 있습니다.

그런데 성경에 벌써 이것을 기록하고 있습니다. 잠언 18장 14절에 "사람의 심령은 그의 병을 능히 이기려니와 심령이 상하면 그것을 누가 일으키겠느냐" 했습니다. 마음이 긍정적이고, 적극적인 믿음을 가지고 있는 사람은 그 병을 능히 이기지만 심령이 상하여 마음이 부정적이고 귀신에게 사로잡혀서 "나는 안 된다." 하고 소극적이고 부정적인 요소로 꽉 들어찬 사람은 그 병을 누가 일으키겠느냐는 것입니다. 하나님도 어찌 할 수 없다는 것입니다. 우리 몸의 건강이 어디서 옵니까? 의사들은 나이가 들면 뼈에서 영양소가 빠져나가서 골다공증에 걸리기 때문에 뼈를 건강하게 해야 한다고 말을 합니다. 그러나 성경은 그 이전에 마음의 즐거움은 양약이고 심령의 근심은 뼈를 마르게 한다고 했습니다.

성경은 앞질러 가고 있는 것입니다. 성경은 과학자들이 발견하기 이전에 벌써 원인을 말씀해 놓고 있는 것입니다. 잠언 17장 22절에 "마음의 즐거움은 양약이라도 심령의 근심은 뼈를 마르게 하느니라" 했습니다. 그리고 잠언 18장 14절에 "사람의 심령은 그의 병을 능히 이기려니와 심령이 상하면 그것을 누가 일으키겠느냐" 했습니다.

그래서 찬송도 즐겁게 해야 합니다. 즐거움으로 찬양하지 않는 사람들은 그날 예배 때 하나님의 말씀도 마음에 부딪혀오지 않습니다. 그들은 "예배 얼른 끝내고 집에 가서 드러누웠으면 좋겠다." 하고 생각합니다. 그것은 마귀가 틈탄 것입니다. 예수 이름으로 나태하게 하는 귀신을 몰아내야 합니다. "나를 나약하게 하는 귀신은 예수 이름으로 명하노니 물러갈지어다."

셋째, 창조의 말을 하라. 하나님은 창조의 하나님이십니다. 하나님은 창조력이 있는 사람을 일꾼으로 사용하십니다. 세상은 창조력이 있는 사람들을 통하여 점령되고 개발이 되었습니다. 과학과 물질문명도 창조력이 있는 사람들을 통하여 개발이 되었습니다. 예수를 믿고 하나님을 따라가는 길에 일어나는 모든 일은 자신이 하는 것이 아닙니다. 하나님이 하십니다. "나는 못해도 하나님이 나와 함께 하시니 능히 하신다"는 믿음이 있고 창조적인 말을 해야 합니다. 하나님의 역사로 출애굽한 이스라엘 백성들은 그들의 목적지인 가나안을 향하여 행군을 계속하였습니다. 그 과정 속에 그들은 온갖 고난과 역경을 겪어야 했습니다.

이를테면 그들의 앞에는 홍해바다가 가로막혀 있고 뒤에는 애굽 군대가 좇아오는 진퇴양난의 위기를 만났습니다. 하지만 하나님의 은혜로 바다를 육지처럼 건너는 놀라운 기적을 경험하였으며, 애굽 군대는 수장되었습니다. 또 광야에서 물이 없어 고통 받을 때, 하나님은 반석에서 물이 나게 하셨으며, 마라의 쓴 물을 달게 바꾸어 주셨습니다. 먹을 것이 아무 것도 없는 황량한 광야에서 하나님은 만나와 메추라기로 그들을 먹이셨습니다.

이와 같이 이스라엘 백성들의 광야생활은 척박하기 짝이 없는 삶이었지만, 그래도 하루하루가 은혜의 연속이었습니다. 그들이 그곳에서 살아남아 있다는 것이 날마다 기적이었습니다. 이렇게 하여 바란 광야에 와서 진을 치게 되었습니다. 이때 하나님께서는 모세에게 '각 지파 중에서 지휘관 된 자 한 사람씩을 택하여 가나안 땅을 정탐하게 하라'고 말씀하셨습니다.

그들은 40일 동안을 정탐하고 돌아와 보고를 하게 되었습니다. 공통되는 내용은 이렇습니다.

부정적인 보고 내용은 그들은 우리보다 강하다. 우리는 그들을 치지 못한다. 우리는 그들 앞에서 메뚜기 같다. 그들 칼에 죽는 것보다 광야에서 죽는게 낫다. 한 장관을 세우고 애굽으로 돌아가자. 긍정적인 보고 내용은 하나님이 그 땅을 우리에게 주실 것이다. 하나님을 거역하지 말라. 그 땅 백성을 두려워하지 말라. 그들은 우리의 먹이라. 그들의 보호자는 그들을 떠났고 여호와는 우리와 함께 한다

여호수아와 갈렙과 같은 믿음의 사람들은 "우리가 곧 올라가서 그 땅을 취하자 능히 이기리라."고 보고했습니다. 본 것은 같은데 말은 완전히 다릅니다. 보는 눈이 다르기 때문입니다. 믿음의 사람들은 문제를 보지 않고 하나님을 보았습니다. 나쁜 점을 보지 않고 좋은 점을 보았습니다. 그랬기에 그들의 말은 달랐던 것입니다.

당신은 어떻게 말하는 분입니까? 일반적으로 비판적이고 부정적인 말을 하는 분들을 보면, 아주 분석적이고 합리적입니다. 그들의 비판 자체는 사실 근거가 없거나 틀린 말이 아닙니다. 나름대로 다 타당성이 있습니다. 문제는 부정적인 말을 하는 사람들은 결국 부정적인 사람이 되고 만다는 것입니다. 그래서 매사를 부정적으로 보고, 부정적으로 말하게 되는 것입니다.

당신은 현실의 상황을 부정적으로 말하는 사람입니까? 아니면 그 속에서도 긍정적인 요소를 발견하고 말하는 믿음의 사람

입니까? 백성들은 부정적인 보고에 더 큰 영향을 받았습니다. 온 백성이 소리를 높여 부르짖으며 밤새도록 통곡하였습니다.

그리고 모두 모세와 아론을 원망하였습니다. "차라리 우리가 애굽 땅에서 죽었거나 이 광야에서 죽었으면 좋았을 것을 어찌 하여 여호와가 우리를 그 땅으로 인도하여 칼에 쓰러지게 하려 하는가? 우리 처자가 사로잡히리니 애굽으로 돌아가는 것이 낫 지 아니하랴?"일반적으로 자연인은 부정적인 경향성을 가지고 있습니다. 이것을 원죄라고 해도 좋을지 모르겠습니다.

선은 가능성이지만, 악한 쪽에 더 기울어져 있기 때문에 의도 적으로 노력하지 않으면, 결코 선을 행할 수 없다는 것입니다.

우리는 얼마든지 긍정적인 믿음의 말을 할 수 있는 가능성을 가지고 있습니다. 그러나 부정적인 말을 하기가 더 쉽고, 영향 을 받기가 더 쉬운 존재라는 것입니다. 우리는 자연적으로 믿음 의 말을 하기가 어렵습니다.

의도적으로 믿음의 말을 하려고 해야 하는 것입니다. 어떤 한 사람이 부정적인 말을 하면, 금방 사람들은 그 말에 영향을 받 습니다. 상황을 종합적으로 판단하고 분석하지 않고, 단편적인 것만 보고 판단합니다.

이스라엘 백성들의 삶은 그런 단면을 너무나 잘 보여주고 있 습니다. 하나님은 그들을 목이 곧은 백성이라고 책망하셨습니 다. 이렇게 부정적인 영향을 받는 것을 보고, 모세와 아론은 회 중 앞에 엎드렸으며, 여호수아와 갈렙은 옷을 찢으며 말했습니다. "여호와께서 우리를 기뻐하시면 우리를 그 땅으로 인도하여 들이시고 그 땅을 우리에게 주시리라 이는 과연 젖과 꿀이 흐르는 땅이니라. 다만 여호와를 거역하지는 말라. 또 그 땅 백성을 두려워하지 말라. 그들은 우리의 먹이라. 그들의 보호자는 그들에게서 떠났고 여호와는 우리와 함께 하시느니라. 그들을 두려워하지 말라"

그러나 회중은 그들을 돌로 치려하였습니다. 한번 부정적인 영향을 받은 사람들은 믿음의 말을 해도 들으려 하지 않습니다. 이것이 문제인 것입니다. 객관적인 생각을 할 줄 모르는 것입니다. 그러면 무엇이 이런 차이를 만들어 내는 것입니까? 한쪽은 그 땅을 차지할 수 없다고 하고, 다른 한쪽은 차지할 수 있다고 합니다. 무엇 때문에 할 수 없다고 하고, 무엇 때문에 할 수 있다고 합니까?

Key word는 무엇입니까? 그것은 바로 "여호와께서 우리를 기뻐하시면"입니다. 결국 하나님께 대한 믿음입니다. 할 수 없다는 사람들은 자기들의 힘만 의지하고 할 수 없다는 것입니다. 하지만 믿음의 사람들은 현실만 본 것이 아니라 하나님을 보았습니다. 하나님 안에서는 불가능이 없는 것입니다. 이제까지도 하나님이 함께 하셨고, 앞으로도 하나님이 역사하실 것입니다. 이것을 믿는 믿음으로 말할 때, 믿음의 역사가 일어나게 되는 것입니다. 정말 문제는 그들의 말의 결과입니다. 하나님은 부정적인 보고를 한 사람들과 그들에게 영향을 받은 백성들이 하나님을 멸시한 것이며, 믿지 않은 것이라고 평가하셨습니다.(민14:11절) 그리고 전염병으로 그들을 치시며(민14:12절). 그 사람들은 한 사람도 가나안 땅을 보지 못할 것이라고 하셨습니다(민14:23절). 그러나 믿음의 사람 갈렙은 주님을 온전히 좇았으므로 그 땅으로 인도하여 들이리라고 하셨습니다(민14:24절).

오늘 당신의 말은 믿음의 말입니까? 하나님은 우리가 말하는 것을 귀담아 들으십니다. 그리고 "너희 말이 내 귀에 들린 대로 내가 너희에게 행하리라."고 하십니다(민14:28절). 우리가 말하는 대로 시행하신다는 말씀입니다. "못 살겠어. 힘들어. 교회가도 재미없어. 우리 집은 이게 문제고, 저게 문제야" 혹시 이런 문제점을 자꾸 들추고 있지는 않습니까? 그런 문제들이 우리 집에 있는 것은 아마 맞는 말일 것입니다.

그러나 문제점들보다는 믿음의 말을 하시기 바랍니다. 생명을 살리는 말, 격려의 말. "우리 집은 앞으로 이것도 잘 되고, 저것도 잘되고 다 잘 될거야." 충청도 사투리로 "잘 될끼어" 당신이 하나님의 축복을 받기를 원하신다면 축복의 말을 하시기 바랍니다. 현실이 그렇게 보이지 않는다고 할지라도 믿음으로 그렇게 말하시기 바랍니다.

말에 권세에 대하여 상세하게 알고 싶은 분은 "말의 권세를 활용하라"책을 읽어보시기를 바랍니다.

24장 소원을 만족하게 하시는 하나님

(시 103:1-5)"내 영혼아 여호와를 송축하라. 내 속에 있는 것들아 다 그의 거룩한 이름을 송축하라. 내 영혼아 여호와를 송축하며, 그의 모든 은택을 잊지 말지어다. 그가 네 모든 죄악을 사하시며 네 모든 병을 고치시며, 네 생명을 파멸에서 속량하시고 인자와 긍휼로 관을 씌우시며, 좋은 것으로 네 소원을 만족하게 하사 네 청춘을 독수리 같이 새롭게 하시는도다"

우리는 하나님 한분으로 만족을 해야 합니다. 하나님은 우리의 모든 소원을 해결하여 주시기 때문입니다. 우리는 하나님만을 소원해야 합니다. 하나님을 향한 소원을 가져야 합니다. 우리가 하나님의 부름을 받고 성령님의 인도를 받으면서 훈련하고 하나님의 시험을 통과합니다. 점점 하나님이 자신과 함께하신다는 믿음을 갖게 하십니다. 하나님을 따라가면서 당하는 모든 문제가 하나님의 음성을 듣고 순종할 때 해결이 되는 것을 체험합니다. 하나님의 살아계심을 체험하면서 하나님 한분이면 된다는 만족감을 갖게 하십니다. 하나님 한분으로 만족함을 갖도록 하십니다. 우리 또한 하나님이 내편이면 안 될 것이 없다는 믿음을 가져야 합니다.

성령님의 인도를 받는 성도의 마음속에 소원이 있다면, 언젠가는 그것이 이루어질 때가 있습니다. 그렇기 때문에 우리는 늘 소원을 가져야 합니다. 하나님께서는 소원을 이루어 주시고, 그 소원을 통해서 역사하여 주십니다. 북극은 너무 추워서 도저히 사람이 살지 못할 것같이 보입니다. 그러나 바다 전체가 얼어붙어도 얼음 밑에는 물고기들이 살고 있고, 곰들이 뛰어다니고, 물개들이 숨을 쉬며 활동을 하고 있습니다. 아무리 춥더라도 추위가 죽음을 가져오는 것은 아닙니다. 비록 어렵고 힘들더라도, 용기와 희망을 저버리고 절망하면 안 됩니다. 어떤 상황이라도 꿈과 소원을 가져야 합니다.

시편 145:18-19절에"여호와께서는 자기에게 간구하는 모든 자 곧 진실하게 간구하는 모든 자에게 가까이 하시는 도다 그는 자기를 경외하는 자들의 소원을 이루시며 또 그들의 부르짖음을 들으사 구원하시리로다."라고 하였습니다. 하나님께서는 진실하게 간구하는 모든 자들의 가까이에 계신다고 했습니다. 그리고 그들의 소원을 이루어 주시겠다고 했습니다.

소원을 성취하기 위해서는 겸손해야 하고, 하나님을 기뻐하고, 하나님을 경외하고, 부지런하고, 믿음이 있고, 말씀 안에 거하며, 눈물로 기도해야 합니다. 그러면 하나님께서 그 사람의 기도를 들어 주신다고 했습니다. 오늘 말씀은 B.C. 991년경, 다윗 왕이 죄를 짓고 나서 번민하고 있을 때, 선지자의 책망을 듣고, 회개하여 하나님께 용서를 받은 후에, 하나님의 은혜를 감사하고, 찬양한 찬양시입니다.

다윗 왕은 죄를 회개하고, 용서받기 전까지, 양심의 가책으로, 마음에 고통을 받았을 뿐 아니라, 육신까지 병들어, 뼈가 쇠할 정도로 괴로움을 당했습니다. 그러나 회개하고 죄를 용서받고 나서는, 건강을 되찾고, 마음의 평강과 안정을 얻게 되었습니다. 그래서 하나님은 죄를 용서하시고, 은혜를 베푸시고, 소원을 만족케 하신다는 고백을 한 것입니다. 그러므로 하나님을 찬양하라고 했습니다. 오늘 제목은 '소원을 만족하게 하시는 하나님'입니다.

첫째, 하나님은 우리에게 은혜를 베풀어 주십니다. 본문 시 103편 1-2절 말씀입니다. "내 영혼아 여호와를 송축하라 내 속에 있는 것들아 다 그의 거룩한 이름을 송축하라 내 영혼아 여호와를 송축하며 그의 모든 은택을 잊지 말지어다" 아멘. '은택'은 '보수, 보답, 은혜'라는 뜻으로, 하나님께서 사람에게 주시는 은혜와 보상을 의미합니다. 하나님께서 우리에게 베푸신 은혜가 많습니다. 죄를 용서하시고, 기쁨과 평강을 주시고, 생명을 주시고, 천국까지 예비하신 하나님의 은혜를 어떻게 잊을 수 있겠습니까? 어떻게 은혜에 보답할 수 있겠습니까? 그래서 다윗 왕은 '내 영혼아 여호와를 송축하라'고 말했습니다. 이 말은 우리가 영적인 존재로서 육체뿐만 아니라, 마음과 정신과 생각과 모든 것을 다하여, 하나님을 찬양하고 경배하라는 의미입니다. 하나님의 은혜에 감사하고 그 은혜를 찬양하는 성도들이 되시기 바랍니다.

역대하 32:25절에 보면, "히스기야가 마음이 교만하여 그

받은 은혜를 보답하지 아니하므로 진노가 그와 유다와 예루살렘에 내리게 되었더니"라고 하였습니다. 히스기야 왕은 병들어 죽게 되었을 때에, 하나님께 눈물로 통곡하며, 얼굴을 벽으로 향하고 기도하였습니다. 그때 하나님의 은혜로 생명을 연장받았습니다. 그런데 마음이 교만해져서, 받은 은혜에 보답하지 아니하였습니다. 결국 하나님의 진노가, 히스기야 왕과 유다와 예루살렘에 임하게 되었습니다. 하나님의 은혜에 보답하지 않는 것은, 큰 죄입니다.

시편 116:12절에서, 다윗왕은 "내게 주신 모든 은혜를 내가 여호와께 무엇으로 보답할까"라고 고백하며, 하나님께서 그에게 베푸신 은혜를 찬양하며, 서원을 갚겠다고 하였습니다. 우리 역시 하나님의 은혜를 생각하고, 그 은혜에 감사하고, 찬송하고, 더 나아가서 보답하는 성도가 되어야 합니다.

고린도전서 15:9-10절을 보면, 사도 바울은 고백하기를 "나는 사도 중에 가장 작은 자라 나는 하나님의 교회를 박해하였으므로 사도라 칭함 받기를 감당하지 못할 자니라 그러나 내가 나 된 것은 하나님의 은혜로 된 것이니 내게 주신 그의 은혜가 헛되지 아니하여 내가 모든 사도보다 더 많이 수고하였으나 내가 한 것이 아니요, 오직 나와 함께 하신 하나님의 은혜로라"고 하였습니다.

우리가 잘해서 일이 잘 되는 것이 아니라, 하나님의 은혜로 된 것이라는 사실입니다. 그러므로 우리는 은혜를 알아야 하고, 그 은혜에 보답하겠다는 생각을 갖고 있어야 합니다. 그뿐만 아니라 하나님의 은혜에 감사할 줄 아는 사람이 되어야 합니다. 빈손으로 태어나서 부모를 만나고, 재물을 얻고, 지금까지 살아온 것에 대해 감사해야 합니다. 주의 전에 나와 하나님의 말씀을 들을 수 있다는 것에 대해 감사해야 합니다. 우리는 하나님의 은혜에 보답하고, 말씀에 순종하고, 감사하고, 찬양하며, 기쁘게 섬기고, 봉사해야 합니다. 충성해야 합니다. 은혜를 잊지 않는 자에게 하나님께서 소원을 이루어 주십니다.

둘째, 하나님은 우리의 모든 죄악을 사하여 주시며, 모든 병을 고쳐 주십니다. 본문 시편 103편 3절 말씀입니다. "그가 네 모든 죄악을 사하시며 네 모든 병을 고치시며" 아멘. '죄악'은 '부정, 위반, 비뚤어진 행동'이라는 뜻으로, 하나님께 불순종하거나, 하나님으로부터 멀어진 것을 의미합니다. 우리는 알고 지은 죄, 모르고 지은 죄 등, 크고 작은 죄를 무수히 많이 지으며 살고 있습니다. 만약 죄를 지을 때마다, 하나님께서 죄에 대해 심판을 하신다면, 이 세상에 살아남을 사람은 아무도 없을 것입니다. 그런데 하나님은 우리의 죄가 어떠하든지, 다 용서해 주신다고 했습니다.

역대하 7:13-14절을 보면, 하나님께서 성전봉헌식을 마친 솔로몬 왕에게 나타나서, 하나님의 성전으로 제사하는 전을 삼았으므로 "혹 내가 하늘을 닫고 비를 내리지 아니하거나 혹 메뚜기들에게 토산을 먹게 하거나 혹 전염병이 내 백성 가운데에

유행하게 할 때에 내 이름으로 일컫는 내 백성이 그들의 악한 길에서 떠나 스스로 낮추고 기도하여 내 얼굴을 찾으면 내가 하늘에서 듣고 그들의 죄를 사하고 그들의 땅을 고칠지라"고 말씀하셨습니다. 피해를 입었을 때, 실패했을 때, 어려움을 당했을 때, 재난이 닥쳤을 때, 병이 들었을 때, 하나님께 기도하면 하나님께서 그 기도를 듣고, 은총과 은혜를 베풀어 주신다는 말씀입니다.

오늘날 사람들은 죄에 대해서 무감각합니다. 죄 때문에 불행해지고, 죄 때문에 실패하고, 죄 때문에 병든 것을 인정하지 않으려고 합니다. 그러나 성경에는 분명히 죄로 인해서, 질병이 왔다고 지적하고 있습니다. 야고보서 5:15절을 보면, 사도 야고보도 "믿음의 기도는 병든 자를 구원하리니 주께서 저를 일으키시리라 혹시 죄를 범하였을지라도 사하심을 얻으리라"고 했습니다. 하나님 앞에 용서받지 못할 죄는 하나도 없습니다. 어떠한 죄를 지었든지, 하나님께 겸손하게 기도하고, 회개하고, 예수님 안에 있으며, 하나님께서 우리의 죄를 용서하여 주십니다.

17세기 영국의 청교도 작가 존 번연은, 12년 동안 감옥생활을 하면서 '천로역정'을 썼는데, 그는 "죄 이외에 마음을 상하게 하는 것이 없고, 죄 이외에 나를 슬프게 만드는 것이 없고, 죄 의외에 적에게 뒤떨어지게 만드는 것이 없다"고 말했습니다. 모든 불행의 원인이 죄에 있다는 것입니다. 그러므로 우리는 죄의 문제를 먼저 해결해야 합니다. 모든 병이 죄로 인하여 온 것은 아니지만, 먼저 죄의 문제를 해결하면, 우리의 질병도 쉽게 고침 받을 수 있습니다. 종종 "나 같은 사람도 죄에서 구원받을 수 있습니까? 내 병도 고침 받을 수 있습니까?"라고 물을 때가 있습니다. 하나님께서는 우리를 만드셨기 때문에 또한 우리를 고치실 수 있습니다. 모든 죄를 용서하시고, 모든 병을 고치시는 능치 못함이 없는 하나님이심을 믿으시기 바랍니다.

셋째, 하나님은 우리의 생명을 파멸에서 속량하여 주시고 인자와 긍휼로 관을 씌워 주십니다. 본문 시편 103편 4절 말씀입니다. "네 생명을 파멸에서 속량하시고 인자와 긍휼로 관을 씌우시며" 아멘. '파멸'은 '구덩이, 타락, 사망'을 뜻하는 말입니다. 다윗이 "하나님은 생명을 파멸에서 속량하신다"고 고백한 것은, 죽음과 같은 위기와 고난과 환난에서 건져 주시는 것을 의미합니다. 그러므로 인생이 끝났다고, 절망하거나 낙심하지 마십시오. 하나님은 우리에게 새로운 제2의 인생을 허락하여 주십니다.

창세기 19장을 보면, 소돔과 고모라 성이 멸망당할 때에, 하나님은 롯을 구원하기 위해서, 천사를 보내셨습니다. 그러나 롯의 아내는 하나님의 말씀을 믿지 않은 연고로 소금기둥이 되었습니다. 하나님은 우리가 멸망당하는 것을, 원치 않으시고, 멸망의 자리에서, 구원을 베풀어 주십니다. 또 마태복음 9장을 보면, 열두 해 동안 혈루증을 앓던 여인이, "예수님의 옷자락을 만지면 나으리라"는 믿음으로, 예수님의 겉옷자락을 만지는 순간에, 병을 고침 받았습니다. 그때에 예수님께서는 여인에게 "딸아 안심하라 네 믿음이 너를 구원하였다"고 하셨습니다. 하나님께서는 우리를 파멸과 절망과 어려운 상황 가운데서, 보호하시고, 은총을 베푸시고, 구원하여 주시는 것입니다.

마태복음 14장을 보면, 예수님은 물에 빠질 위기에 처한 베드로를 구원해 주셨습니다. 베드로가 "주여! 나를 구원하소서"라고 외쳤을 때 예수님은 즉시 손을 붙잡으시고 "믿음이 적은 자여 왜 의심하느냐"고 책망하셨습니다. 그렇습니다. 하나님은 모든 환난에서 구원하시고, 압박과 강포에서 구원하시고, 원수의 손에서 구원하시고, 모든 죄악과 사망과 악한 세대와 불법과 망령된 행실에서 구원하여 주신다고 성경은 분명하게 말씀하고 있습니다. 하나님을 의지하고, 겸손하게 하나님께 기도하면 반드시 구원을 베풀어주시고, 더 나아가 인자와 긍휼로 관을 씌워 주심을 믿으시기 바랍니다.

넷째, 하나님은 좋은 것으로 우리의 소원을 만족하게 해 주십니다. 본문 시편 103편 5절 말씀입니다. "좋은 것으로 네 소원을 만족하게 하사 네 청춘을 독수리 같이 새롭게 하시는도다" 아멘.'좋은 것으로 소원을 만족하게 하신다'는 것은, 바라던 소원을 이루어 주시고, 원하는 모든 것을 얻게 해 주신다는 것입니다. 또한 하나님께서 소원을 응답해 주실 때에는, 가장 좋고 아름다운 것을 풍성하게 주신다는 의미입니다. 그래서 우리 인생을 새롭게 하십니다. '독수리같이 새롭게 하신다'는 것은, 독수리가 털갈이를 하여서 새롭게 되듯이, 새롭게 된다는 것을 의미합니다.

독수리는 150년을 사는데, 30-40년 정도 살면, 눈도 어두워지고, 날개에 힘도 없어지고, 부리도 굳어지게 되어서, 활동하기 어려워진다고 합니다. 그렇게 되면 잔뜩 먹이를 먹고, 깊은 산 속으로 들어가서 금식을 합니다. 그 동안 몸의 털은 다 빠져서, 새 털이 돋고, 부리도 새롭게 되어서, 다시 힘차게 날 수 있게 됩니다. 이 같은 과정을 세 번 네 번 반복하면서, 거듭난다고 합니다. 새롭게 된다는 것입니다. 이처럼 하나님께서는 우리에게 독수리와 같은 새로운 힘을 날마다 허락하여 주십니다.

시편 37:4절에 "또 여호와를 기뻐하라 그가 네 마음의 소원을 네게 이루어 주시리로다"라고 하였습니다. 우리가 하나님을 기뻐하고, 하나님께서 기뻐하시는 일을 하면, 하나님은 우리 마음의 소원을 이루어 주십니다. 그러므로 우리는 '어떻게 해야 하나님을 기쁘시게 할 수 있을까?'를 생각하며 그 일을 하기 위해서 노력하는 성도가 되어야 합니다.

마태복음 15:21-28절을 보면, 가나안 여인이 믿음으로 끈기 있게 소원을 간구하여, 딸의 병을 고침받은 사건이 기록되어 있습니다. 가나안 여인은 예수님께 나와 "다윗의 자손이여 나를 불쌍히 여기소서 내 딸이 흉악하게 귀신 들렸나이다"라고 소리질렀습니다. 그러나 예수님께서는 한 말씀도 하지 않았습니다. 다시 여인이 "주여! 나를 도우소서"라고 간청하였으나, 예수님은 "자녀의 떡을 취하여 개들에게 던짐이 마땅하지 아니하니라"고 다시 거절하셨습니다.

그래도 여인이 포기하지 않고, "주여! 옳소이다마는 개들도 제 주인의 상에서 떨어지는 부스러기를 먹나이다"라고 자신의 소원을 구하였습니다. 그러자 예수님은 "여자여~ 네 믿음이 크도다 네 소원대로 되리라"고 말씀하셨습니다. 그 시로부터 여인의 딸은 병 고침을 받았습니다.

질병으로 고생하는 자식을 둔 부모의 마음은 천갈래 만 갈래 찢어질 것입니다. 큰 고통입니다. 자식이 건강하게 살아갈 수 있다는 것만큼 큰 소원은 없을 것입니다. 하나님께서는 가나안 여인의 믿음을 보시고, 그 소원을 들어 주셨습니다.

하나님의 말씀을 어떤 관점에서 보느냐에 따라, 보고, 읽고, 듣는 사람들에 따라서, 이해하는 내용이 달라집니다. 고쳐 주셨기에 믿음이 생긴 것이 아니라, 믿음 때문에 고침을 받았다는 사실을 기억해야 합니다. 주님께서 모든 병을 고쳐 주셨기에, 감사함으로, 주님 앞에 나온 것이 아니라, 주님 앞에 먼저 나와 부르짖음으로 인하여, 깨끗하게 고침 받았다는 사실을 기억하셔야 합니다. 믿음이 먼저입니다. 믿음 때문에 축복받는 것입니다. 축복받았기에 믿음이 생긴 것이 아니라, 믿음이 있기 때문에, 하나님으로부터 축복받았습니다.

시편 103:1-5절 말씀입니다. "내 영혼아 여호와를 송축하라 내 속에 있는 것들아 다 그의 거룩한 이름을 송축하라 내 영혼아 여호와를 송축하며 그의 모든 은택을 잊지 말지어다 그가 네 모든 죄악을 사하시며 네 모든 병을 고치시며 네 생명을 파멸에서 속량하시고 인자와 긍휼로 관을 씌우시며 좋은 것으로 네 소원을 만족하게 하사 네 청춘을 독수리 같이 새롭게 하시는도다" 아멘.

무엇이 먼저입니까? 하나님의 모든 은혜를 잊지 않고, 하나님을 찬양하고, 송축하는 것이 먼저입니까? 내 속에 있는 모든 것들로 하나님의 은혜에 보답하는 것이 먼저입니까? 내가 가진 모든 것으로 하나님께 드리는 것이 먼저입니까? 아니면, 우리의 죄를 용서받고, 우리의 모든 병을 고침 받고, 우리의 생명이 파멸에서 속량 받고, 인자와 긍휼의 관을 씌움 받고, 좋은 것으로 우리의 소원이 만족하게 되어, 우리의 청춘이 독수리 같이 새롭게 되는 것이 먼저입니까?

드리는 것이 먼저 인가요? 받는 것이 먼저 인가요? 어느 것이 먼저입니까? 우리는 하나님께서 먼저 우리의 죄를 용서해 주시고, 우리의 모든 병을 고쳐 주시고, 우리에게 좋은 것으로 풍성하게 채워 주셔야만, 하나님을 찬양하고, 하나님의 은혜에 보답할 수 있다고 생각합니다. 한 마디로 하나님께서 물질을 풍성하게 채워 주셔야만, 물질을 하나님께 드릴 수 있다고 생각합니다.

가진 것이 있어야 드릴 수 있다고 생각합니다. 충분한 형편이 되어야 드릴 수 있다고 생각합니다. 믿음이 있어야 드릴 수 있다고 생각합니다. 물질의 축복을 받아야 만이 하나님께 드릴 수 있다고 생각합니다. 그렇게 생각하면, 하나님 앞에 드릴 사람 별로 없습니다. 먼저 드려야 축복받습니다. 믿음을 보여 주어야 축복받습니다.

누가복음 21:1-4절을 보면, "예수께서 눈을 들어 부자들이 헌금함에 헌금 넣는 것을 보시고 또 어떤 가난한 과부가 두 렙돈 넣는 것을 보시고 이르시되 내가 참으로 너희에게 말하노니 이 가난한 과부가 다른 모든 사람보다 많이 넣었도다. 저들은 그 풍족한 중에서 헌금을 넣었거니와 이 과부는 그 가난한 중에서 자기가 가지고 있는 생활비 전부를 넣었느니라 하시니라"고 했습니다.

천 달란트를 가지고 있는 부자가 한 달란트를 헌금한 것과 가난한 과부가 호주머니를 다 뒤져서, 두 렙돈 헌금한 것 중에서 어느 것이 귀합니까? 한 달란트는 대략 계산해보면, 5천만 원 정도 되고, 두 렙돈은 몇 십 원 정도 됩니다. 한 마디로 십 원짜리 동전 하나 헌금함에 넣은 것입니다. 5천만 원 헌금한 것과 오백 원 헌금 한 것 중에서, 어느 헌금을 예수님께서 칭찬하셨습니까? 부자는 그 풍족한 중에서 헌금을 넣었다고 했습니다. 과부는 생활비 전부를 넣었다고 했습니다.

두 렙돈이 중요하지 않습니다. 그것이 그의 생활비 전부인가 하는 것이 매우 중요합니다. 헌금함으로 내 생활에 부담이 되는가 하는 것입니다. 솔직히 말하면, 부담이 안되면, 헌금이 아닙니다. 부담이 될 때, 진정한 헌금의 의미를 가질 수 있습니다.

충분한 형편이 되지 못함에도 불구하고, 하나님께 드렸을 때, 칭찬받은 것입니다. 생활비 전부인 두 렙돈을 드리고 나면, 끼니 걱정을 해야 합니다. 어쩌면 죽을 지도 모릅니다. 그러나 그럼에도 불구하고, 그의 가진 것을 아낌없이 하나님 앞에 드렸을 때, 칭찬받은 것입니다. 생활비 전부를 드렸을 때, 칭찬받은 것입니다. 부담을 가지고 헌금했을 때, 주님의 칭찬과 인정을 받게 된 것입니다.

열왕기상 17장을 보면, 하나님의 말씀이 엘리야에게 임했습니다. "너는 일어나 시돈에 속한 사르밧으로 가서 거기 머물라 내가 그 곳 과부에게 명령하여 네게 음식을 주게 하였느니라"

엘리야가 사르밧으로 가서 성문에 이를 때에, 한 과부가 그 곳에서 나뭇가지를 줍고 있었습니다. "그릇에 물을 조금 가져다가 내가 마시게 하라" 엘리야의 말을 듣고, 물을 가지러 갈 때에, 그를 불러 다시 말합니다.

"네 손의 떡 한 조각을 내게로 가져오라" "나는 떡이 없고 다만 통에 가루 한 움큼과 병에 기름 조금 뿐입니다. 먹고 살기가 너무 힘들어서, 내가 나뭇가지를 주워다가 나와 내 아들을 위하여 음식을 만들어 먹고 그 후에는 죽으려고 합니다"

엘리야가 그에게 말합니다. "두려워하지 말고 가서 네 말대로 하려니와 먼저 그것으로 나를 위하여 작은 떡 한 개를 만들어 내게로 가져오고 그 후에 너와 네 아들을 위하여 만들라 이스라엘의 하나님 여호와의 말씀이 나 여호와가 비를 지면에 내리는 날까지 그 통의 가루가 떨어지지 아니하고 그 병의 기름이 없어지지 아니하리라 하셨느니라"

지금 이 순간 당신이라면, 어떻게 하시겠습니까? 없는 쌀로 마지막 밥을 해 먹고, 아들과 함께 죽으려고 하는데, 전혀 모르는 사람이 찾아와서, 그 밥을 먼저 자기에게 달라고 하면, 어떻게 하시겠습니까? 먼저 자기에게 밥을 주면, 자기가 가진 돈 준다는 것도 아니고, 하나님의 축복을 받을 것이라고 하는데, 그 밥을 먼저 그 사람에게 주시겠습니까? 아니면, 내가 그 밥을 내 아들과 먼저 먹고, 죽으시겠습니까? 주시겠습니까? 죽으시겠습니까? 어차피 줄 것이라면, 먼저 통의 가루가 가득 차게 해 주시고, 병의 기름이 가득 차고 넘치게 해 주시면, 얼마나 좋습니까? 통의 가루도 가득 차게 해 주시고, 병의 기름도 철철 넘치도록 해 주신 다음에, "이 정도면 만족하겠니. 이제 나 밥 좀 해 줄 수 있겠니"라고 한다면, 밥을 안 해 줄 사람, 누가 있겠습니까?

가정이 남부럽지 않는 풍성한 재물을 가지고 있기 때문에, 교회를 섬기고, 다른 사람들을 섬기라고 하는 것은 아닙니다. 쓰고도 남음이 있기 때문에, 하나님께 헌금하라는 것이 아닙니다. 있기에 하자는 것이 아니라, 없어도 하나님이 주인이시기 때문에 하라는 것입니다. 하나님의 직접적인 레마를 듣고 행하라는 것입니다. 그럴 때 믿음을 보시고 하나님의 역사가 일어나는 것입니다. 있기에 하는 것은 어렵지 않습니다. 그냥 하면 됩니다. 그러나 없는데 하고자 하면, 힘들지요. 이것저것 다 따져보아도,

쓸 데는 너무 많고, 돈 들어갈 데는 너무 많고, 대신 돈 나올 데는 없고, 돈을 만들어 낼 데도 없고, 그런데 또 헌금하라니, "나중에 있을 때, 하면 안 됩니까?"라는 말이 나올 수 있습니다.

"나중에 있을 때, 하면 안 됩니까? 지금 꼭 해야 합니까?"헌금에 대한 갈등이 있어야 합니다. 부담이 되어야 합니다. 이것을 거룩한 부담이라고 부릅니다. "선교헌금 하면, 한 끼나, 하루 밥을 굶어야 하고, 아니면, 하루 더 일해야 하는데"이 거룩한 부담을 가지고, 담대하게 하나님 앞에 드릴 때, 하나님의 인정과 칭찬을 듣게 되는 것입니다. 이렇게 할 때 하나님과 관계가 열리는 것입니다. 하나님을 주인으로 생각하고 사랑하기 때문입니다. 하나님을 사랑하기 때문에 아낌없이 드릴 수 있는 것입니다. 하나님 한분만 나의 편이면 안 될 것이 없다는 믿음을 가지고 성령님이 감동하시면 순종하는 것입니다. 그럴 때 하나님이 기뻐하시고 마음의 소원을 이루어주시는 것입니다.

시편 103:1-5절 말씀입니다. "내 영혼아 여호와를 송축하라 내 속에 있는 것들아 다 그의 거룩한 이름을 송축하라 내 영혼아 여호와를 송축하며 그의 모든 은택을 잊지 말지어다 그가 네 모든 죄악을 사하시며 네 모든 병을 고치시며 네 생명을 파멸에서 속량하시고 인자와 긍휼로 관을 씌우시며 좋은 것으로 네 소원을 만족하게 하사 네 청춘을 독수리 같이 새롭게 하시는도다" 아멘.

하나님께서 우리의 소원을 만족하게 해 주셨기에, 하나님을 찬양하고, 우리 속에 있는 모든 것을 가지고, 하나님을 찬양하고, 노래하고, 하나님의 은혜를 잊지 말자고 하는 것이 아닙니다. 먼저 하나님을 찬양하고, 내게 있는 모든 것을 가지고, 하나님을 찬양할 때, 하나님께 올려 드릴 때, 하나님의 은혜를 잊지 않고 기억할 때, 하나님께서, 가장 좋은 것으로 우리의 소원을 만족하게 해 주시며, 독수리 같이 새롭게 해 주신다는 것입니다.

하나님과의 관계가 열려야 합니다. 하나님과의 관계는 하나님을 주인으로 인정하고 모실 때 열리는 것입니다. 하나님의 말씀이면 어떤 어려움이 있어도 순종하는 습관을 드려야 합니다. 하나님과의 관계는 하나님의 말씀을 삶에 100% 적용할 때 열립니다. 하나님과의 관계가 열리면 시험(고난)이 찾아오지 않습니다. 모든 소유가 하나님의 것인데 어떻게 시험(고난)이 침범하겠습니까? 하나님께서 물질의 복을 주시면, 하나님 앞에 물질을 드리겠다는 것이 아니라, 하나님 앞에 먼저 물질을 드리면, 하나님께서 물질의 복을 부어 주시겠다는 약속의 말씀이라는 것을 믿고 믿고 행해야 합니다.

하나님이 감동하시고 하나님이 기뻐하시는 일은 반드시 해야 합니다. 복은 고여 있으면 안 됩니다. 우리가 큰 복을 받았든, 작은 복을 받았든, 어떤 형편에 처해 있든지, 흘러가게 해야 합니다. 흘러갈 때, 큰물을 이룰 수 있습니다. 물이 멈추어 있으면 반드시 썩게 되어 있습니다. 하나님은 우리의 소원을 만족하게 하십니다. 하나님 한분으로 만족함을 누리시기를 바랍니다.

이 책을 통해 예수님이 땅끝까지 전파 되기를 소원합니다.
(출판으로 인한 이익금은 문서선교와 개척교회 선교에 사용합니다.)

현실 문제를 하나님께 해결 받으려면

발 행 일 | 2015.10.06초판 1쇄 발행

지 은 이 | 강요셉

펴 낸 이 | 강무신

편집담당 | 강무신

디 자 인 | 강은영

교정담당 | 원영자

펴 낸 곳 | 도서출판 성령

신고번호 | 제22-3134호(2007.5.25)

등록번호 | 114-90-70539

주   소 | 서울 서초구 방배천로 4안길 20(방배동)

전   화 | 02)3474-0675/ 3472-0191

E-mail | kangms113@hanmail.net

유   통 | 하늘유통. 031)947-7777

ISBN | 978-89-97999-36-1 부가기호 | 03230

가   격 | 18,000원